鄞州职业高级中学物流专业校本实训教材

CCRS 移动客
户端下载地址

国际货运代理实务操作之海运出口篇

主　编　洪燕琴　李璐璐

浙江工商大学出版社
ZHEJIANG GONGSHANG UNIVERSITY PRESS

图书在版编目(CIP)数据

国际货运代理实务操作之海运出口篇 / 洪燕琴,李
璐璐主编. —杭州:浙江工商大学出版社,2015.6(2017.7 重印)
ISBN 978-7-5178-1071-1

Ⅰ.①国… Ⅱ.①洪… ②李… Ⅲ.①国际货运—货
运代理—职业高中—教材 ②海上运输—进出口贸易—职业
高中—教材 Ⅳ.①F511.41

中国版本图书馆 CIP 数据核字(2015)第 094516 号

国际货运代理实务操作之海运出口篇

洪燕琴　李璐璐　主编

责任编辑	吴岳婷　刘　韵	
封面设计	许寅华	
责任印制	包建辉	
出版发行	浙江工商大学出版社	
	(杭州市教工路 198 号　邮政编码 310012)	
	(E-mail:zjgsupress@163.com)	
	(网址:http://www.zjgsupress.com)	
	电话:0571 - 88904980,88831806(传真)	
排　　版	杭州朝曦图文设计有限公司	
印　　刷	虎彩印艺股份有限公司	
开　　本	787mm×1092mm　1/16	
印　　张	14	
字　　数	323 千	
版 印 次	2015 年 6 月第 1 版　2017 年 7 月第 2 次印刷	
书　　号	ISBN 978-7-5178-1071-1	
定　　价	28.00 元	

编写委员会

顾　问　王任祥　闵亨峰

总主编　汤　涛

编　委　王永宏　冯　期　艾　玲　倪君海　董金才　洪燕琴

　　　　李璐璐　王　勇　孙徐晨　曹飞梅　李亚荣

审　稿　沈　哲（《供应链管理实务操作之设备篇》）

　　　　李秋正（《国际货运代理实务操作之海运出口篇》）

　　　　傅仕伟（《金蝶 K/3 V12.1 软件操作之供应链篇》）

　　　　金文姬（《叉车驾驶技能》）

总 序
PREFACE

物流业是融合运输、仓储、货代、信息等产业的复合型服务业，是支撑国民经济发展的基础性、战略性产业。物流业的快速发展也使物流人才成为我国12类紧缺人才之一。培养具有扎实的物流理论知识、丰富的实践能力和创新意识的应用型物流人才，已成为当前中职物流教学的当务之急。

然而，中职物流专业的发展也只是近十年的事情。在这个新兴专业的建设过程中我们遇到过很多困惑，也做了很多努力。其中，最大的一个问题就是如何有效地开展物流实训教学工作。

物流专业本身涵盖多个方向，实训室建设又缺乏统一标准。因此，明确专业方向、配置专业设备是物流实训教学的基础。我校本着"以服务为宗旨、以就业为导向、以能力为本位"的职业教育指导思想，以"学生技能与企业需求无缝对接"的基本原则，在明确仓储配送、货运代理、物流信息处理为主要方向的基础上，结合物流企业实际，在进行物流实训室的建设时完全遵循企业标准：以工业级的标准配备仓储配送实训室，使其达到商业零售企业供应链管理之操作要求；以在本地货代企业市场占有率最高的国际货运软件HY2008为核心软件配备货代实训室，使其达到货代企业业务操作之要求；以市场知名度较高的金蝶 K/3 V12.1 ERP软件为核心软件配备物流信息操作实训室，使其达到对企业信息平台操作之要求。在完成实训平台的建设之后，配套实训教材的开发已迫在眉睫。

为此，我们邀请长期工作在科研、教学一线的专家、教授作为本配套丛书的编写顾问，邀请企业资深专家与我们的一线老师组成编写团队，针对当前企业对中职物流人才的能力需求，结合我校物流实训平台，编写了"中职物流专业实训教材丛书"。该丛书包括《供应链管理实务操作之设备篇》《国际货运代理实务操作之海运出口篇》《金蝶 K/3 V12.1 软件操作之供应链篇》《叉车驾驶技能实训教材》《供应链管理实务操作之流程篇》《国际货运代理实务操作之海运进口与空运篇》《金蝶 K/3 V12.1 软件操作之商业零售与生产制造篇》。涵盖了本专业所确定的专业方向的核心实训课程。首次出版一期开发的四种教材，后续我们还将编写并出版剩余的三种教材。

本丛书在设计过程中，大胆预测未来教材的新趋势，努力将实训教材打造成全媒体教材。教材以模块化、项目化、任务驱动的方式突出对学生技能的培养,让学生在做中学。每本教材又在重、难点上设置有二维码,学生可利用无线终端设备(如 IPAD、手机等),通过我们定制开发的 APP 终端程序,以扫描二维码的方式登录到后台教学资源库,随时访问我们的微课资源,并能浏览课程介绍,完成在线测试、师生互动、群组讨论等活动。使静态教材与动态资源库实现完美对接。

本丛书的编写团队由一线老师与企业专家组成,他们均具有丰富的教学经验与生产实践经验,使教材更具实用性。教材内容凸显企业实际操作,培养学生实际动手能力,有利于激发学生的学习兴趣。

本丛书的编写得到金蝶软件(中国)有限公司宁波分公司、浙江省邮政速递物流有限公司宁波市分公司、宁波鹏信国际货运代理有限公司、宁波港技工学校的大力支持,再次向他们表示真挚的感谢!

希望本丛书的编写,能为我国中职物流专业实训教育教学更上一个台阶提供帮助,这是我们最大的心愿。

汤涛

2014 年 10 月

前 言
PERFACE

随着宁波经济这几年的飞速发展，宁波正在向世人呈现一个与世界各地都有经济往来的贸易都市形象。外贸公司与货代公司也如雨后春笋般成长起来，这也为我们物流专业的学生创造了良好的就业氛围。为了顺应市场的需求，学生在学校期间就要为以后的就业打下良好的基础。

《国际货运代理实务操作之海运出口篇》就是为了适应现代化快速发展的贸易趋势需要而编写的，由宁波电子口岸公司开发的货运软件 HY2008 提供教学技术支持。通过本课程的学习，主要让学生了解国际货运代理和集装箱的专业知识，熟悉国际货运代理出口操作流程，掌握货运代理软件在国际货运代理业务中的应用，从而为今后从事货代相关工作提供理论与实践基础。

全书共分为六个模块，内容如下：

模块一为"账户设立与系统登入"，主要介绍了如何进行新账户的设立与系统登入。模块二为"客户管理"，主要介绍了如何设置基础代码、新增客户信息、客户审核、正式客户资料维护。模块三为"代码设置"，主要介绍了如何进行代码设置、船名设置、航次设置。模块四为"报价系统"，主要介绍了如何进行新增报价、普通模式及批处理模式修改报价、快捷模式修改报价、业务查询、客户报价及修改、新增内陆报价、批处理模式及快捷模式修改内陆报价、导入报价。模块五为"海运出口"，主要介绍了如何进行托单的新增与编辑、装箱单信息与车队安排、报关单信息、托单管理中的其他功能、拼箱操作、辅助功能、打印设置、单证输出。模块六为"综合操作及角色扮演"。

本次编写主要由洪燕琴提出编写思路，统筹全局并完成模块三、模块五、模块六的编写。李璐璐完成模块一、模块二、模块四的编写。本书在编写过程中，还得到了宁波鹏信国际货运代理有限公司王勇的大力支持，编者在这里表示感谢。

本书编写指导思想是尽量实现与企业真实操作的一致性，图文力求通俗易懂、适合教学、方便自学，书中还汇集了大量来自一线企业的资料，让学生们一进入企业就能很好地上手。本书虽然经过认真讨论，反复修改，但限于编者水平，错误仍在所难免，衷心希望广大任课教师、学生和读者指正，使本书在使用中不断补正和完善。

编著者

2014 年 9 月

目 录
CONTENTS

模块六　综合操作及角色扮演

模块一　账户设立和系统登录

账户设立和系统登录是每个第一次使用宁波电子口岸的学生要掌握的操作内容,也是本书的第一模块。而将其放在第一模块,是缘于账户设置与系统登录在整个教学过程中起到了铺垫以及敲门砖的作用。只有每个学生都能够开设一个账户,并且牢记自己的账户密码,才能够正确快速地登录系统,教师的教学才能顺利有序进行。

项目一　设立新账户

【任务说明】

1.能够根据老师的提示先用系统默认的账户进行登录。

2.创建一个属于自己的新账户。

【实训目标】

1.能够用一个已知的账户名进行系统的登录。

2.能够创建一个账户并且记住账户名以及密码。

【操作步骤】

1.用系统原始默认的账户名进行登录操作。

在桌面上找到 hy2008(快捷方式第四列最后一项)。

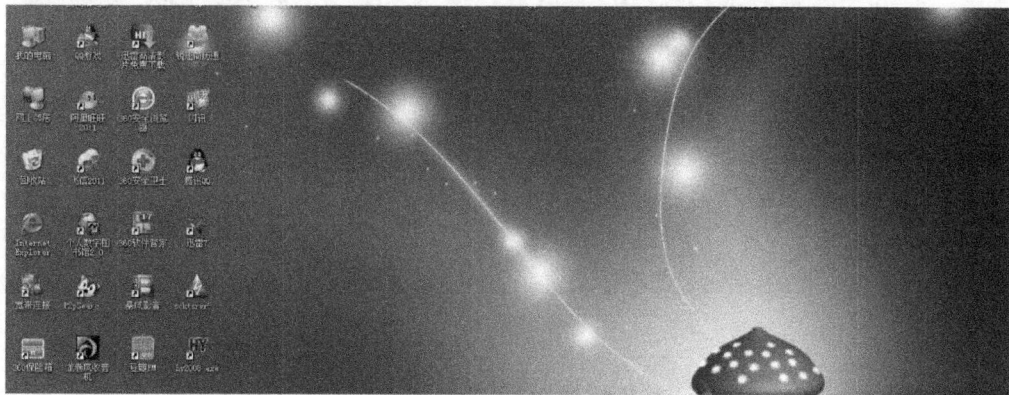

图 1-1-2

双击 hy2008,出现图 1-1-2 界面:

图 1-1-2

该界面就是系统的登入窗口。需要输入系统默认的原始账号和密码。具体操作分为三步:

(1)在账号栏输入"guest",然后点击回车;

(2)在密码栏输入"login";

(3)点击登录。

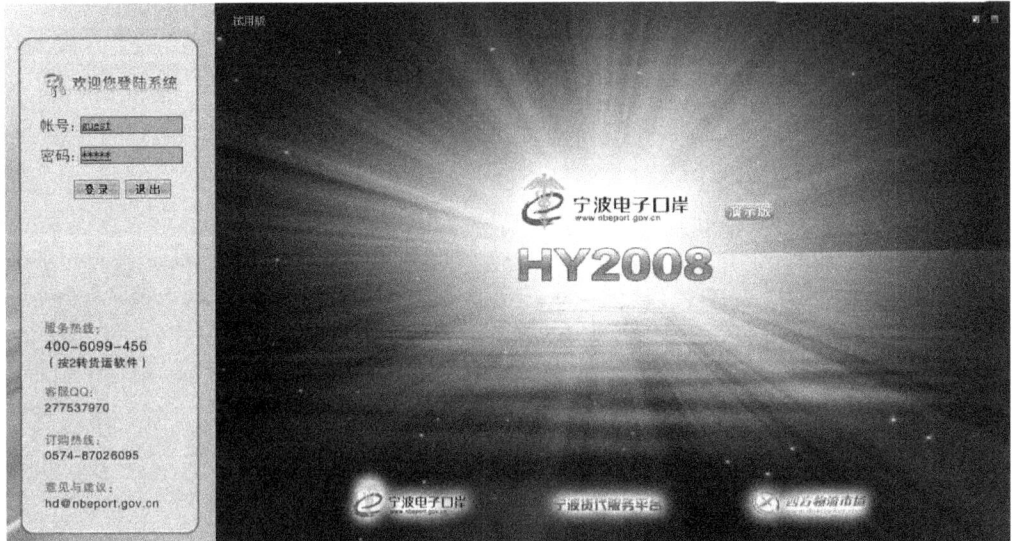

图 1-1-3

操作完(1)(2)将出现图 1-1-3 界面,然后再进行(3)的操作,出现图 1-1-4 界面:

图 1-1-4

左边导航栏分别为"客户管理""报价系统""庄家管理""接单中心""海运出口""财务管理""领导审核""开票系统""寄单管理""通关查询""信息中心"功能按钮,最底下一排是"重新登入"和"退出系统"功能按钮。

2.新账户设置操作

点击左上角的大按钮,会出现图 1-1-5 界面:

图 1-1-5

包含了"人力资源""打印格式""代码设置""人员权限""系统参数""财务接口""自动对账""帮助信息""密码"功能按钮。

　　找到"人员权限"一栏,单击鼠标,弹出一个小窗口名为"内部员工信息系统",主要包括了"人员过滤""人员列表""基本信息""人员性质""其他信息""主管业务""角色和操作日志"七个区域,如图 1-1-6 所示:

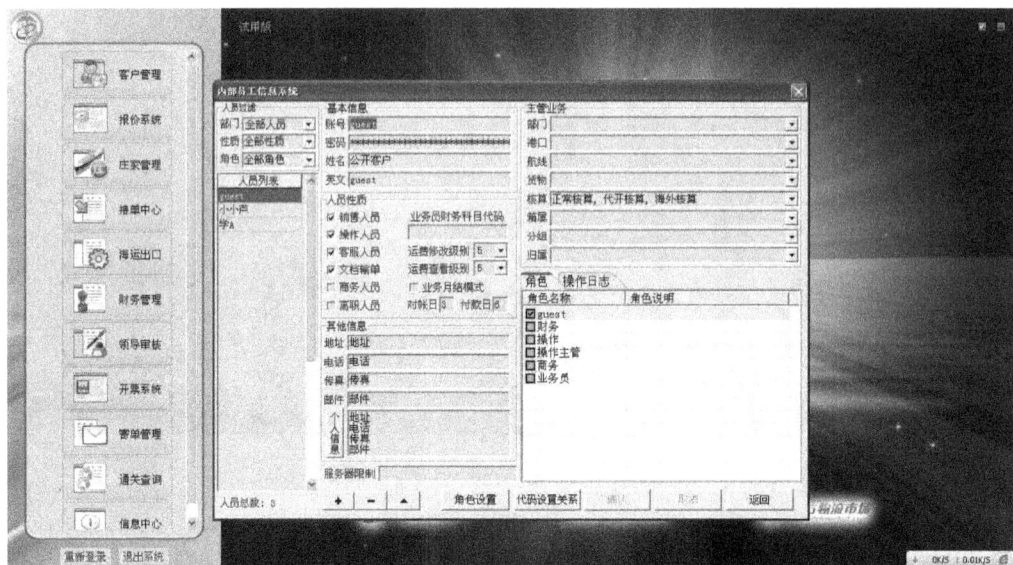

图 1-1-6

　　单击左下角的"＋"键,进行人员的添加,如图 1-1-7 所示:

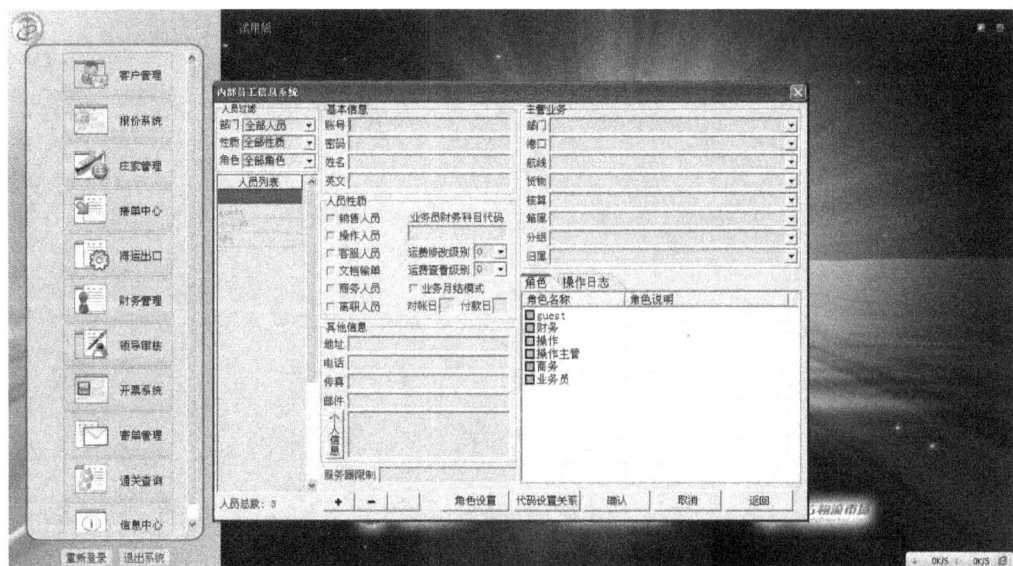

图 1-1-7

　　需要进行如下操作:

　　(1)在"基本信息"区域,填入自己创建的账号,例如"学 A_01","学 A_"不变,后面的数字根据自己的学号进行相应的变动;创建自己的密码并记住(账号与密码都需要区分大小写）；填写自己的真实姓名；填写自己的英文名。

（2）在"人员性质"区域，在"销售人员""操作人员""客服人员""文档输单""商务人员"前面的小方框内打钩；将"运费修改级别"及"运费查看级别"都选为5；"对账日"和"付款日"可以自行选择，一般都选15日。

（3）在"其他信息"区域，"地址"一栏填上"鄞州职业高级中学"；"电话""传真""邮件"都应该填上自己的真实信息。

（4）在"主管业务"区域，"部门"一栏，点击黑色小箭头，选择"海运部"；"港口"一栏，点击黑色小箭头，选择"NINGBO"。

（5）在"角色名称"区域，在"操作员"前面的小方框打钩

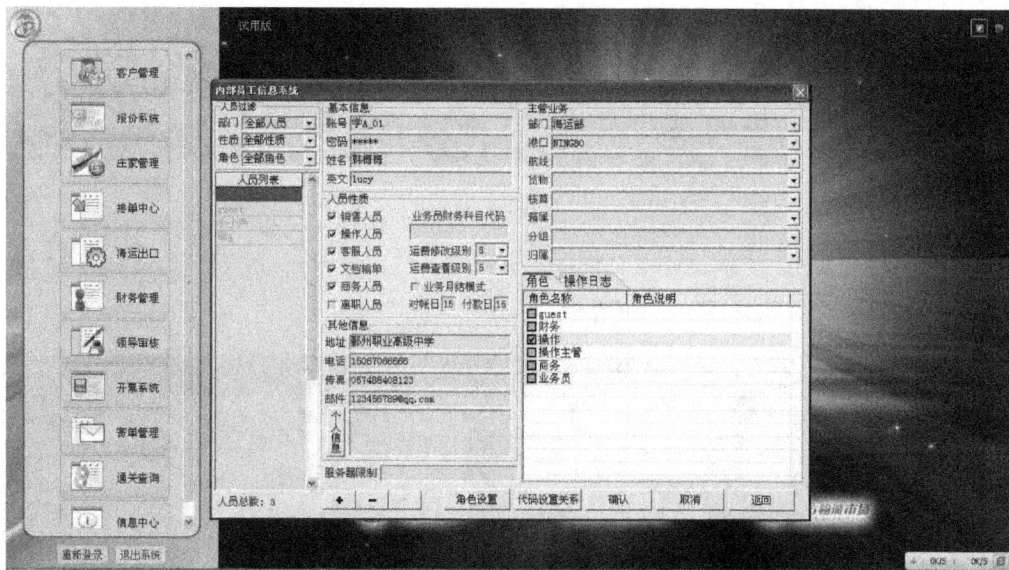

图 1-1-8

（6）单击"确认"键；左边人员列表名单中会出现新建的账户名称，如"学 A_01"。

（7）单击"代码设置关系"。

（8）在新跳出来的窗口的最上面一栏选择"人员代码设置"。

（9）在窗口的左下角点击"全选"，出现图 1-1-9 界面：

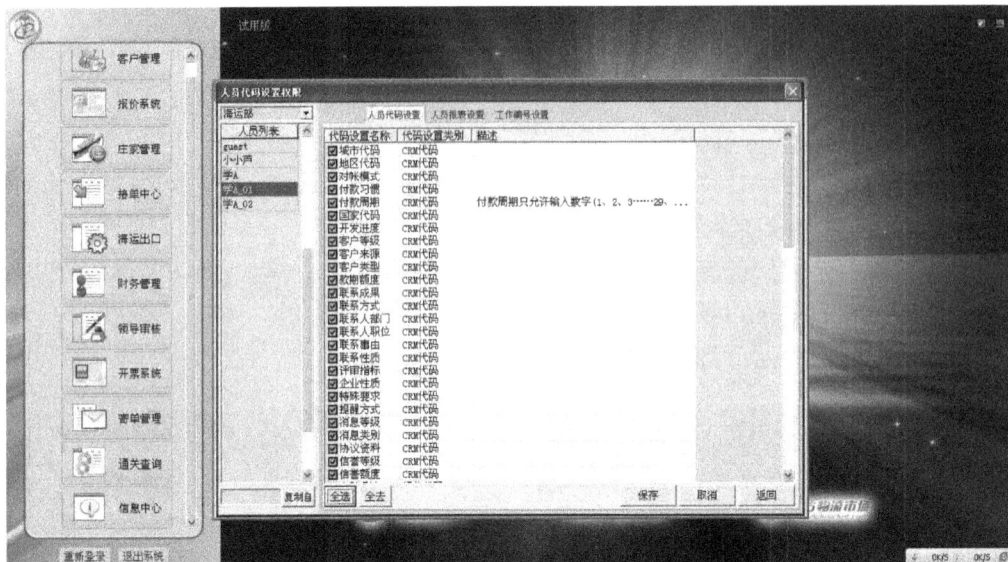

图 1-1-9

（10）单击"保存"。

（11）单击"返回"，出现图 1-1-10 界面：

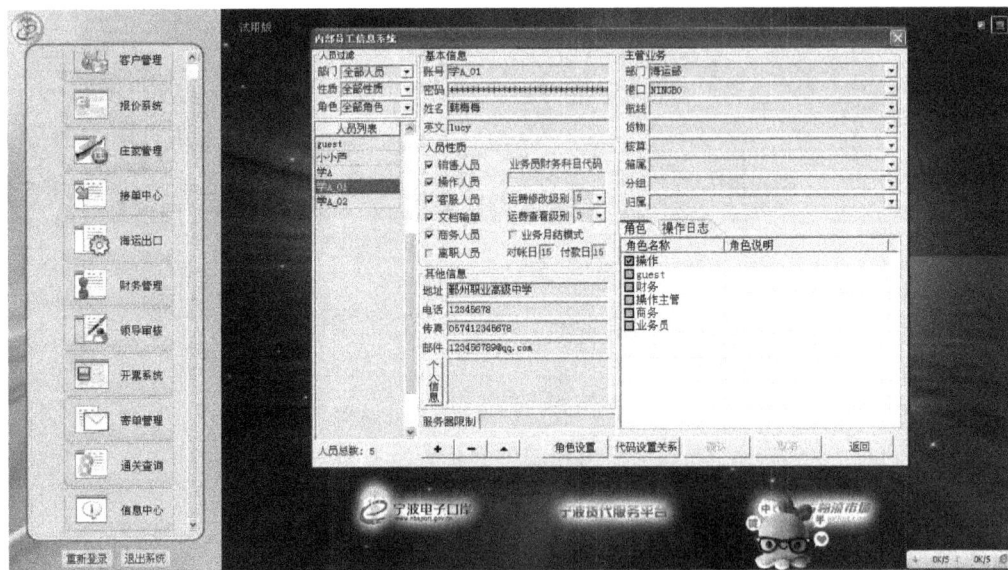

图 1-1-10

（12）再单击"返回"，出现图 1-1-11 界面：

图 1-1-11

新账户名设置成功。

项目二　系统登录

【任务说明】

1.在桌面上找到 hy2008 软件,并启动。

2.用自己新建的账号进行系统的登录。

【实训目标】

1.能够准确快速地在桌面上找到 hy2008 软件,并启动。

2.能够用自己新建的账号准确快速地进行系统的登录。

【操作步骤】

1.双击 hy2008,启动该系统,出现图 1-2-1 界面:

图 1-2-1

2.输入账户名和密码,例如我们刚新建的账号:"学 A_01",密码:"12345",输入以后将出现图 1-2-2 界面:

图 1-2-2

3.点击"登录"按钮或"回车"进入系统。

4.出现图 1-2-3 界面,系统才可以正常使用。

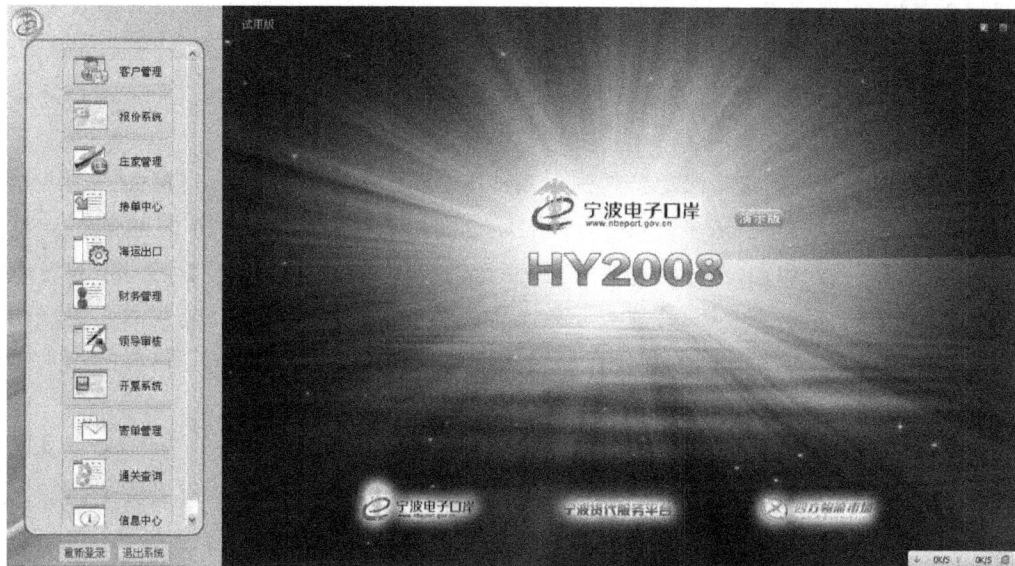

图 1-2-3

【实训练习】

1.每个同学以"学 A_"为前缀,自己的学号为后缀新增账户名,如学号为1,则账户名为"学 A_01"。注意在新增账号时,必须以"guest"账户名登录。自行设置和记住自己的密码,同时在部门等对应自己的学号处打钩。

2.以自己的账户名登录,检查哪些模块可以操作,包括是否可以进行代码设置。

3.进入每个模块,熟悉相应内容。

【知识链接】 国际货运代理的基本概念

一、国际货运代理的定义及特点

1.国际货运代理的定义。

国际货运代理源于英文"the freight forwarder"。1995 年 6 月 29 日,我国对外贸易经济合作部公布实施的《中华人民共和国国际货物运输代理业管理规定》第二条指出:本规定所称国际货物运输代理业,是指接受进出口货物收货人、发货人的委托,以委托人的名义或者以自己的名义,为委托人办理国际货物运输及相关业务,并收取服务报酬的行业。

2.国际货运代理的特点。

国际货运代理作为专门从事国际货物运输代理的行业,有其明显的行业特征和专业经营特点,主要包括:

(1)专业性强。国际货运代理业是从国际贸易和国际航运中派生出来的行业,是两者有机结合的经济活动体。这也就决定了从事货代业务必须具备方方面面的知识,具有广泛的社会联系,具备极强的专业知识和业务处理能力。

(2)单证繁多。单证业务贯穿于整个货运活动过程之中。国际货运代理通过业务单证的缮制和流转,实现货运代理各个环节的运作、监管、控制和信息反馈,以及有形货物的接受、仓储、搬运、装卸、运输和交付的整个过程。货运代理工作,必须保证单证与货物相一致、相协调。单证工作的好坏不仅直接关系到货运业务和物流链工作的完整,而且还是货运纠纷诉讼的有效法律依据。

(3)涉及面广。国际货运活动跨越国界和地界,涉及诸多行业领域;直接关系到各当事人的权益和经济利益,涉及诸多关系方:政府机关,如海关、商品检验机构、动植物卫生检疫机构等;运输部门,如船舶公司、航空公司、铁路运输公司、港口作业部门等;客户,如各专业贸易公司、经销商、厂矿企业等;其他有业务协作关系的海内外同行等。业务的广泛性和操作的复杂性使国际货运代理行为和公司的经营活动存在很大的风险性。所以,国际货运代理公司必须加强人事、业务、作业与财务管理,防止经营风险的发生。

(4)人才素质要求高。国际货运代理公司作为专业性和服务性很强的公司,要求其从业人员具有很强的专业知识、业务技能,熟悉国际货运进出口,国际航运和海上货运的运作规则、惯例、货运单证及其流程,具有较好的业务疏通能力和财务知识。随着经济全球化的发展,货代行业越发需要一支能适应国际化经营与管理的人才队伍。

二、国际货运代理的主要行业组织

1.国际货运代理协会联合会(International Federation of Freight Forwarders Associations),法文缩写为 FIATA(菲亚塔)。

FIATA 于 1926 年 5 月 31 日在奥地利首都维也纳成立,总部设在瑞士的苏黎世,是一个非营利性的国际货运代理行业组织。其目的是保障和提高货运代理行业在全球的利益。它是联合国和许多权威机构及组织(如国际商会、国际航空运输协会、国际铁路联合会、国际公路运输联合会、世界海关组织等)公认的国际货运代理行业的代表。

FIATA 每年举行一次世界性的代表大会,即 FIATA 年会。大会通过 FIATA 上年度的工作报告和财务预算,对一年内世界货运代理业所发生的重大事件进行回顾,探讨影响行业发展的紧迫问题,通过主要的法规和条例,促进世界贸易和货运代理业的健康发展。

2.中国国际货运代理协会(China International Federation of Freight Forwarders Associations,CIFA)是我国国际货运代理行业的全国性中介组织。它于 2000 年 9 月 6 日在北京成立。CIFA 的业务指导部门是商务部。作为联系政府与会员之间的纽带和桥梁,CIFA 的宗旨是:协助政府部门加强对我国国际货代行业的管理;维护国际货代业的经营秩序;推动会员企业间的横向交流与合作;依法维护本行业利益;保护会员企业的合法权益;促进对外贸易和国际货代业的发展。

三、国际货运代理的法律地位

国际货运代理的法律地位随着参与经营范围的变化而有所不同,其权利、义务与法律责任也会相应变化。因此,区别货代的法律地位对于相关业务中的当事各方均有重要意义。

根据货代在办理相关业务时使用名义的不同,其法律地位可以分为以下两种情况:

1.以委托人名义,为托运人办理国际货物运输及相关业务。这种情况是货代的原始状态。货代以单纯的托运人代理身份出现,产生的法律关系实际上就是民法上最普通的直接代理,各当事方地位简单、清楚。但在适用民法有关代理制度的规定时,应注意到民法和商法的冲突。

2.以自己的名义,为托运人办理国际货物运输及相关业务。这种情况下货代能以自己的名义与第三人订立合同,其前提是货代和托运人之间存在合同关系,依据该合同性质,即是委托合同还是运输合同,可以具体分为以下两种情况:

(1)托运人与货代订立的是委托合同。如图 1-2-4 所示,国际货代根据自己与托运人的委托合同,经由托运人授权,以自己的名义办理货运。

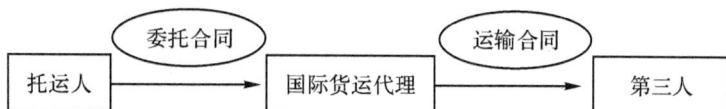

图 1-2-4　货代委托合同说明图

这里根据货代在与第三人交易时是否披露自己作为受托人的身份,又可以分为以下两种情况。

一是货代以自己的名义办理货运,但表明其代理人身份。这时只要货代公开自己的法律地位,无论是否披露委托人是谁,根据英国代理法专家鲍斯泰德的观点,"只要第三人在进行商市活动时意识到有一个被代理人的存在,而不认为自己是单独地和代理人打交道,被代理人的身份就算是公开的。至于被代理人究竟是谁,被代理人的姓名是否告知第三人,第三人能否查清代理人的姓名都无关紧要",均可以构成代理关系,其法律地位仍等同于民法上一般意义的代理人。

二是货代以自己的名义办理货运,但不表明自己代理人的身份。这种情况构成英美法系的未披露本人的代理,与民法中一般意义上的代理不同的是,在第三人或委托人致使货代无法向委托方履行义务时,货代才有义务披露该法律关系,并产生第三人的选择权、委托人的介入权,但并不因此而当然排除货代履行其他合同义务和承担责任。

(2)托运人与货代订立的是运输合同。如图 1-2-5 所示,这时货运过程中存在两个运输合同。

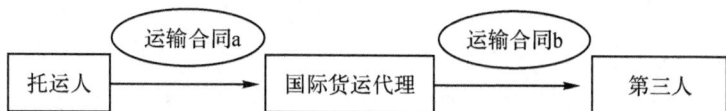

图 1-2-5　货代运输合同说明图

在运输合同 a 中,货代对托运人而言充当了承运人的角色;在运输合同 b 中,货代对实际承运人而言又充当了货主的角色。两个合同形成一个关系链,货代在其中分别处于不同的法律地位,承担不同的法律责任。如果发生纠纷首先要确定争议存在于哪一个合同中,再确定货代的角色与责任。这种法律关系在货代充当无船承运人或多式联运经营人时更为常见。

另外,货代在实务中还可能以实际承运人(如在多式联运的部分区段实际承运货物时)的身份出现,此时货代的法律地位已经突破了代理,成为当事人。

【课后作业】

1.复习国际货运代理的基本概念。

2.什么是国际货运代理? 它具有怎样的特点?

3.国际货运代理的主要行业组织有哪些?

模块二 客户管理

客户管理CRM（Customer Relationship Management）即客户关系管理。从字面上来看，是指企业用CRM来管理与客户之间的关系。

此模块中的客户管理是针对信息客户以及正式客户进行统一管理，包括客户信息资料的维护，开发维护跟进情况，以及正式客户委托业务的管理。在企业里面主要还是通过控制客户的额度来控制他的核销单及提单的寄出。通过客户的相关资料信息来建立信息客户，完成信息客户各项数据的录入；通过对信息客户的各项审核，成为正式客户；在日常业务往来中完成对正式客户的资料维护和开展拜访等工作的计划及录入。

项目一 熟悉界面及基础代码的设置

【任务说明】

1.学习了解客户管理基本界面。

2.基础代码设置界面及代码的设置。

【实训目标】

1.了解客户管理基本界面功能及客户管理所涉及的基础代码设置。

2.了解客户管理基本界面。

3.学会新增、修改、删除基础代码。

【操作步骤】

1.客户管理基本界面。

输入账户名和密码登录之后点击左边导航栏的"客户管理"。

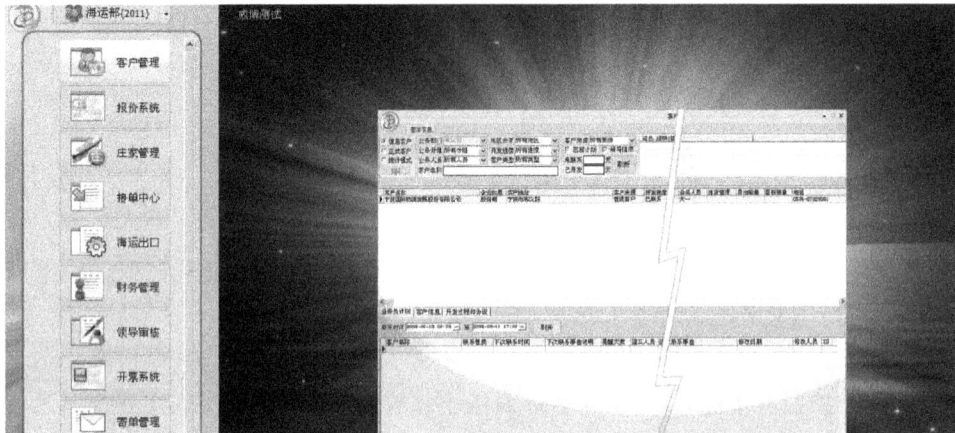

图 2-1-1

点击登录之后可以进入客户管理的界面。

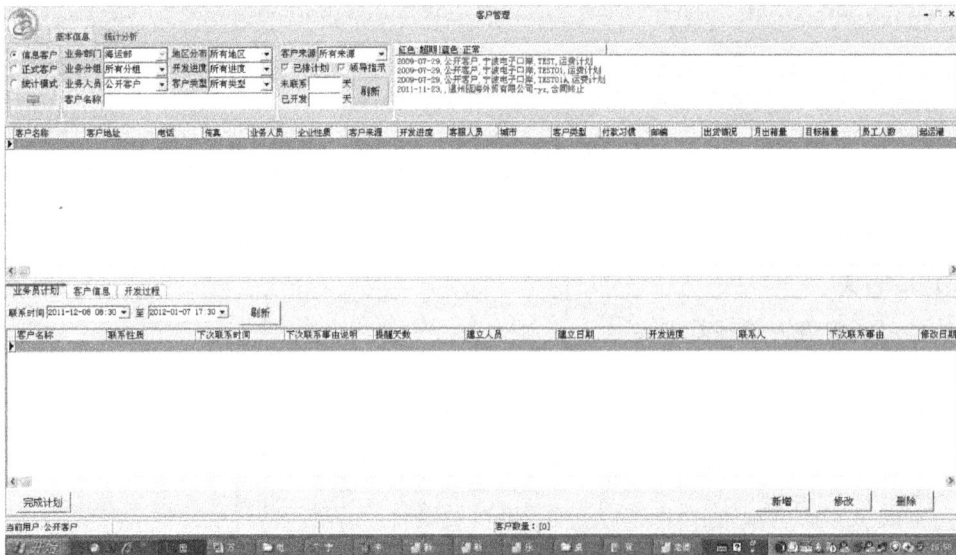

图 2-1-2

界面分为上、中、下三部分。

(1)最上部分是客户的条件筛选。客户分为信息客户、正式客户。信息客户是指还没从货代公司走货但是业务员已经在联系的客户。而正式客户则是通过公司的审核确认,正式从货代公司走货的客户。

右侧的"业务部门""地区分布""业务分组""业务人员""开发进度""客户类型"等信息都是筛选条件。可以通过其中一个或多个条件进行客户的筛选。右上角是一个提醒框,比如和客户签订的协议到期了,或者几号要去拜访客户等客户信息都会提醒显示在这一块。

(2)中间部分是客户的基本信息,客户的信息都会显示在这一块。

(3)最下部分是业务员计划,即业务员本身或者其领导给业务员安排拜访客户的计划。

可以通过新增、修改、删除来编辑。

2.基础代码设置界面及代码的设置。

点击客户管理界面左上角大按钮,出现图 2-1-3 界面:

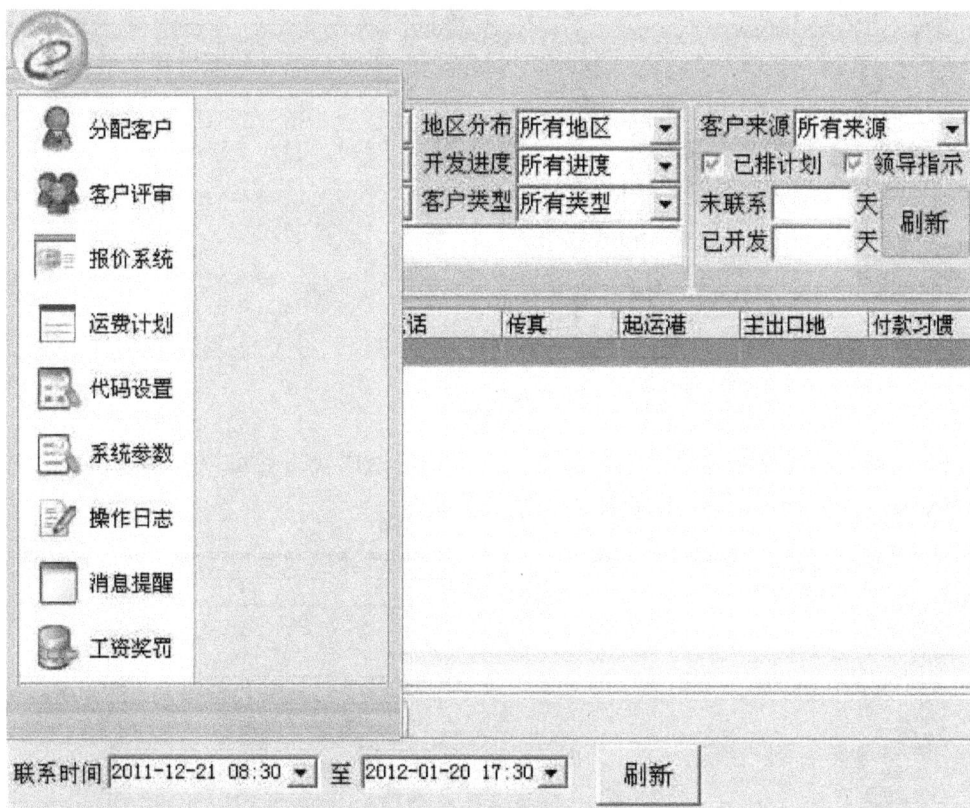

图 2-1-3

该界面包括以下内容:

(1)分配客户:如果有业务员离职公司,领导可以通过这个功能进行客户的重新分配;

(2)客户评审:公司领导可以通过这个功能进行客户的快捷审核;

(3)报价系统:可以直接从这里进入报价系统;

(4)运费计划:可以直接从这里进行计划运费界面;

(5)代码设置:进行代码设置界面(本项目内容);

(6)系统参数:和其他功能模块里面的系统参数功能一样,根据每家公司的基础设置;

(7)操作日志:系统记录操作的日志;

(8)消息提醒:和其他功能模块里面的消息提醒功能一样;用于企业内部通讯;

(9)工资奖罚:业务员的工资奖罚系统(没有购买);

点击代码设置后出现以下内容:在基础代码里面选择 CRM 代码。选择 CRM 代码后出现图 2-1-4 界面:

图 2-1-4

以下代码设置都是在客户管理界面里面的选择。做成代码后可以直接按"回车"选择，不需要重复输入。这可以解决信息输入不整齐的问题。

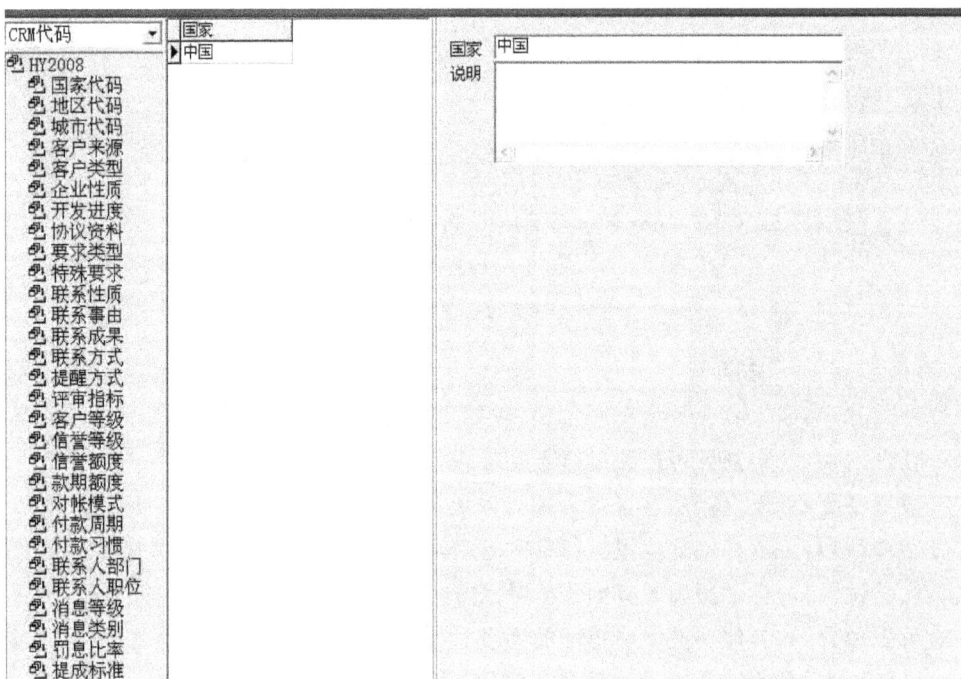

图 2-1-5

具体的录入方法为：先选中左侧任意一个代码名称，再点击最下方的新增按钮，点新增之后右侧即可输入相应的信息进行增加。另外如果需要删除或修改就可以按下面相应的删除、修改键。

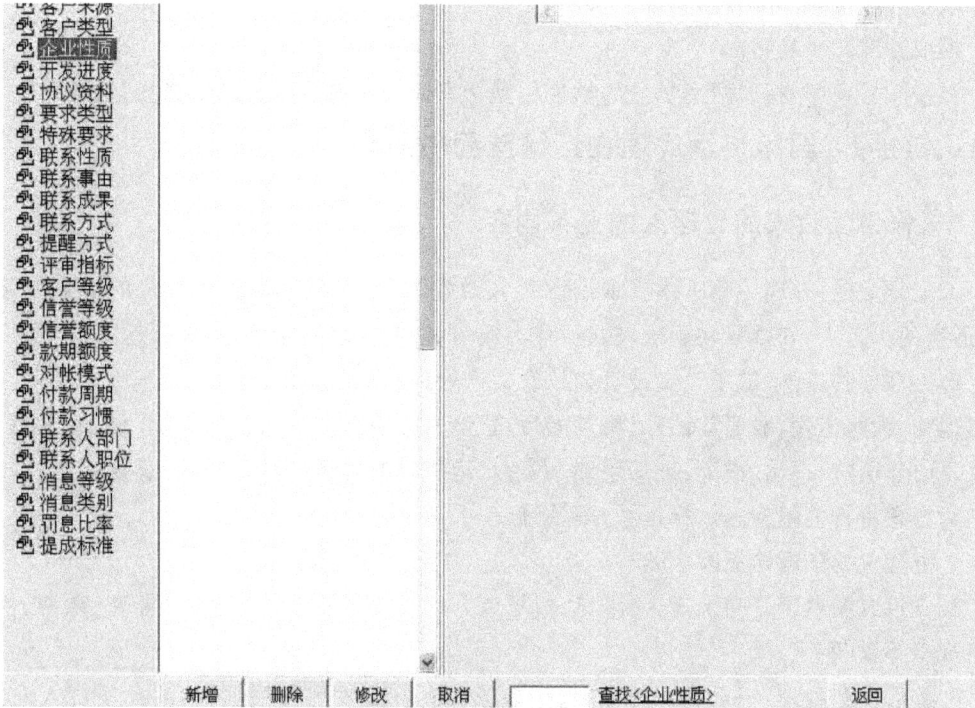

图 2-1-6

【实训练习】

1.熟悉操作客户管理界面。

2.在"代码设置"里按照如下要求增加相应的代码(如已经存在,就不必新增)。

国家代码:中国;

地区代码:上海;

城市代码:浙江上虞;

客户来源:特殊客户;

客户类型:货代公司;

企业性质:中外合资;

开发进度:已出货;

要求类型:送货要求;

提醒方式:提前 2 天提醒;

客户等级:VVIP 客户;

联系方式:QQ 联系;

付费周期:10 天;

付费习惯:当月付款;

联系人部门:储运部;

联系人职位：业务助理；

提成标准：3％利润。

3.按学号顺序，相邻两个学号的学生相互交叉检查对本项目的操作情况。

【知识链接】 国际货运代理在运输流程中的作用

一、作为发货人的代理人的业务内容

1.安排运输，办理运输手续。根据发货人对货物运输的要求，选择最优的运输线路、方式，适当的承运人，安排货物运输、转运；代为填写、缮制货物运输单据，签订运输合同。

2.办理货物进港、进场。安排货物从发货人处到发货车站（火车站、汽车站）、港口（通过公路运输、铁路运输、驳船运输）或机场的短途运输，办理出运货物的包装、仓储、称重、计量、检尺、标记、刷唛、进站、进港、进场手续；办理出运货物的装箱、拼箱、理货、监装事宜。

3.办理货物的报检、通关（报关）等手续。

4.办理货物的运输保险手续。

5.支付有关费用。向承运人、港口、机场或其他有关方面支付运费、作业费、杂费、税金、政府规费等款项。

6.善后事务处理，记录货物的残损、短缺、灭失情况，收集有关证据，协助发货人向有关责任方、保险公司索赔。

7.办理发货人委托的其他事项。

二、作为收货人的代理人的业务内容

1.通讯联系。与承运人方面联系，随时查询，及时掌握货物动态和运抵目的地的信息，及时通报收货人；与收货人联系，接收、审核其提供的运输单据，协助其准备提货文件，办妥相关手续，做好提货、接货准备。

2.支付费用。向承运人、承运人的代理人及其他有关各方支付运费、杂费；代为支付有关税金和费用。

3.办理货物的报检、报关、缴税、结关（清关）手续。

4.办理提取货物及相关服务。提取、监卸、查验、理货、拆箱、接收、仓储、短途运输。

5.善后处理。向收货人或其指定的其他人交付货物及有关单据；协助收货人处理货运事故等。

6.收货人委托的其他事项。

三、作为实际承运人的代理人的出口业务内容

这里的实际承运人，指拥有运输工具，实际参与具体运输的公路、铁路、驳船、海船的承运人（若作为船舶经营人的代理人，通常称为船代）。

1.揽货，签订运输合同。组织货载，接受托运人的包车、租船、包机、订车、订舱要求，与之洽谈，订定运输合同。

2.缮制单证。填写、缮制货物入仓、进站、进港、进场单据或集装箱、集装器放行单;审核车站、码头、机场汇总的货物清单,缮制货物出口运单、提单等单证;汇总出口货物运输单据。

3.现场调度。安排货物入仓、进站、进港、进场或装箱;协助承运人或车站、码头、机场进行车辆、船舶、飞机配载,装车、装船、装机。

4.运输工具报关,并向海关申报集装箱、集装器、货物情况。

5.收取运费。审核有关费用、收费,办理支付、结算手续;向托运人签发运单、提单,收取运费、杂费;向航次租船的船舶承租人签发滞期或速遣通知。

6.办理货物、集装箱的中转手续。

7.承运人委托的其他出口业务事项。向委托人转交货物运输文件资料,报告出口货载、用箱数、费用、收费等情况。

项目二 新增信息客户

【任务说明】

信息客户是指已经与之取得联系但仍未正式签订合同,或未发生业务往来的潜在客户。通过对信息客户所提供的资料来完成相应的录入作业。

【实训目标】

1.了解新增界面所涉及的内容。

2.学会信息客户的新增。

3.掌握客户信息内容的完整录入。

【操作步骤】

1.首先在客户管理界面点击中间空白部分,鼠标右键——客户新增,出现图 2-2-1 界面:

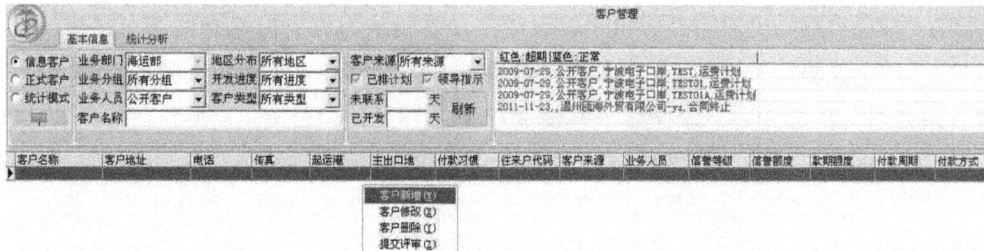

图 2-2-1

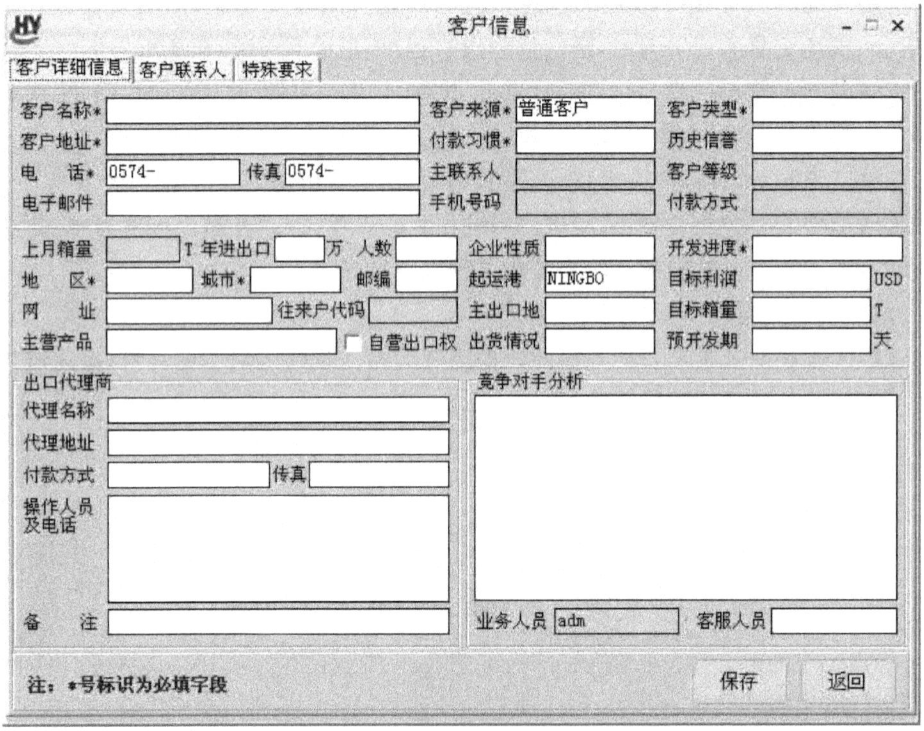

图 2-2-2

客户详细信息就是这个客户的基本资料，会打"＊"号的内容为必填，其他为选填。其中绿色底纹的内容无须输入，如图 2-2-2 所示，在其他页面填写后自动读取过来。

客户联系人：这家客户的一些主要联系人。

特殊要求：指客户的一些特殊要求。如：这家客户是否需要开票，或者发票开给下面的工厂等要求；对于装箱有什么要求；对于提单是否需要电放等要求。

2.输入客户详细信息资料。

第一步，输入客户详细信息。

这里面"客户来源""客户类型""付款习惯""开发进度""地区""城市"等信息都是从代码设置里面读取过来的，大家可以根据上一次实训项目输的内容里面通过按回车选择。

这里以"宁波测试有限公司"为客户名称为例，首先我们在客户名称栏直接输入："宁波测试有限公司"，接着按回车选择客户来源是普通客户还是分配客户，接着在输入客户类型时，如果我们不是按代码设置里面的内容进行选择，而是随意地输入"不知道"，这时系统就会跳出这样的提示："客户类型[khlx]非法"。这就是提醒我们在输入相应的空格栏时，一定要按照上次实训项目中代码设置里的内容来进行回车选择输入。如图 2-2-3 所示：

图 2-2-3

　　"客户地址""电话""传真"及"电子邮件"按照实际情况输入填写；历史信誉可以根据需要填写，也可以留空。

　　"主联系人""客户等级""手机号码"和"付款方式"无需在此填写，在完成客户联系人等资料填写后会自动显示。

　　有关该客户的其他资料，如"企业性质""开发进度"等按照实际情况填写。

　　上述内容均为客户的基本资料，页面下部的"出口代理商"所需填写的是关于代理商的相关资料。如果这家客户有出口代理，则应在此栏目下做相应的填写，包括代理商的名称地址、付款方式等。

　　如果一名业务员在跟踪这家客户时发现也有其他货代公司在联系这家客户，那么其他货代公司就成了竞争对手。可以将竞争对手的一些信息输入到"竞争对手分析"里面，以便让公司领导明确形势或在必要情况下帮忙解决。右下方显示的是这家客户的业务员、客服员、商务员，这里根据每家货代的性质结构不同可做选填或不填。输入完上述各类内容资料之后按保存键进行资料的保存。

　　第二步，输入"客户联系人"。

　　先点右下方的"新增"按钮，就会出现图 2-2-4 界面：

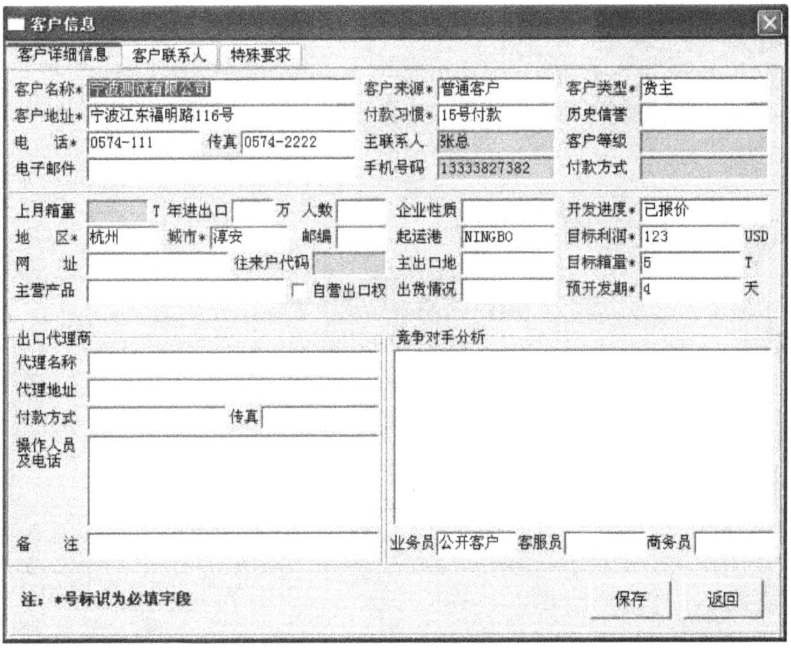

图 2-2-4

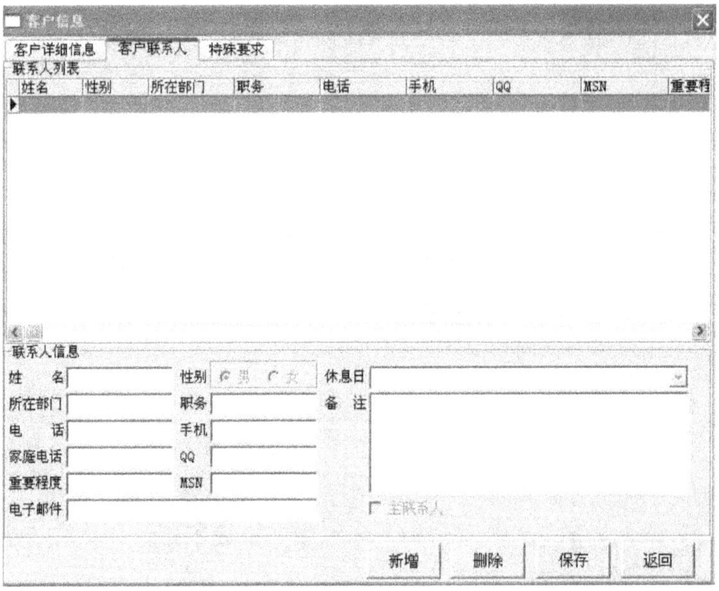

图 2-2-5

　　然后在下方的"联系人信息"处输入联系人信息,如姓名、性别等;"所在部门"和"职务"栏可以通过回车选择确认;"休息日"的选择是指针对该联系人的休息日,也就提醒货代公司的相关人员在休息日时尽量不要去打扰。如果该联系人为主要联系人,那么在"主联系人"前打钩。如果有多个联系人,可以通过"新增"来实现信息的输入。内容输入完毕后,点击"保存"。

　　下面我们以张总为联系人为例进行输入并保存,我们可以到"客户详细信息"界面里面,看到绿色底纹的"主联系人"和手机号码就都自动填上了，如果联系人有 QQ 和 MSN 号的也可做相应的录入。如图 2-2-6 所示：

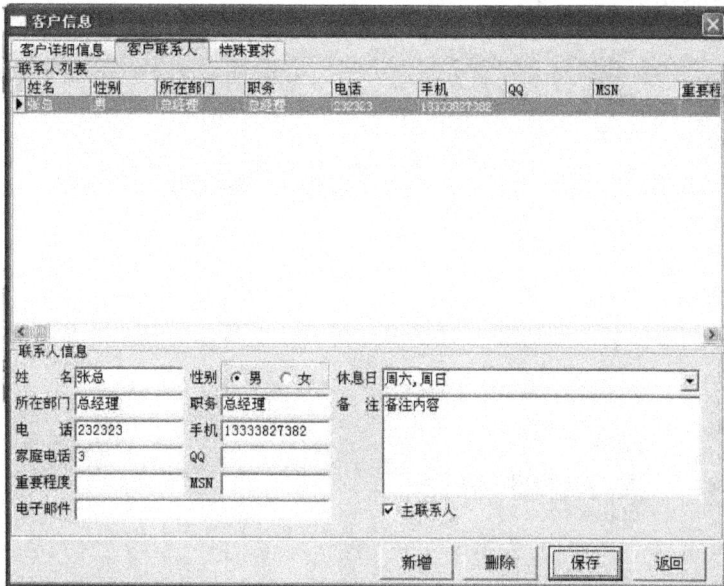

图 2-2-6

第三步，"特殊要求"的填写。

特殊要求的类型可以在客户管理 CRM 代码设置里面增加修改，一般为发票要求、提单要求和装箱要求。

同样点击右下方的"新增"，出现图 2-2-7 界面：

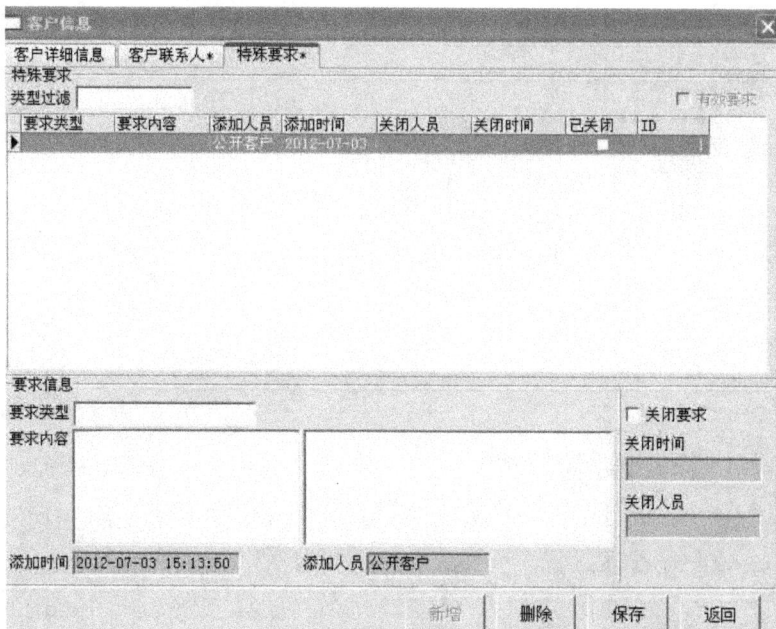

图 2-2-7

在下方的"要求信息"下填写相应的内容。"要求类型"处按回车进行类型的选择,如选择发票要求,要求内容处会显示三种选择,只需在前面的方格中打钩即可,同时右侧白色框框也可以输入其他内容,输完之后点击保存。保存后就出现图 2-2-8 界面:

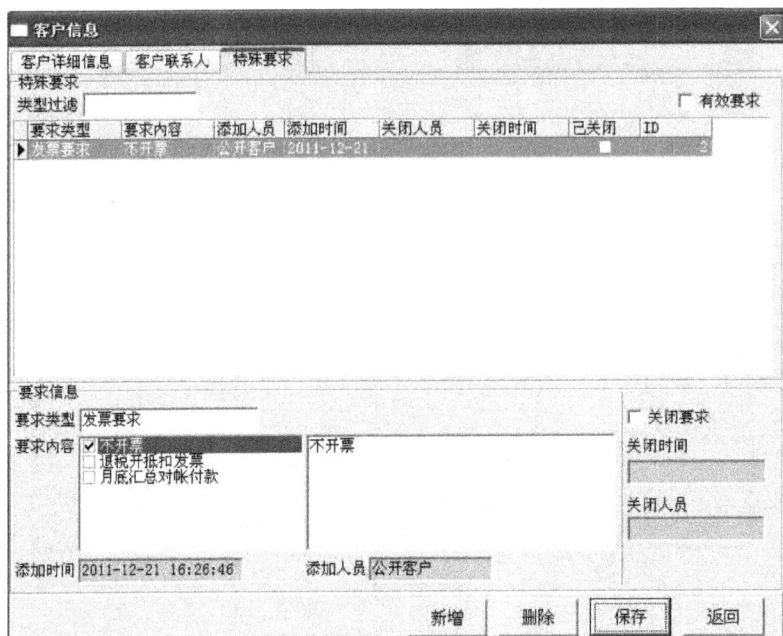

图 2-2-8

如果有多个要求可以继续新增。点击右边的"关闭要求",则特殊要求的内容就以红色字体显示,说明此要求已经无效。

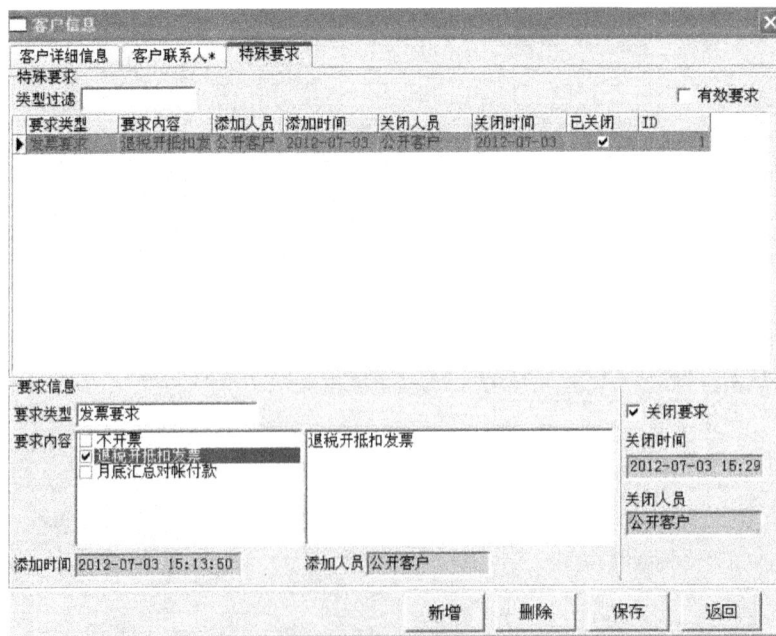

图 2-2-9

如再在右上角的"有效要求"处打钩,则此项要求就不再显示。如图 2-2-10 所示:

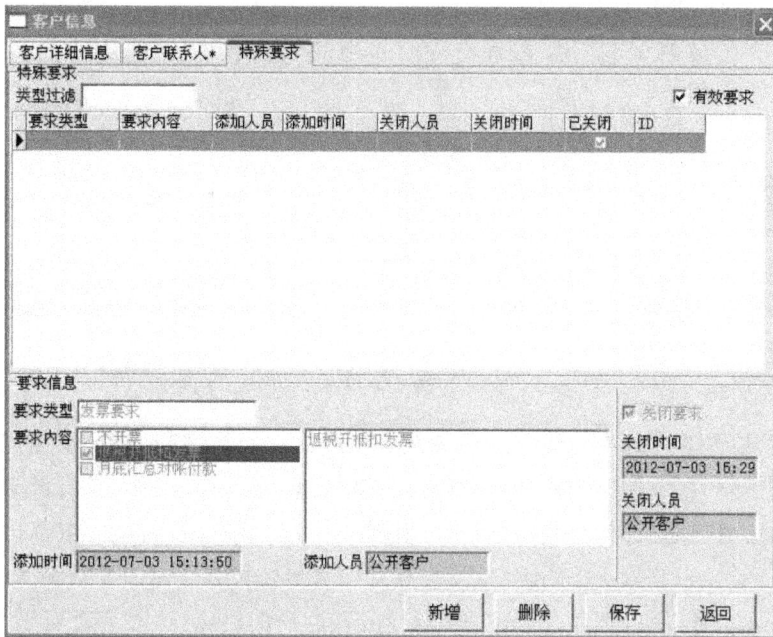

图 2-2-10

"类型过滤"是供查看的要求类型,此栏也是通过回车选择确认需要过滤的要求类型,如现在要查看的是提单要求,则在"类型过滤"栏选择"提单要求",即能出现提单的要求内容,如图 2-2-11所示:

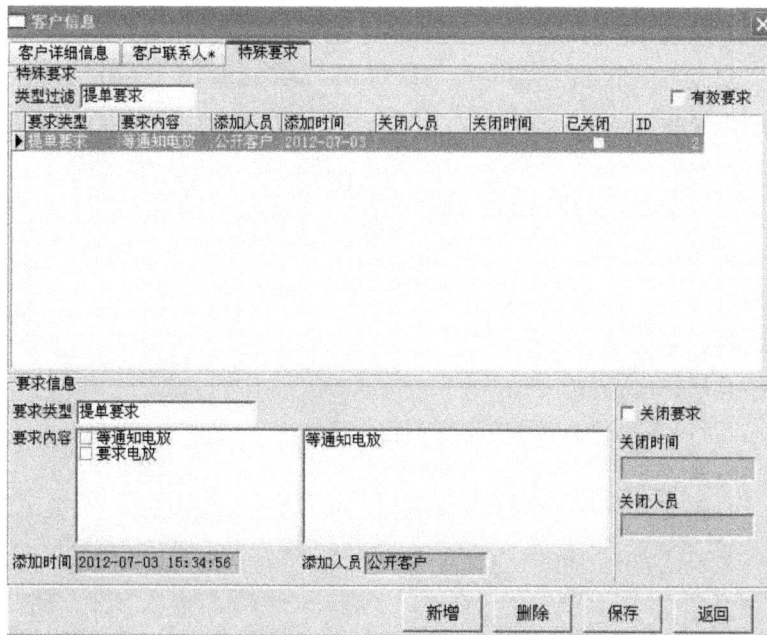

图 2-2-11

上述各项要求输入完成后,点击"保存",之后再点击"返回",即可返回到客户管理界面。在界面的中间部分,我们可以看到一条新的记录,就是刚刚增加的宁波测试有限公司的客户资料信息,那么宁波测试有限公司就是我们新增的信息客户,信息客户的新增操作就完成了。

图 2-2-12

如果想对信息客户的有关资料进行更改,我们可以通过"客户修改"来完成。选中这条记录之后点击鼠标右键可以选择"客户修改"(或双击该条记录),就会弹出最初进入新增信息客户的界面,可以对所需的内容进行逐一修改,修改后保存,资料就完成修改了。如果这一信息客户已经成为竞争对手的客户,不会有意向与本公司有任何的业务往来,或者因其他原因需要删除的,可以点击"客户删除"来进行信息客户的删除,这时会有对话框"是否删除此客户",只需选择"是"即可完成删除。

可以按照客户新增,客户修改,客户删除,提交评审进行相应的操作。这里也用到了我们下一步的实验内容,即客户评审。

【实训练习】

1. 根据以下客户信息资料完成信息客户的新增操作。

客户名称:宁波超越纺织品进出口公司;

客户地址:宁波市中山北路 168 号远东大厦 1601-1608 室;

主营商品:纺织品;

主要出口地:欧美;

电话:0574-12345678,传真:0574-22345678;

客户来源:普通客户;

客户类型:货主;

付款方式:付款买单;

历史信誉:良好;

电子邮件:CYTEXTILE168@163.com;

企业性质:私营;

开发进度:已联系;

地区及城市:浙江省宁波市;

出运地:宁波;

目标利润:2400 美元;

预计开发进度:10 天;

年目标箱量:12 个标箱。

在宁波没有代理商,但发现另有一家货代公司也在与他们联系,并报给他们较我们优惠的运价和包干费,希望得到领导的帮助,提供更好的价格给该公司,以便发展此客户。

主联系人:张总(男),手机号码:13586652312,双休,未留 QQ 号或 MSN 等。

该客户对开票有要求:退税开抵扣发票。

2.根据以下资料对客户资料的修改。

付款方式改为:每月 15 日付款;

开发进度改为:已报价;

目标箱量:20 个标箱,目标利润:3000 美金;

竞争对手已经失去竞争力,不会造成威胁;

其他联系人:小王(女),储运部职员,周日休息,QQ:37234567;

对提单也提出特殊要求:要求按照通知放提单。

3.情景设置,学号为单号的同学完成修改后一不小心把客户信息全部删除了,请学号为双号的同学完成更改后的信息客户资料,与此同时,单号学生在旁进行检查。然后再做交叉作业。

【知识链接】 各类物流业务内容

一、作为实际承运人的代理人的进口业务内容

1.取得、整理、审核进口货物运输单据。

2.向收货人或通知人(提单上的 Notify Party)传达货物到站、到港、运抵信息,通知其提货。

3.填写、缮制进口货物运输单据,办理集装箱、集装器、货物进口申报手续。

4.通知、协助车站、港口、机场安排卸货作业。

5.安排集装箱的拆箱,货物的转运、查验、交接。

6.收取运费、杂费及其他相关费用,办理放货手续;汇总进口货物运输单据,审核有关费用、费收,办理支付、结算手续。

7.承运人委托的其他进口业务事项。

二、作为仓储保管人提供货物仓储服务的业务内容

1.办理货物入库手续。清点货物数量,检查货物包装和标志,与货主或运输人员办理货物交接手续。

2.根据货主要求,代为检验货物品质;根据货主要求,整理货物原件包装,进行零星货物的组配、分装。

3.根据货物的性质、特点、保管要求,分区、分类按货位编号合理存放、堆码、衬垫。

4.编制保管账卡,定期或根据临时需要进行盘点,做好盘点记录。

5.妥善保管货物,及时保养、维护。

6.审核货主填制的提货单或调拨单等出库凭证,登录保管账卡。

7.复核货物出库凭证,向货主或承运人交付货物,核销储存货量。

8.配货、包装、刷唛,集中到理货场所等待运输。

三、作为专业顾问提供货物运输咨询服务的业务内容

1.向客户提供有关法律、法规、规章、惯例和运输信息。

2.就货物的运输路线、运输方式、运输方案提出意见和建议。

3.就货物的包装、装载形式、方式、方法提出意见和建议。

4.就货物的进出口通关、领事、商品检验、动植物检疫、卫生检验要求等提供咨询意见。

5.就货物的运输单证和银行要求提出意见和建议。

6.就货物的运输保险险种、保险范围等提供咨询意见。

7.就货物的理赔、索赔提出意见和建议。

8.客户提出咨询的其他事项。

四、作为独立经营人提供货物运输服务的业务内容

国际货物运输代理企业以契约承运人、无船承运人、多式联运经营人身份提供货物运输服务,其业务内容通常可以分为以下具体项目。

1.在货物的起运地或其他地点与托运人或其他代理人办理货物的交接手续,签发收货凭证、提单、运单。

2.确定运输方式、运输路线,与实际承运人、分包承运人签订货物运输合同。

3.安排货物运输,跟踪监管货物运输过程。

4.必要时,对装载货物的集装箱进行保险,对运输的货物投保承运人(契约承运人)责任险。

5.通知在货物转运地的代理人,与分包承运人进行联系,办理货物的过境、换装、转运手续,办理相关事宜。

6.定期向发货人、收货人或其代理人发布货物位置、状况信息。

7.在货主提出要求时,安排货物的中途停运。

8.通知收货人或其代理人货物运抵目的地和时间,安排在货物目的地的代理人办理通知提货、交货手续。

9.向货主或其代理人收取、结算运费、杂费。

10.办理货物的索赔、理赔手续。

项目三 信息客户的审核

【任务说明】

在信息客户建立之后,对其进行逐一审核之后成为正式客户。

【实训目标】

1.熟悉信息客户进行审核的操作步骤。

2.熟悉各项评审指标。

3.学会信息客户的审核过程。

4.了解设立客户代码的规则,能就新客户设立客户代码。

【操作步骤】

1.选中新增的信息客户,点击右键,出现图 2-3-1 界面:

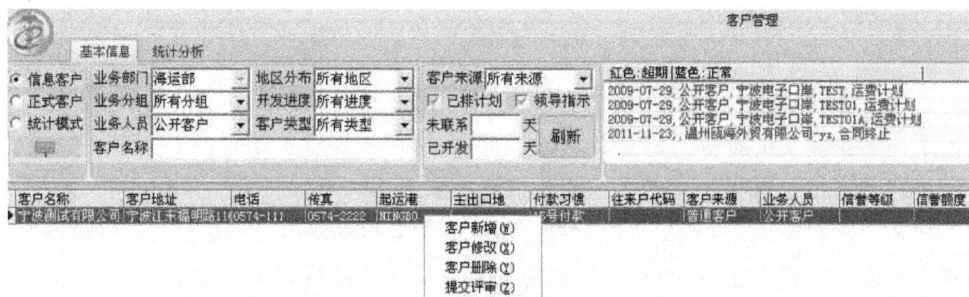

图 2-3-1

点击"提交评审"就进入了"初次提交评审"界面,开始客户评审实训内容。

2.评审步骤。

(1)进行客户评审。点击"提交评审"之后可以看到图 2-3-2 界面,上面部分是客户基本信息,其下方内容就是评审指标,此指标的主要内容可以根据每个公司的不同,事先在 CRM 代码设置里进行设置,其主要是审核该客户的信誉和可靠程度,业务员在提交栏中对符合条件的评审指标在框框中进行勾选。

图 2-3-2

（2）点击"提交评审"，即完成业务员提交评审操作。

上述两个步骤是业务员对信息客户的评审，在操作过程中要注意以下几点：

①客户基本信息根据输入的客户资料自动关联显示。

②如客户资料不完整，则在勾选"客户资料完整"时提示资料不完整（如图 2-3-3 所示），此时请检查该客户资料是否完整，并做相应补充后再进行指标评审。

③业务员备注栏可输入针对某个评审指标的备注。

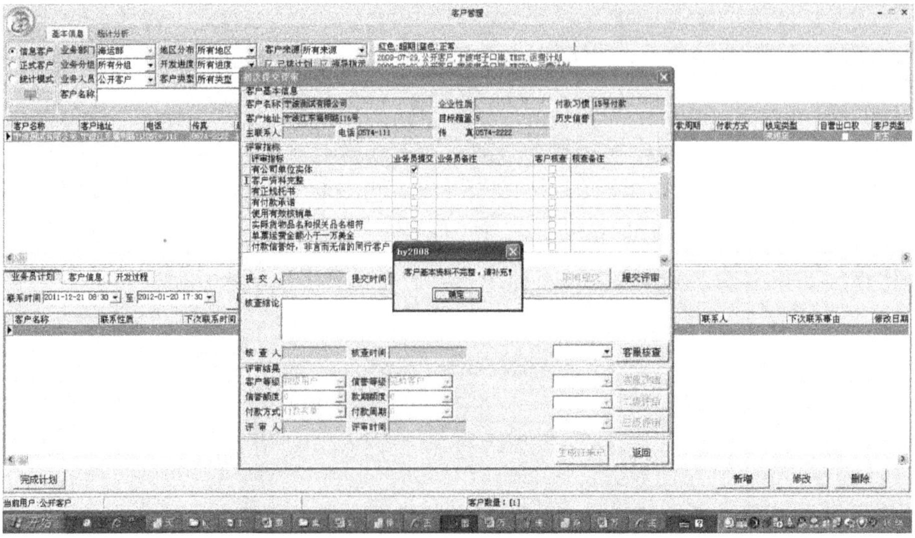

图 2-3-3

（3）"业务员提交"全部打钩并点击下面的"提交评审"。"业务员提交"全部打钩并点击下面的"提交评审"后，就开始进行"客户核查"栏。在此栏对各项内容也做相应的打钩，下拉选择"客服核查"左边的选择框，选择确认"完成"，然后点击下方的"客服核查"按钮。

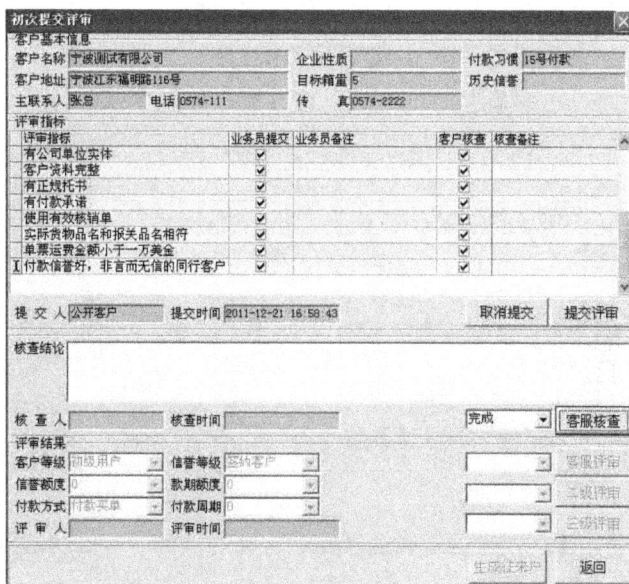

图 2-3-4

（4）提交评审。评审总共有三级，即"客服评审""二级评审""三级评审"，如果需要向上一级提交评审，则选择"提交二级"或"提交三级"，如果选择"不通过"，那此客户的评审则没有通过，即不能成为正式客户，如果选择"通过"即立即成为正式客户。每一级评审都可以在左侧的选择框里做不同的勾选，任何一级都可以通过评审这一客户，使之成为正式客户。

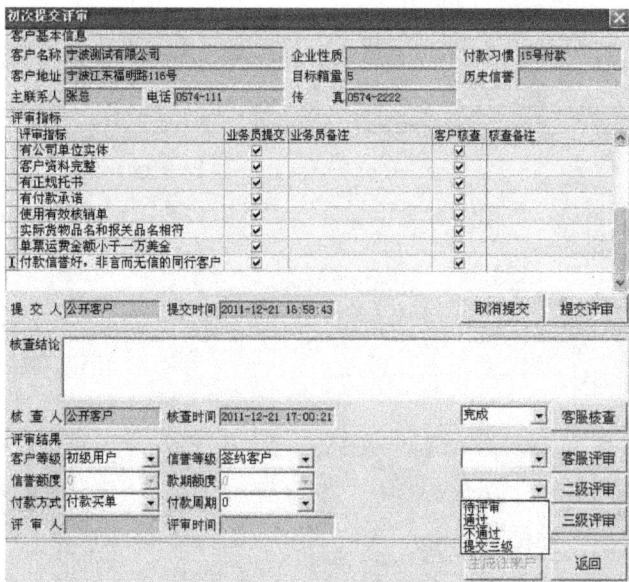

图 2-3-5

（5）选择客户等级。选择"通过"之后，即可以选择左侧的客户等级信息（如初级客户）。付款方式如果是"付款买单"，那么对于此类客户则不用选择信誉额度；如果是月结客户，则要选择这个客户的信誉客户、款期额度、付款周期。以下内容都可以通过下拉选择确认。

①信誉额度：就是这家客户总共可以欠货代公司多少钱。

②付款周期：一般都是填写每个月 15 日或者 20 日。

③款期额度：就是在付款周期之内该客户总共可以欠多少钱。

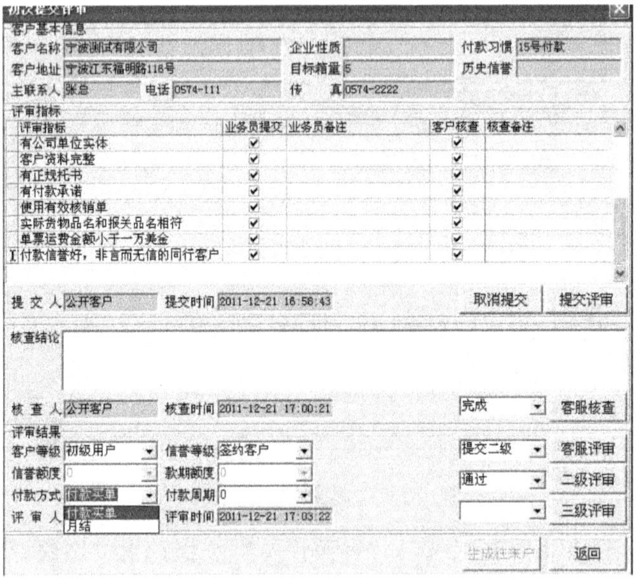

图 2-3-6

（6）生成往来户。当评审通过后系统自动跳出是否需要生成往来户（如图 2-3-7 所示）。点"Yes"就会出现"生成往来户"的界面。

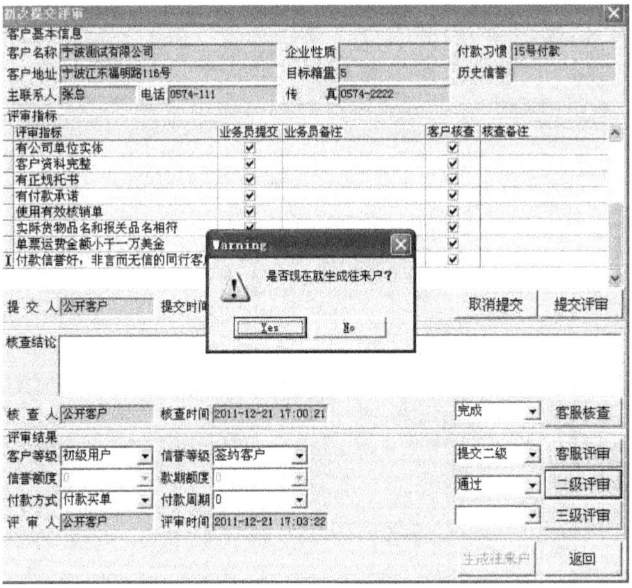

图 2-3-7

(7)填写"往来户信息"。往来户信息主要是填写单位代码,单位代码的设置可以根据自己的习惯,一般情况下,单位代码通常以公司名称的拼音首字母来命名。如单位名称为:宁波测试有限公司,这里的单位代码可以设成"NBCS",这样就比较容易记忆。填完单位代码之后,可以就下面信息根据具体需要的情况进行选填,然后点击"保存"再点击"返回"。这样信息客户就成为正式客户,货代的操作就可以对该公司的货物进行订舱等操作。

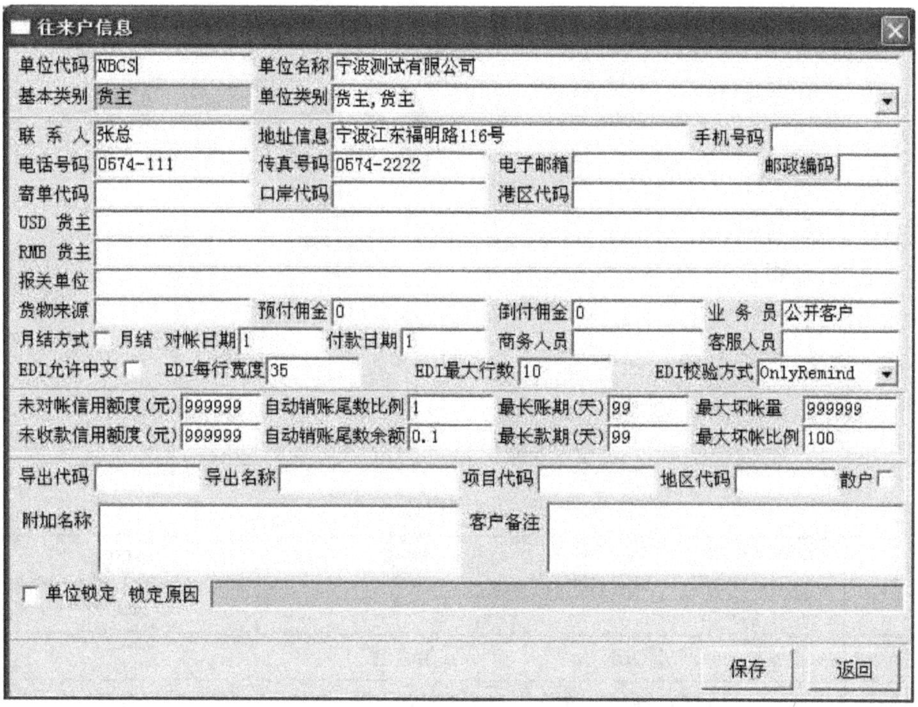

图 2-3-8

(8)返回并确认。返回到"客户管理"界面,选择"信息客户",信息客户下面已经没有该客户了。再点击"正式客户",就可以看到这家客户的详细信息,那就证明审核通过,该客户已经成为我们的正式客户,也就意味着可以接受订舱了。

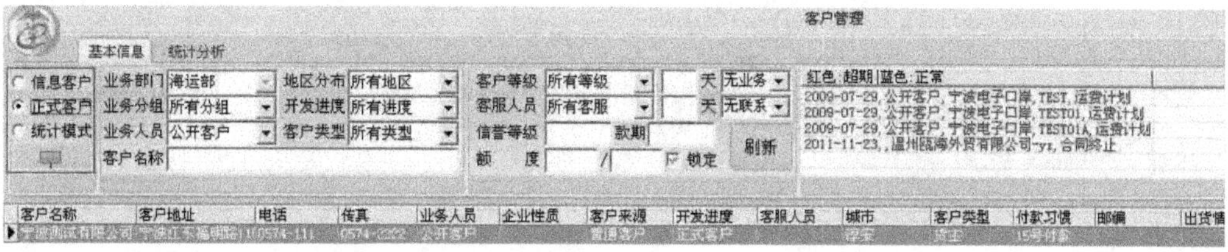

图 2-3-9

【实训练习】

1.对宁波超越纺织品进出口公司进行三级评审,并通过评审,成为正式客户,按照普遍的规则设立单位代码。

2.根据以下资料增加信息客户并通过评审成为正式客户;相邻学号的同学做相互交叉

检查和评分。

(1)基本资料:

公司名称:宁波公泰纺织品有限公司;

主营商品:针织衫;

主要出口地:美国;

客户来源:普通客户;

客户类型:货主;

付款方式:付款买单;

历史信誉:良好;

电子邮件:NBGTTEXTILE@126.com;

企业性质:私营;

开发进度:已报价;

目标利润:2000 美元;

年目标箱量:10 个标箱;

在宁波没有代理商,但发现另有一家货代公司也在与他们联系,并报给他们较我们优惠的运价和包干费,希望得到领导的帮助,提供更好的价格给该公司,以便发展此客户。

出口货物委托书

发货人	NINGBO GONGTAI SPIN SCIENCE AND TECHNOLOGY CO.,LTD	箱型		40HQ	
		运输方式		海运	
收货人	TO ORDER	起运港		宁波	
通知人	DREAM U.S.A INC	目的港		洛杉矶	
运费		付费方式		到付	
开船日期	2014 年 10 月 10 日				
唛头	货名规格及货号	箱数	毛重		净重
Q'TY COLOR STYLE NO CARTON NO SIZE	DT-12 100% COTTONJERSEY 230GSM MEN'S SHORT SLEEVE T-SHIRT	990CTNS	23000KGS		22000KGS
体积	68 CBM				
注意事项	请于 10 月 5 号上午 7 点 30 半到工厂装柜,装柜前先电话通知联系人				
委托公司	宁波公泰纺织科技有限公司				
主联系人	王青	联系电话		15811223355	
传真	0574-12345679	联系地址		象山工业园区园南路 12 号	

（2）评分标准：

模块	序号	扣分项目	扣分标准	扣分数
客户管理（100分）	1	未填写客户名称或填写错误	10分	
	2	未填写客户地址或填写错误	10分	
	3	未填写客户来源、客户类型、付款习惯	6分/栏	
	4	未填写电话、传真或填写错误	6分/栏	
	5	未填写地区、城市或填写错误	4分/栏	
	6	未填写开发进度、目标利润、目标箱量或填写错误	4分/栏	
	7	未填写客户联系人姓名、性别、所在部门、职务休息日或填写错误	10分	
	8	未按照要求设置单位代码	10分	

【知识链接】 国际货运代理人与无船承运人的关系

实践中，国际货运代理人作为纯粹代理人或当事人身份混同，突出表现在货运代理与无船承运人的关系上。

无船承运人最早规定于美国联邦海事委员会（Federal Maritime Commission，FMC）的 General Order（通令）：在美国联邦海事委员会的管辖下，不经营船舶而作为海洋公共承运人的，称为 Non-vessel Operating Common Carrier by Water（NVOCC），是由美国联邦海事委员会在 1961 年创设，1984 年美国《航运法》对无船承运人的规范被上升为法律。我国《国际海运条例》对无船承运业务定义为无船承运业务，是指无船承运业务经营者以承运人身份接受托运人的货载，签收自己的提单，或者其他运输单证，向托运人收取运费，通过国际船舶运输经营者完成国际海上货物运输。

《国际海运条例》出台前，我国没有无船承运人的概念，通常将除船公司之外的海上运输货运业务统称为货运代理业务，但货运代理人事实上承担了作为运输当事人，即无船承运人时的权利义务。从这个角度看，无船承运业务是国际货代的独立经营人业务，无船承运人是从国际货代的双重身份中独立出来的所谓独立国际海运经营人。在《国际海运条例》设立无船承运人制度之前，无船承运业务实际是由货运代理人从事的独立国际海运经营人业务，新的行政立法不过是把货代原有的业务进行经营主体的重新认定和变更行政管理主体。

无船承运人和货运代理人在主体上的混同以及业务操作上的相似性，加上有的货代公司为了规避大于代理人责任的承运人的责任，而在操作中故意混淆这两种业务，这样，一旦发生纠纷，法院就会在识别其法律身份时非常困难，而司法的不确定性反过来导致了从业者认识上的更加混乱。

随着我国集装箱运输的发展，无船承运业务也从货运代理业务中分离出来。NVOCC（Non-Vessel Operating Common Ocean Carrier，通常译为无船承运人）不断发展壮大，已成为我国国际货物运输市场中不可或缺的部分，而它从产生起就具备了不同于货运代理人的法律地位。无船承运人是指不拥有或经营运输船舶，但以承运人的身份接受托运人的货载，签发自己的提单或其他运输单证，向托运人收取运费，通过国际船舶运输经营者（实际承运人)完成国际海上货物运输,承担承运人责任,并依据法律规定设立的提供海上运输经营活动的经营者。在无船承运业务中,无船承运人一方面作为承运人接受托运人的货载,与实际托运人建立运输合同关系并签发自己的提单(HOUSE B/L 或 H-B/L),它在 H-B/L 中以承运人身份出现;另一方面,无船承运人又作为托运人向船公司订舱,与船公司建立运输合同关系,接受船公司签发的 MASTER B/L(M-B/L),它在 M-B/L 中又以托运人身份出现。这样,无船承运人在无船承运业务的一次货物运输中就与不同的相对人建立起了两次运输合同关系,涉及两份提单。这种双重法律地位必然决定其要承担双重法律责任。

伴随着我国集装箱运输的蓬勃发展,无船承运业务也逐渐从货运代理业务中分离出来,以满足日益增长的市场需求。无船承运业务经营者的重要作用和法律地位越来越被航运界所认可。在目前的航运业务中,无船承运业务已占据很大的市场份额,我国对无船承运的立法比较晚,在《国际海运条例》出台前,我国对无船承运业务的管理基本处于"自流"状态,在司法实践中不可避免地出现一些问题,由此产生的无单放货、海运欺诈等案件屡屡发生。2002 年 1 月 1 日生效的《国际海运条例》首次引入了无船承运业务的概念,2003 年 3 月 1 日实施的《中华人民共和国国际海运条例实施细则》(以下简称《国际海运条例实施细则》),进一步建立了无船承运业务的保证金制度、无船承运业务的提单登记制度和无船承运业务资格的申请制度。

但是,法律制度总是滞后于实际生活,它是对已有的社会关系的规范,而非创造,我们将其上升为法律上的权利、义务关系,以此来保护当事人的利益。近年来新建立起来的无船承运人制度验证了上述理论。从历史的角度考证,无船承运人制度是货运代理制度发展到一定阶段的必然产物。国际货运代理伴随着古老的海上货物运输业务的开展,已经有了几百年的发展历史,按其发展进程,一般可分为两个阶段,即传统货运代理阶段和无船承运人阶段。

第一阶段是货运代理人发展的初期阶段,其在该阶段中是根据与委托人订立的委托合同或协议进行工作,主要从事替货主安排货物运输及货物进出口相关的事宜,包括替货主交接货物、办理单证、订舱(也称为定舱)、安排托运、报关、保险和仓储等,这些业务一般都与货物运输密切相关。从法律的角度来看,货运代理人在该阶段中是委托人的代理人,在代理委托人进行经营活动中所产生的民事责任应由委托人承担,他仅对自己未执行合同所造成的损失及其在执行合同过程中由于自己的疏忽或故意所造成的损失负责。在这一发展阶段,货运代理人的主要收入来源是通过为货方提供各类服务而获取的佣金或代理费。

随着集装箱运输和国际多式联运的产生和发展,为了获得更丰厚的利润,传统的货运代理人在为货方提供服务的基础上,迅速扩大自己的业务范围,根据国际贸易对各类货物的运输要求,承担起集中托运、多式联运和综合物流管理的任务。并且,其中有许多转型为第三方物流企业,签发以自己作为承运人的提单,发挥独立经营人的职能,可见原来作为代理人的角色定位已经不能满足新的运输要求。

由于事实上,货运代理已经开始作为独立经营人承担运输职能,签发自己的提单,但在实践中,国际航运业的传统法律并没有对其进行有效的规范,使其处于法律落空的境地,因而特别混乱,利用无船承运人提单进行欺诈的案例频繁发生,扰乱了航运业的良性发展。为了对其进行规制,在1961年美国联邦海事委员会(FMC)发布的第四号通令中,首次提出了无船公共承运人的概念,并且在美国1984年《航运法》和1998年《航运改革法》中进一步明确了其概念,并把其纳入"远洋运输中介人"的概念之下。美国1998年《航运改革法》中对无船承运人承担责任的能力,进行责任保险或提供适当担保等问题做出了明确规定,以减少一些无船承运人诈骗运费、不负责任地寻找一些不合格的承运人运输现象。

在无船承运的业务中,存在两份提单,一份是无船承运人向托运人签发的 HOUSE B/L,在这份提单中,无船承运人是处于承运人的位置;另一份是海上货物运输的承运人向无船承运人签发的 OCEAN B/L,在这份提单中无船承运人处于托运人的地位。

提单是重要的海上货物运输单据之一,具有3种作用:①提单承运人对出具的货物的收据;②提单是海上货物运输合同的证明(但不是合同本身);③提单是物权凭证,它代表了货物的所有权。

OCEAN B/L(O-B/L),其另外两个英文表达为 MASTER BILL OF LADING(MASTER B/L 或 M-B/L)和 SEA BILL OF LADING(SEA B/L 或 S-B/L),这三个提单通常翻译成船东提单、海运提单,俗称海单、大提单或主提单,是由具体参与运输的作为实际承运人的船公司签发的提单。

HOUSEBILL OF LADING(HOUSE B/L 或 H-B/L),通常翻译成货代提单、无船承运人提单、契约承运人提单,俗称小提单或分提单,在无船承运人制度从货代制度中分离出来以后,就是指无船承运人签发的提单。H-B/L 与 M-B/L 同时存在时在业务操作上有特殊的要求。

无船承运人的双重地位,决定了其应该承担双重责任,一是作为承运人的责任,一是作为托运人的责任,那么明确其法律地位,划分其法律责任,探寻一个有效的责任机制,以保证这一制度的顺利运行都是非常迫切的。然而,现在我国关于无船承运人制度的研究还主要局限于概述性的、介绍性的或者侧重于行政管理制度方面。我国现行立法对于无船承运人签发的提单性质、无船承运人的责任制度,包括责任基础、责任豁免与限制、运费分担、与实际承运人的连带责任机制、运费纠纷等一系列问题没有明确的规定,无船承运人制度与传统法律规范的衔接也存在矛盾,这些都是亟待解决的问题。

项目四 正式客户的管理

【任务说明】

主要管理已发生业务的正式客户,以业务为中心开展全方位的服务,包括协议文档的签订,安排工作计划,拜访登记记录等。

【实训目标】

1.学会正式客户其他资料的维护变更。

2.学会如何安排拜访等工作计划并做好登记记录。

3.学会查看业务员自己客户的提单信息及运费、核销单提单等信息。

【操作步骤】

1.打开客户管理界面,点击"正式客户"即出现图2-4-1界面:

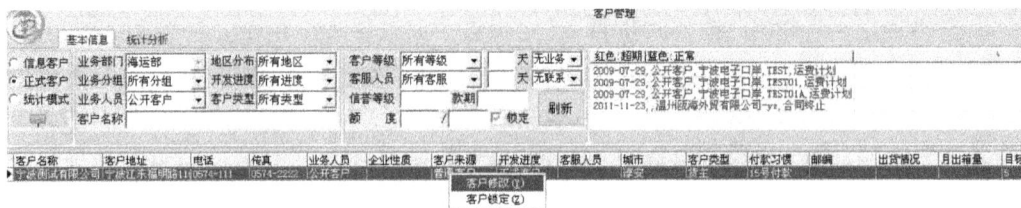

图 2-4-1

2.鼠标右键点击"正式客户",选择"客户修改",即出现图2-4-2界面:

图 2-4-2

3.其他资料的维护和补充。

其他资料包括:"客户详细信息""往来户信息""客户联系人""特殊要求""信用评审""协议文档"等。

其中前面五项在我们建立正式客户的时候已经设定好了,但是在这里还可以做一些基本的修改。而"协议文档"就用来上传存放合同或协议的地方。如图2-4-3:

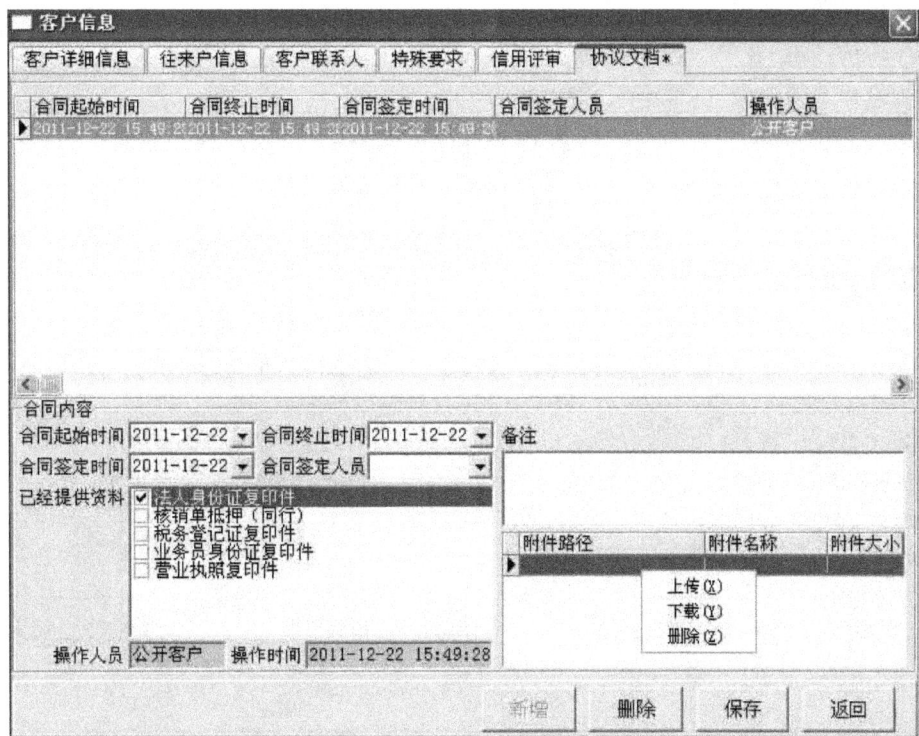

图 2-4-3

4.输入协议文档相关的信息资料。

选择"协议文档"后,点击右下方的"新增",合同内容部分会自动亮起,然后输入合同的起始时间、终止时间、签订时间、签订人员、提供资料等内容。这些内容都可以通过下拉选择来确定,右侧的备注栏可以根据需要自行进行输入。

5.添加附件。

这里的附件通常是指合同协议文本。将鼠标移到附件白色框里,通过右键可以"上传""下载""删除"。这里是用来上传合同、协议等书面的扫描件,可以上传至服务器保存。输完之后点击保存,返回。

(附件中的合同、协议时间即将终止时,在"客户管理"界面右上角会出现提醒,用红色文字显示合同协议到期时间。)

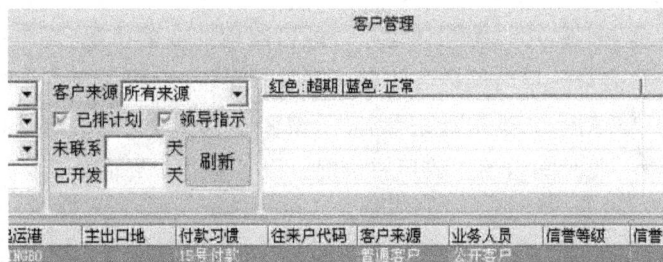

图 2-4-4

6.锁定或解锁客户。

鼠标右键点击"客户",选择"客户锁定",可用于手工锁定客户、解锁客户。锁定后该客户不能订舱、退核销单、寄提单。

解除客户锁定:在客户列表中选择待解锁的客户→右键选择"客户解锁"→进入客户→锁操作界面"锁操作"中下拉选择一种解锁操作。

图 2-4-5

7.其他信息输入,如最近业务、装箱计划、报关单证等内容。

选中客户,下方会出现"最近业务""装箱计划""报关单证""运费计划""财务费收""业务员计划""客服计划"及"客户记录"等界面。

其中,"最近业务"标签,可以看到该客户一段时间内的业务情况、提单情况及提单状态。"装箱计划"则显示该客户一段时间内各个箱子的装运情况。"报关单证"则显示该客户一段时间内的核销单退、寄情况。"运费计划"则显示该客户一段时间内的运费计划情况。"财务费收"则显示该客户一段时间内的正式运费情况。以下是各个界面介绍。

（1）"最近业务"。

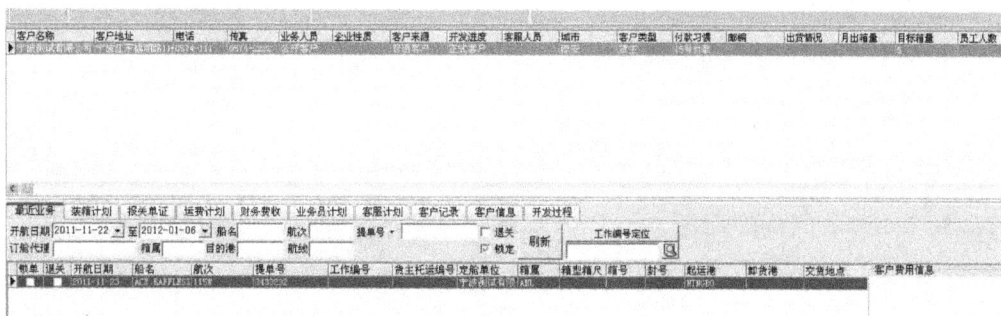

图 2-4-6

根据选定客户列出在开航日期段内的最近业务清单,再根据船名航次、提单号等条件过滤最近提单数据。

①过滤条件可以组合使用。

②船名受开航日期时间限制,所列航次为选定船名下的航次。

③选定"退关"则自动列出所有已退关的提单。

④选定"锁定"则自动刷新出已锁定的提单(包括提单锁定和核销单锁定)。

⑤在当前列表中可执行定位操作,如工编号、提单号、箱封号等定位。

⑥点击单票可以查看该票的进程信息,可及时了解该票当前的运作情况。

⑦双击单票可查看该票详细的提单信息。

⑧右击该票选择"运费计划"可输入该票的应收运费计划和查看该票应收应付信息。

⑨右击该票选择"货物通知单"可以查询各类通知单,如:客户应收通知确认书、拖柜通知书等。

（2）"装箱计划"。

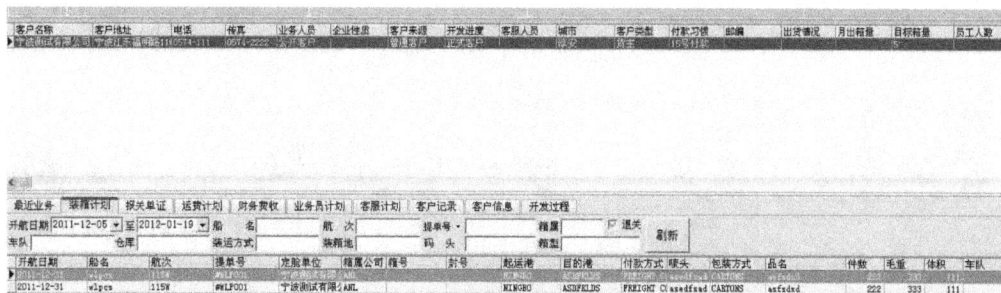

图 2-4-7

根据选定的客户和开航日期显示某段时间内的装箱业务情况,能及时知道箱号和封号,以及该票所使用的箱型箱数。在统计栏中还可以查看各个箱型的总箱数和总的毛件体。

①过滤操作和显示票数操作同最近业务。

②过滤条件为组合模式。

③右键单击某票提单选择"提单信息"可以查看该票提单的详细信息。

(3)"报关单证"。

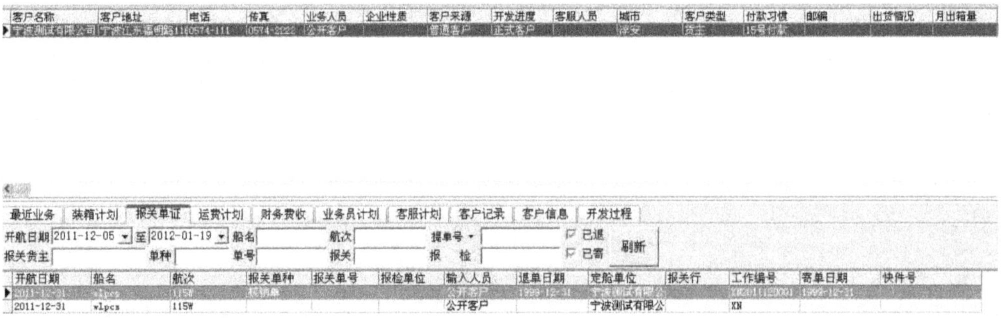

图 2-4-8

根据选定的客户和开航日期显示某段时间内的报关单证列表,直接可在列表中查看报关单号,能明确知道退单的时间和寄单的时间。根据设定的系统参数"核销单未退提醒天数"设置来提醒用户哪些核销单未退。

①过滤操作同"最近业务"。

②"已退"主要显示已有退单日期的报关单证。

③"已寄"主要显示已经寄给客户的报关单证(核销单),有邮寄日期。

④单种为"核销单"且记录标红的说明,核销单已超过设定未退天数仍未寄给客户的核销单。

(4)"运费计划"。

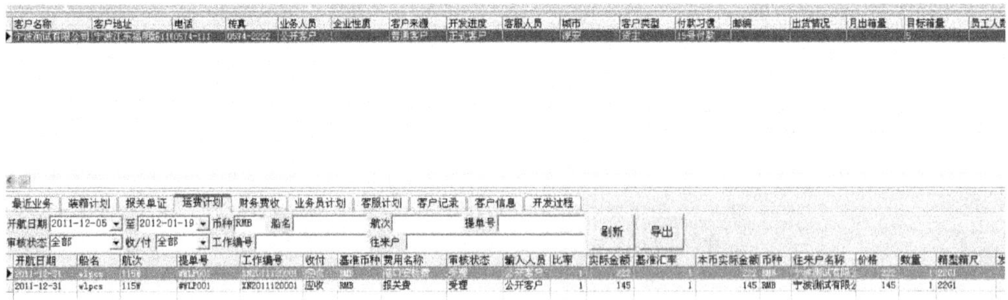

图 2-4-9

业务员可以在此界面中预录入应收费用信息,并了解费用的审核受理情况。

①选中一笔运费点"删除"按钮即可删除该运费。

②通过"修改运费"按钮实现修改操作。

③应收确认用于应收计划运费的确认。

④应付确认用于应付费用的确认。

⑤提单审结,当应收应付同时确认后会自动提单审结掉,同时也不能对已做的计划运费

做修改和新增操作。

（5）"财务费收"。

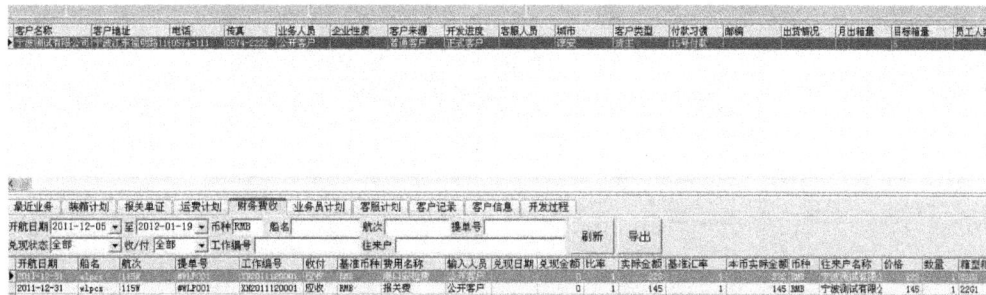

图 2-4-10

主要显示该客户的应收应付费用明细，了解该笔运费的金额情况和兑现情况，并可在参数设置"应收未兑现提醒天数"中设定超期天数，来提醒用户应收款。

①可通过船名、航次、提单号、兑现状态和应收应付的往来户进行过滤。

②过滤条件中支持代码快捷输入。

③标红的记录说明，应收已超过参数设置中的天数仍未收的费用。

（6）"业务员计划"。"业务员计划"是业务员跟踪拜访该客户的一系列记录。选中"业务员计划"后点击右下方的"新增"，出现如下界面：

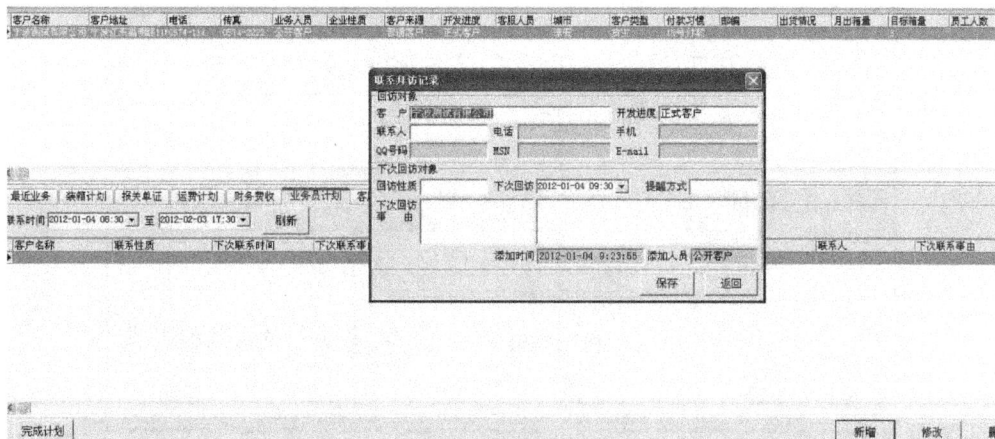

图 2-4-11

在"下次回访对象"处各栏输入相应信息，"回访性质"和"提醒方式"可以通过下拉选择确定（选择项可在 CRM 代码设置中进行设置），"下次回访"也可以通过下拉箭头进行选择，"下次回访事由"只需在框框前打勾选择，如需备注可在右侧的空白处填写，各栏录入之后点"保存"。其中"提醒方式"如填 1 天，在客户管理界面的右上方，就会提前一天提醒该拜访客户的信息；如"提醒方式"为提前 3 天，而下次联系时间为 8 月 15 日，那么在 8 月 12 日当天就会在客户管理界面的右上方出现提醒信息。保存之后点击"返回"。

如图 2-4-12 就是输完后的状态：

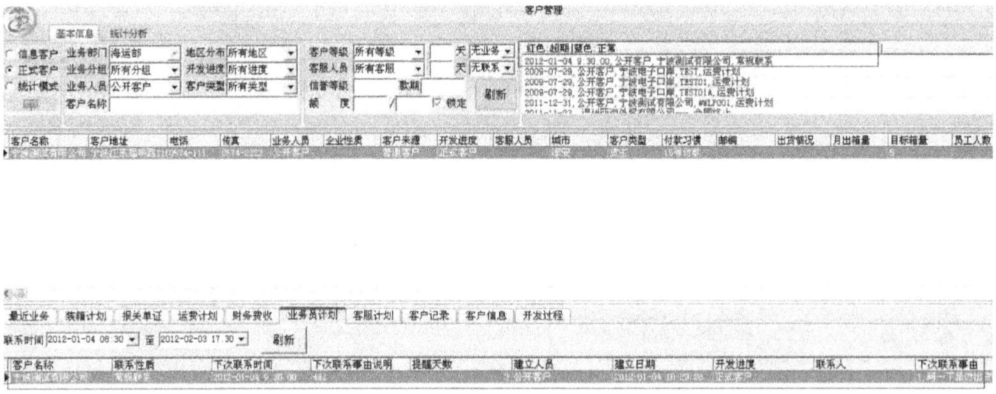

图 2-4-12

直接双击右上方的提醒内容，就会出现"当务回访记录"的界面。

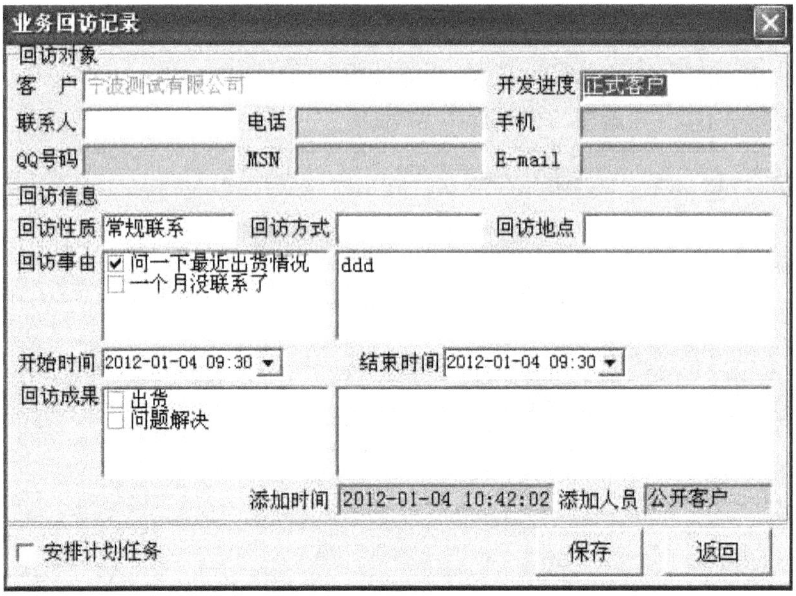

图 2-4-13

（7）"业务回访记录"。

"业务回访记录"是对"业务计划"的实施。如以上界面，包括"回访对象"和"回访信息"。"回访对象"里的内容就是该客户的主要联系信息。

这里主要完成"回访信息"。"回访性质"和"回访方式"可以下拉选择确定，"回访地点"则根据实际发生的回访进行输入。"回访事由"可通过打钩选择，并可以在右边的空白栏中输入必要的信息。同时选择确定"开始时间"和"结束时间"。"回访成果"即对此次回访效果的判定，可以打钩选择，也可以在右边的空白栏输入内容。各项内容输入后点

击"保存"后点击"返回"。

输完以上回访记录保存返回后,原来所做的"业务员计划"那里就没有记录了,说明所做的计划已经完成。

(8)"客服计划"的操作步骤与"业务员计划"相同,计划完成之后会自动跳到"客户记录"界面。下图显示"业务员计划""客服计划"回访完成后的结果:

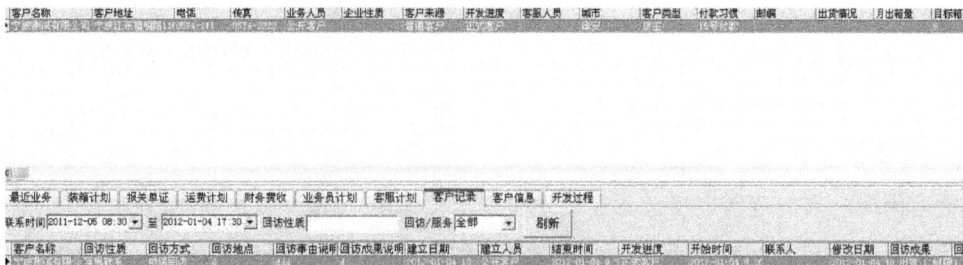

图 2-4-14

(9)"客户信息"就是显示该客户的基本信息。

(10)"开发过程"是该客户在信息客户时,业务员的开发过程。如什么时间去拜访客户,取得什么回访成果等,都会在"开发过程"中显示出来。

(11)"统计模式"。

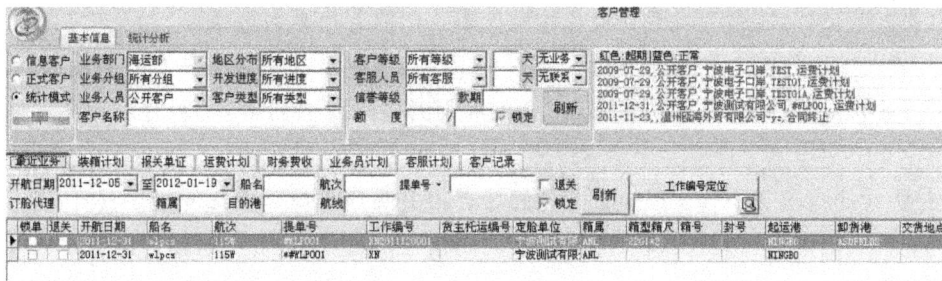

图 2-4-15

"统计模式"和"正式客户"的区别在于:"正式客户"是显示该业务员其中一个客户的信息。而"统计模式"则是显示该业务员所有客户的信息。其他功能都一样,此处就不再详细说明。

【实训练习】

1. 与宁波超越纺织品进出口公司签订协议,协议有效期为一年,并上传协议文本(以任何一份 Word 文件充当协议文本)。

2. 对宁波超越纺织品进出口公司进行锁定,查看锁定以后出现的情况并记录哪些功能不能使用。

3. 对锁定的客户进行手工解锁操作,查看解锁后的功能的情况并做记录。

4. 逐一进行"最近业务""装箱计划""运费计划""财务费收"等界面的操作,熟悉其各个功能。

5.以业务员的身份,对宁波超越纺织品进出口公司做"业务员计划",联系性质为报价,下次联系时间为第二天,提醒方式为提前3天提醒,在作业过程中发现客户管理界面的提醒功能;在提醒栏下双击完成"业务回访记录",回访性质和回访方式自拟,回访成果是可以出货。

6.以客服的身份,对宁波超越纺织品进出口公司进行类似于"业务员计划"的"客服计划"操作,并完成计划。

7.对宁波公泰纺织科技有限公司完成上述1—6的操作步骤,相邻学号之间相互交叉监督检查,并向老师汇报操作情况。

【知识链接】

货运代理的客户范围广泛。货运代理可以承接运输、仓储、报关报检、外贸出口、商品展销等各种商业活动的业务操作。货运代理可以接受卖方委托,也可以接受买方委托,甚至可以接受相关机构委托。因此,货运代理行业的客户群较大,货运公司可根据自身规模,接受各种委托业务或自营业务。

1.客户需要的货运代理。

在日常工作中,货代首先应对客户的心态有所了解,通常客户选择货代都要求服务态度好、工作质量高,因为这样的货代不仅能顺利完成任务,还能为客户减少麻烦,节省费用。因此,客户在选择货代时往往持谨慎态度,通常需要经过正面或侧面的调查了解,找到基本上能符合要求的货代,才会与之建立委托代理关系。一般客户都会考虑:

(1)货代的工作能力和工作质量。这主要体现在货代是否精通运输方面的业务,有无高素质的专业人员,每年业务量的多寡,与有关部门的关系是否融洽,是否有现代化的管理设施等。

(2)货代的资信和经营作风。资信的好坏直接关系到客户对货代的信任程度,甚至关系到货代能否取得银行、海关、商检、港口等部门的信任,从而决定货物运输的速度。

(3)货代的合作态度。有的货代业务虽强,企业规模也较大,但态度恶劣,这样很难建立长期的客户关系。而有的货代虽然服务态度好,但是缺乏能力,不能及时解决客户的问题,客户也难以接受。

优秀的货代必须树立为客户提供优质服务的意识,应当积极为客户出谋划策,排忧解难,建立与客户的长期合作关系。

2.货运代理应及时了解客户需求。

日常业务中,货代人员要善于捕捉客户的要求。经济全球化和分工专业化等方面的发展要求货代与客户结成长期的伙伴式的双赢关系。一站式服务和项目管理制度以及走进客户和客户共同办公的"绿色服务"等都为这种关系的建立打下了一定基础。当然,长期的伙伴式经营还需要我们对客户的物流经营成本、目前的运作模式有比较充分的了解,以切实找出解决方案。

对于客户的信息,我们可以进行以下细分:

(1)客户的主要货类(轻纺类、化工类、特殊商品类、高价值类等);

（2）货量（平均每月走货量、季节变动情况等）；

（3）货流（进出口、主要航线、出运地、主要走货方式，如 FOB/CFR 等）；

（4）客户的规模（知名度、总体产值、发展潜力、客户的组织机构等）；

（5）客户的性质（外贸专业进出口公司、工贸企业、外资企业、民营企业等）；

（6）地域范围等。

3.达到客户满意。

货代提供的主要是服务，在服务过程中，必须注重服务质量，并强调服务功能的拓宽，如推出联运项目、提供地区性特色服务、具备承运各类货种的能力、加强进出口服务等，此外，要确保安全、迅速、准确、节省、高效。

模块三 代码设置

　　代码设置主要分为基础代码、业务代码、客户代码、财务代码、庄家代码、CRM 代码等。基础代码：对船名、航次及对应的港口航线等的设置；业务代码：对货物来源、包装类型、付款方式等的设置；客户代码：对往来户、收货人、发货人、通知人等的设置；财务代码：对公司抬头、币种、汇率等的设置；CRM 代码：对客户管理系统所用的代码信息的设置。

　　其中基础代码设置是本学期需要掌握的内容。

项目一 代码设置

【任务说明】

　　1.学习如何进行代码设置。

【实训目标】

　　1.能够顺利地进入代码设置页面。

　　2.能够准确快速地进行代码的设置。

【操作步骤】

　　1.登入 hy2008 后出现图 3-1-1 界面。

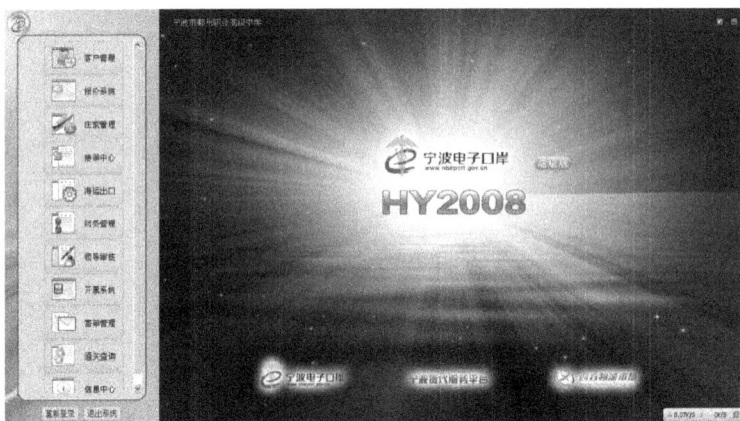

图 3-1-1

2.在主界面左上方的大按钮中,找到"代码设置"按钮,如图 3-1-2。

图 3-1-2

3.点击"代码设置"按钮,进入代码设置窗口,如图 3-1-3。

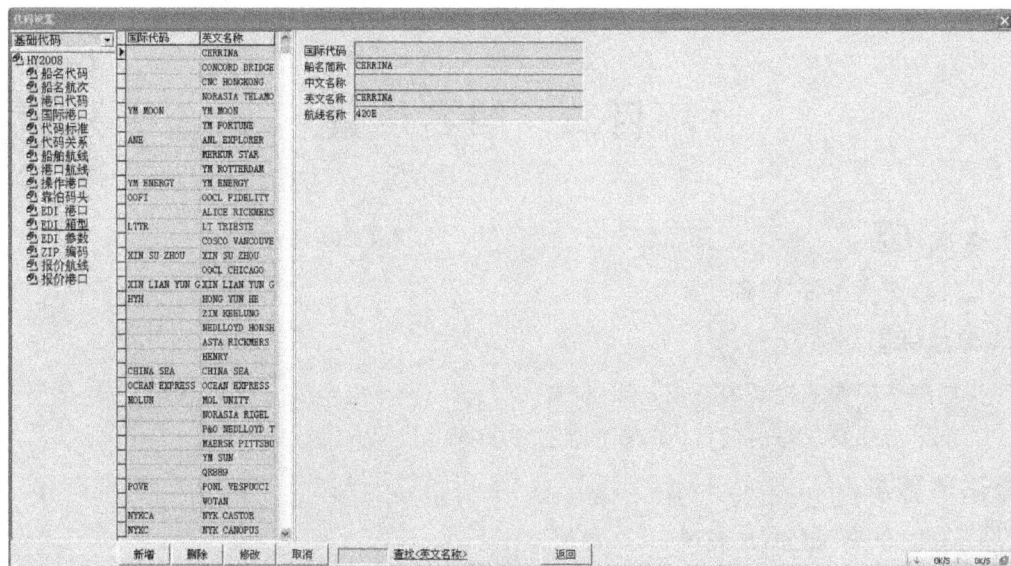

图 3-1-3

4.点击下拉箭头,出现代码类别筛选框,如图 3-1-4。

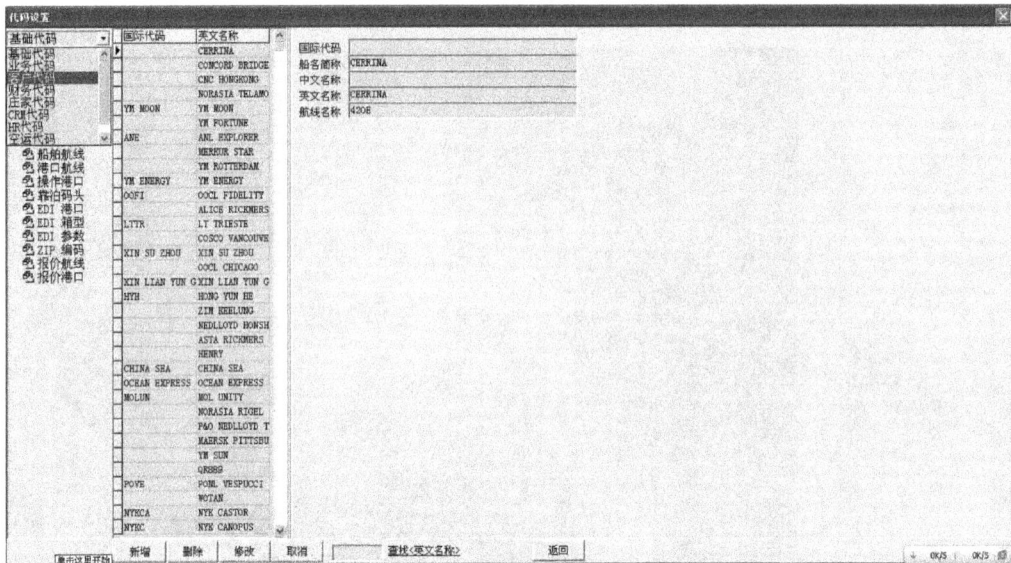

图 3-1-4

5.选择"基础代码"按钮。"代码设置"中对于"基础代码"设置完成。

项目二　船名设置

【任务说明】

1.能够新增一张"船名设置"。

【实训目标】

1.能够正确快速地新增一张"船名设置"。

2.牢记必须要填写的项目(如,船的英文名称)。

【操作步骤】

1.点击"新增"按钮,出现图 3-2-1 界面:

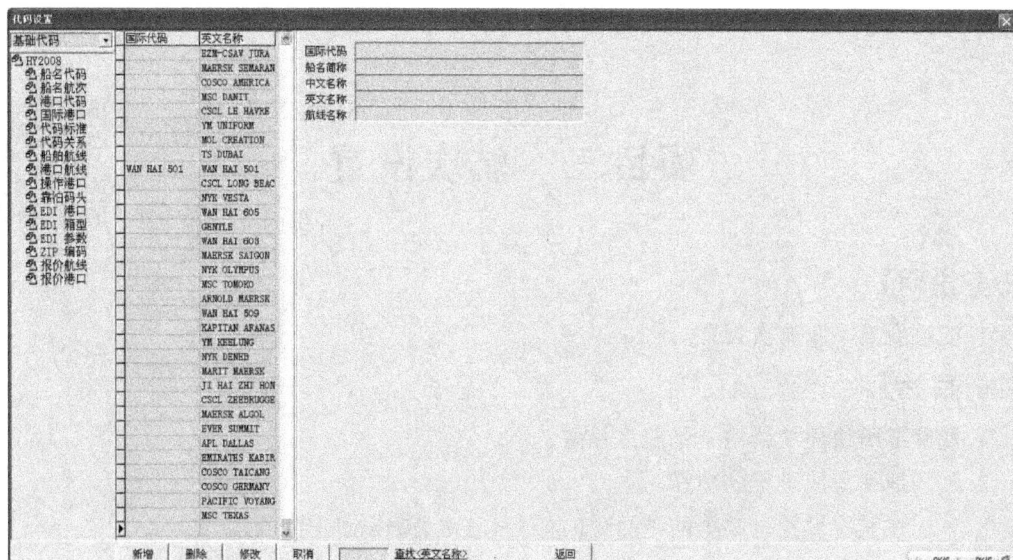

图 3-2-1

2.在输入框内填写"国际代码""船名简称""中文名称""英文名称""航线名称"等资料。

其中"英文名称"必填。也可以拉动左侧筛选框中的滚条查找是否有我们需要填写的英文名称,若有,则可以双击进行选择。填完信息后,如图 3-2-2 所示:

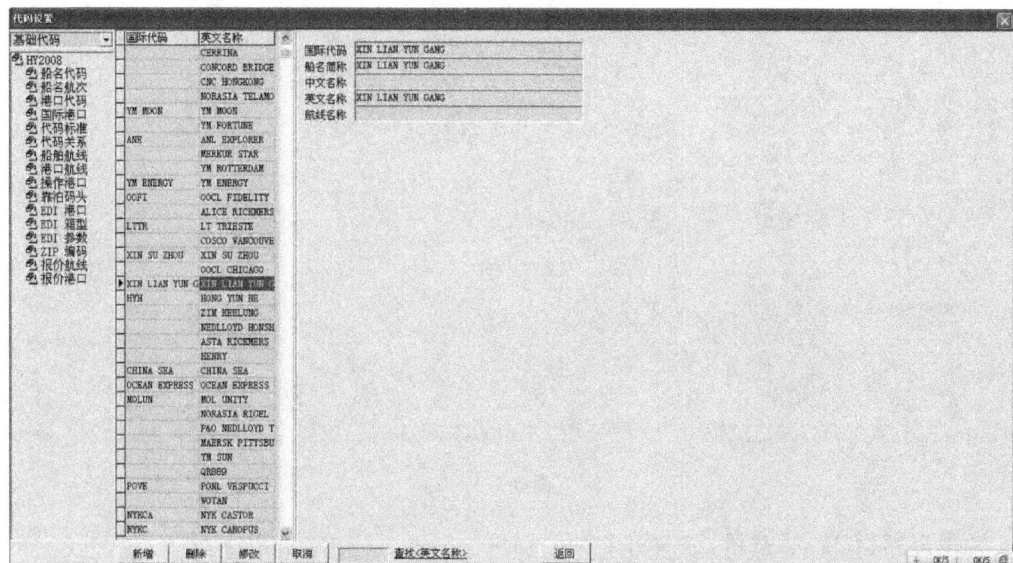

图 3-2-2

3.点击"修改"按钮,保存填写的信息。

○操作小提示:

(1)新增记录时一定要按"新增"按钮,否则会把原来资料覆盖掉;

(2)在系统中,所有"修改"按钮都表示"保存修改的内容"。

项目三 航次设置

【任务说明】

1.能够新增一张航次设置。

【实训目标】

1.能够准确快速地新增一张航次设置。

2.熟练地掌握回车键的功能。

3.牢记在航次设置时必填的项目(如,船名、航次、操作港口等)。

【操作步骤】

1.在"基础代码"页面找到"船名航次",如图 3-2-3:

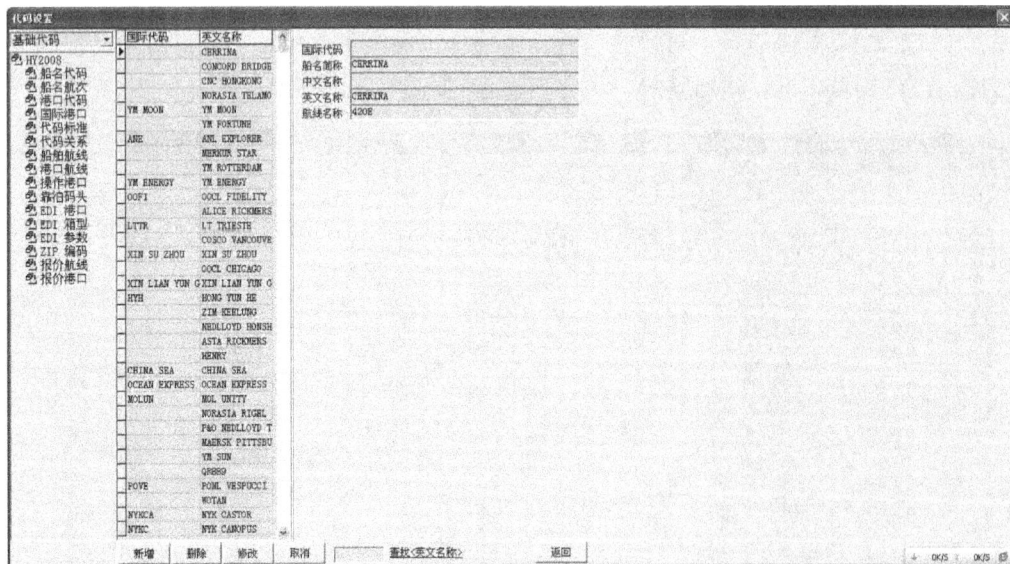

图 3-2-3

2.单击"船名航次"按钮,进入图 3-2-4 界面:

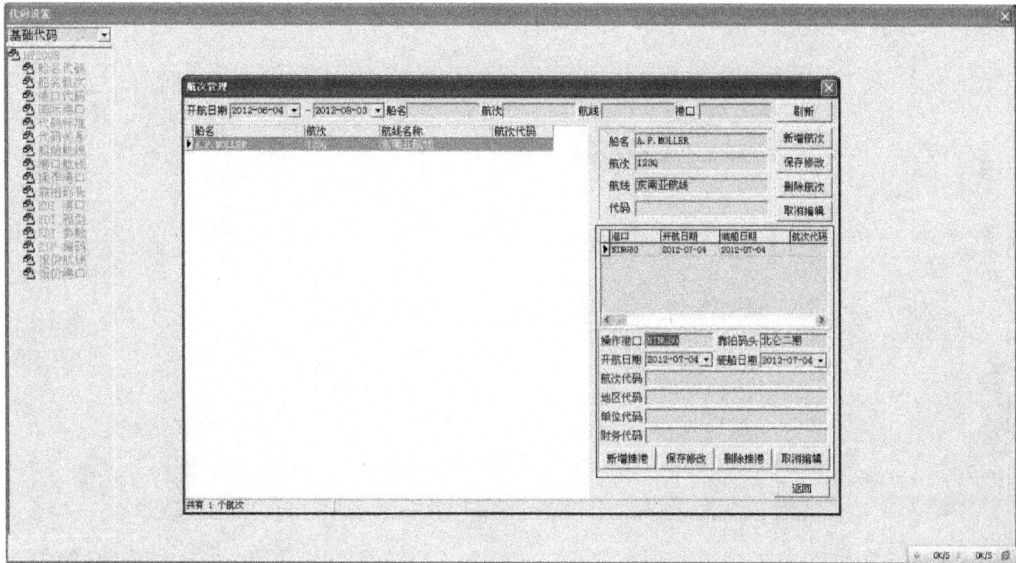

图 3-2-4

3. 点击"新增航次"按钮，出现图 3-2-5 界面：

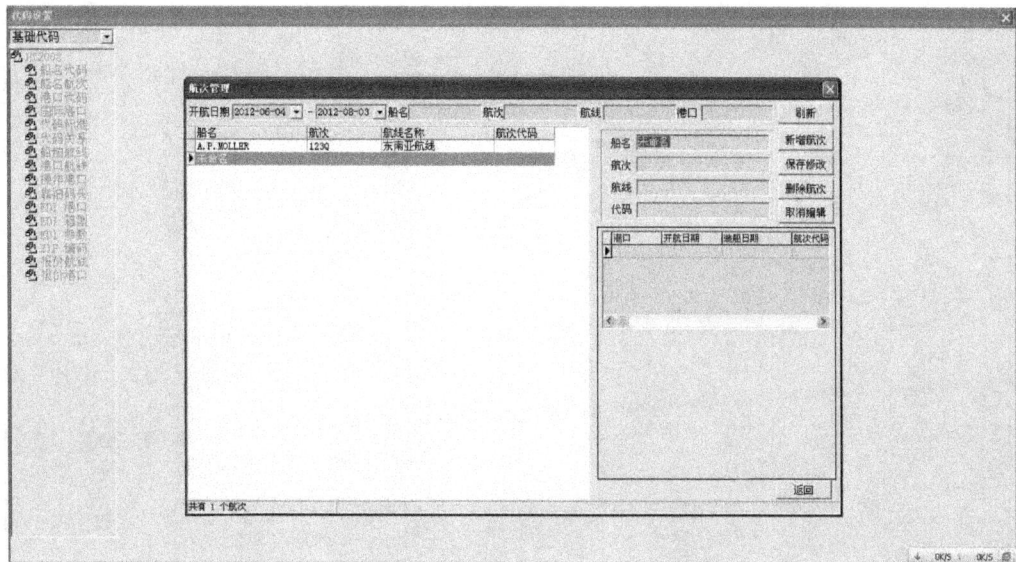

图 3-2-5

4. 填写船名、航次、航线名称、航次、代码等信息，其中"船名""航次"必填，在填写"船名"时，用回车键进行船的英文名称选取；填写"航次"时，用手工方式进行输入，如，002W；填写"航线"时，用回车键进行船走哪个航线选取；填写"代码"时，用手工方式输入船的国际代码。填完后如图 3-2-6 所示：

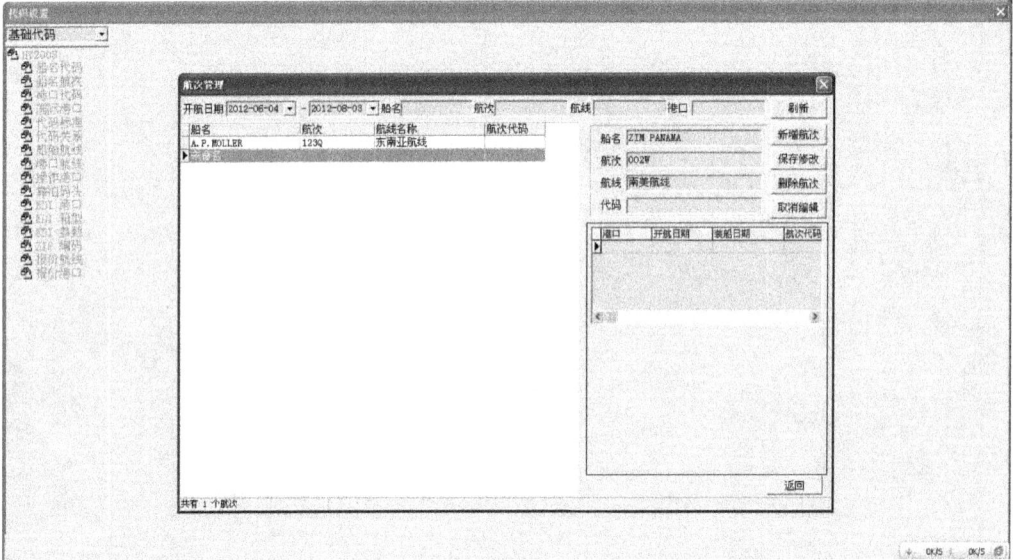

图 3-2-6

5.点击"保存修改"按钮,保存航次信息,如图 3-2-7:

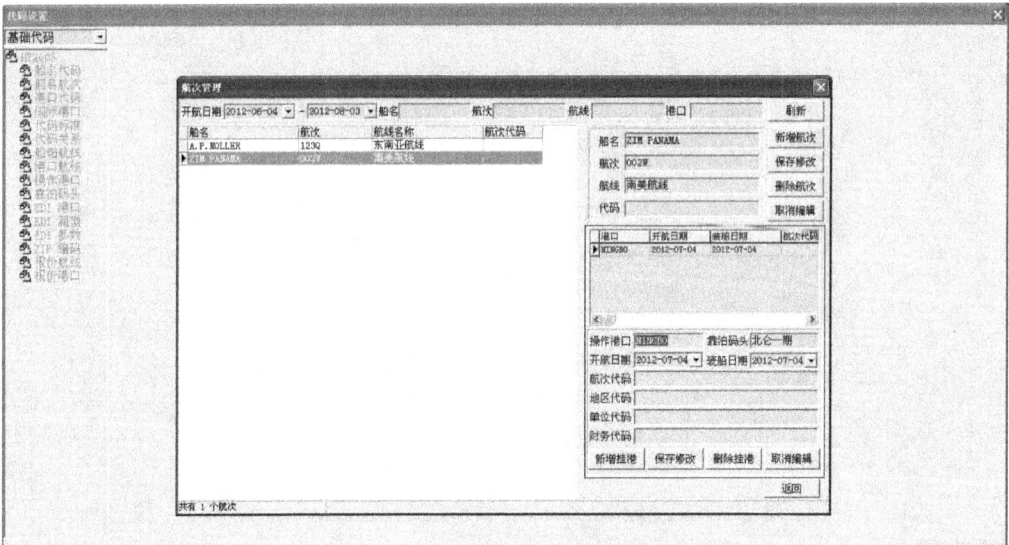

图 3-2-7

6.在挂港信息框中填写港口、码头、开航日期、装船日期等信息。其中"操作港口"和"靠泊码头"为必填,"操作港口"用回车键进行选取或者手工输入,"操作港口"指的是配载的港口,从"港口代码"中选取;"靠泊码头"用回车键进行选取或者手工输入,"靠泊码头"指的是船靠哪个码头,从"操作港口"中选取;"开航日期"和"装船日期"都是下拉选取,输入的时间范围必须在起始日期和结束日期范围内;其他为手工输入,航次代码、地区代码、单位代码、财务代码等同于财务接口。填完后如图 3-2-8 所示:

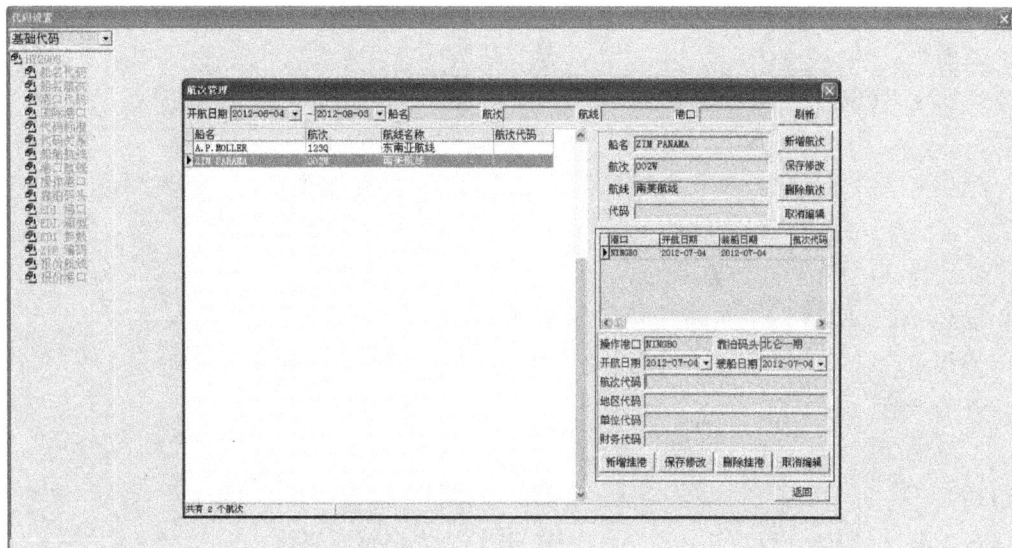

图 3-2-8

7.点击"保存修改"按钮,保存填写的挂港信息。

8.如果该航线有需要配载的其他港口,则点击"新增挂港"按钮,并重复步骤 6、7。

【实训练习】

根据以下信息,新增一条"船名航次设置"记录——中远船公司 2014 年 8 月份船期表。

1.航线:地中海 MD1 航线

船名:HANJIN AMI　　　　　　　　航次:001W

操作港口:NINGBO　　　　　　　　靠泊码头:远东五期码头

开船日期:8 月 5 日　　　　　　　　截关日期:8 月 3 日

2.航线:地中海 MD1 航线

船名:HANJIN GREECE　　　　　　航次:019W

操作港口:NINGBO　　　　　　　　靠泊码头:远东五期码头

开船日期:8 月 12 日　　　　　　　截关日期:8 月 10 日

3.航线:地中海 MD1 航线

船名:COSCO KAOHSIUNG　　　　航次:037W

操作港口:NINGBO　　　　　　　　靠泊码头:远东五期码头

开船日期:8 月 19 日　　　　　　　截关日期:8 月 17 日

4.航线:地中海 MD1 航线

船名:HANJIN JUNGIL　　　　　　　航次:002W

操作港口:NINGBO　　　　　　　　靠泊码头:远东五期码头

开船日期:8 月 26 日　　　　　　　截关日期:8 月 24 日

5.航线:地中海 AMX1 航线

船名:CMA CGM VIVALDI　　　　　航次:1431W

操作港口:NINGBO　　　　　　　　靠泊码头:大榭招商码头

开船日期:8 月 5 日　　　　　　　　截关日期:8 月 3 日

6. 航线:地中海 AMX1 航线

船名:AL RAWDAH　　　　　　　　航次:1432W

操作港口:NINGBO　　　　　　　　靠泊码头:大榭招商码头

开船日期:8 月 12 日　　　　　　　截关日期:8 月 10 日

7. 航线:地中海 AMX1 航线

船名:AL SAFAT　　　　　　　　　航次:1433W

操作港口:NINGBO　　　　　　　　靠泊码头:大榭招商码头

开船日期:8 月 19 日　　　　　　　截关日期:8 月 17 日

8. 航线:地中海 AMX1 航线

船名:CSCL EUROPE　　　　　　　航次:1434W

操作港口:NINGBO　　　　　　　　靠泊码头:大榭招商码头

开船日期:8 月 26 日　　　　　　　截关日期:8 月 24 日

9. 航线:地中海 MD2 线

船名:YM ULTIMATE　　　　　　　航次:046W

操作港口:NINGBO　　　　　　　　靠泊码头:远东五期码头

开船日期:8 月 7 日　　　　　　　　截关日期:8 月 5 日

10. 航线:地中海 MD2 线

船名:HONOLULU BRIDGE　　　　航次:013W

操作港口:NINGBO　　　　　　　　靠泊码头:远东五期码头

开船日期:8 月 14 日　　　　　　　截关日期:8 月 12 日

11. 航线:地中海 MD2 线

船名:YM UTOPIA　　　　　　　　航次:038W

操作港口:NINGBO　　　　　　　　靠泊码头:远东五期码头

开船日期:8 月 21 日　　　　　　　截关日期:8 月 19 日

12. 航线:地中海 MD2 线

船名:HENRY HUDSON BRIDGE　航次:036W

操作港口:NINGBO　　　　　　　　靠泊码头:远东五期码头

开船日期:8 月 28 日　　　　　　　截关日期:8 月 26 日

13. 航线:ABX 黑海线

船名:KOTA CEMPAKA　　　　　　航次:006W

操作港口:NINGBO　　　　　　　　靠泊码头:大榭招商码头

开船日期:8 月 2 日　　　　　　　　截关日期:7 月 31 日

14. 航线:ABX 黑海线

船名:XIN PU DONG　　　　　　　航次:0136W

操作港口:NINGBO　　　　　　　　靠泊码头:大榭招商码头

开船日期：8 月 9 日　　　　　　　截关日期：8 月 7 日

15.航线：ABX 黑海线

船名：HANJIN ROME　　　　　　航次：0003W

操作港口：NINGBO　　　　　　　靠泊码头：大榭招商码头

开船日期：8 月 16 日　　　　　　截关日期：8 月 14 日

16.航线：ABX 黑海线

船名：YM CYPRESS　　　　　　　航次：0118W

操作港口：NINGBO　　　　　　　靠泊码头：大榭招商码头

开船日期：8 月 23 日　　　　　　截关日期：8 月 21 日

17.航线：ABX 黑海线

船名：XIN CHANG SHU　　　　　航次：0157W

操作港口：NINGBO　　　　　　　靠泊码头：大榭招商码头

开船日期：8 月 30 日　　　　　　截关日期：8 月 28 日

18.航线：欧洲 NE3 线

船名：COSCOITALY　　　　　　　航次：002W

操作港口：NINGBO　　　　　　　靠泊码头：五期远东码头

开船日期：8 月 4 日　　　　　　　截关日期：8 月 2 日

19.航线：欧洲 NE3 线

船名：COSCOBELGIUM　　　　　　航次：008W

操作港口：NINGBO　　　　　　　靠泊码头：五期远东码头

开船日期：8 月 11 日　　　　　　截关日期：8 月 9 日

20.航线：欧洲 NE3 线

船名：COSCOFRANCE　　　　　　航次：007W

操作港口：NINGBO　　　　　　　靠泊码头：五期远东码头

开船日期：8 月 18 日　　　　　　截关日期：8 月 16 日

21.航线：欧洲 NE3 线

船名：COSCOPRIDE　　　　　　　航次：017W

操作港口：NINGBO　　　　　　　靠泊码头：五期远东码头

开船日期：8 月 25 日　　　　　　截关日期：8 月 23 日

22.航线：欧洲 CEM 线

船名：THALASSA PATRIS　　　　航次：0785W

操作港口：NINGBO　　　　　　　靠泊码头：四期港吉码头

开船日期：8 月 2 日　　　　　　　截关日期：7 月 31 日

23.航线：欧洲 CEM 线

船名：THALASSA HELLAS　　　　航次：0786W

操作港口：NINGBO　　　　　　　靠泊码头：四期港吉码头

开船日期：8 月 9 日　　　　　　　截关日期：8 月 7 日

24. 航线:欧洲 CEM 线

船名:THALASSA TYHI 航次:0787W

操作港口:NINGBO 靠泊码头:四期港吉码头

开船日期:8 月 16 日 截关日期:8 月 14 日

25. 航线:欧洲 CEM 线

船名:THALASSA ELPIDA 航次:0788W

操作港口:NINGBO 靠泊码头:四期港吉码头

开船日期:8 月 23 日 截关日期:8 月 21 日

26. 航线:欧洲 CES 线

船名:HANJIN BOSTON 航次:0075W

操作港口:NINGBO 靠泊码头:四期港吉码头

开船日期:8 月 6 日 截关日期:8 月 4 日

27. 航线:欧洲 CES 线

船名:EVER LUCENT 航次:0356W

操作港口:NINGBO 靠泊码头:四期港吉码头

开船日期:8 月 13 日 截关日期:8 月 11 日

28. 航线:欧洲 CES 线

船名:HANJIN YANTIAN 航次:0070W

操作港口:NINGBO 靠泊码头:四期港吉码头

开船日期:8 月 20 日 截关日期:8 月 18 日

29. 航线:欧洲 CES 线

船名:YM UNANIMITY 航次:010W

操作港口:NINGBO 靠泊码头:四期港吉码头

开船日期:8 月 27 日 截关日期:8 月 25 日

30. 航线:西非线 FWAS/WA1

船名:MOL NAIMA 航次:001W

操作港口:NINGBO 靠泊码头:五期远东码头

开船日期:8 月 6 日 截关日期:8 月 4 日

31. 航线:西非线 FWAS/WA1

船名:ITAL FLORIDA 航次:052W

操作港口:NINGBO 靠泊码头:五期远东码头

开船日期:8 月 13 日 截关日期:8 月 11 日

32. 航线:西非线 FWAS/WA1

船名:MOL NAJA 航次:001W

操作港口:NINGBO 靠泊码头:五期远东码头

开船日期:8 月 20 日 截关日期:8 月 18 日

33. 航线:西非线 FWAS/WA1

船名:MOL NALA　　　　　　航次:001W

操作港口:NINGBO　　　　　靠泊码头:五期远东码头

开船日期:8 月 27 日　　　　截关日期:8 月 25 日

【知识链接】　常见船公司的名称及其 LOGO

1. 中国大陆

中远集装箱运输有限公司

中海集装箱运输股份有限公司

中国外运(集团)总公司 SINOTRANS(中国)

山东海丰国际航运集团有限公司 SITC(中国)

锦江航运有限公司 JINJIANG(中国)

民生轮船有限公司 MSH(中国)

2. 中国台湾

长荣海运股份有限公司

万海航运股份有限公司 WANHAI(中国台湾)

阳明海运股份有限公司

3. 中国香港

东方海外货柜航运有限公司

金星轮船有限公司

4. 新加坡

新加坡东方海皇集团

太平船务有限公司

萨姆达拉船务有限公司 SSL(新加坡)

5. 日本

日本邮船中国有限公司 NYK(日本)

日本大阪商船三井船务株式会社 MOSK(日本)

日本川崎汽船株式会社 K-Line(日本)

神原汽船株式会社 KMB(日本)

6. 韩国

高丽海运株式会社 KMTC(韩国)

韩讲海运株式会社

现代商船株式会社

兴亚海运株式会社

7. 马来西亚

马来西亚国际船运有限公司 MISC(马来西亚)

8. 美国

美国总统轮船有限公司

9. 法国

法国达飞海运集团

达贸股份有限公司

10. 英国

铁行渣华

11. 德国

Hapag-lloyd　赫伯罗特货柜航运（德国）

汉堡南美航运公司

12. 意大利

意大利邮船公司 LLT（意大利）

13. 丹麦

马士基航运有限公司 MAERSK SEALAND（丹麦）

14. 瑞士

地中海航运公司 MSC（瑞士）

15.智利

南美洲轮船公司

北欧亚海运有限公司 NORASIA(马耳他)

16.以色列

以星综合航运(中国)有限公司

以色列以星轮船公司 ZIM

17.阿拉伯国家

阿拉伯联合国家轮船公司 UASC(科威特)

UASC 是世界上干货到中东最大的海运承运人,由阿拉伯地区各国家的 6 家航运公司出股组成。

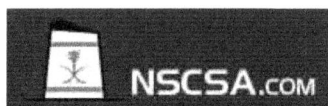

沙特阿拉伯国家航运有限公司 NSCSA(沙特阿拉伯)

【课后作业】

1.常见的船公司有哪些? 以表格的形式整理船公司名称、所属国家和英文缩写。

2.周末通过网络查找最近一周的船期表,每位同学至少给出 7 个船名航次的信息。

模块四　报价系统

报价系统是一个集中管理公司当前所有商务部门提供的报价信息的系统。报价系统能够帮助商务人员统一管理和修改报价信息,方便业务人员快速查找所需价格。所以,报价系统对于公司有序管理的开展是必不可少的,也是同学们本学期要学习的重点模块之一。

项目一　新增报价

【任务说明】

了解报价系统的界面。

【实训目标】

1.能够顺利进入报价系统。

2.掌握如何新增一张报价记录。

【操作步骤】

1.找到"报价系统"按钮并启动,进入报价系统,如图 4-1-1 所示:

图 4-1-1

(1)功能栏——主要有"海运报价""内陆报价""客户报价""业务查询"四个子模块。(如

图 4-1-1 的最上面一栏)

（2）过滤条件区——给报价系统提供了丰富的过滤条件,包括"有效期""船司""装货港""中转港""截止""船期""目的港""国家""航线""庄家"等,以便找到想要的价格。

（3）公告区——可发布最新的公告,对使用报价系统的所有人员都可见。

（4）报价信息区——所有的报价记录都在这里显示,色块标记,最新价格一目了然。

（5）模式切换区——主要为更新价格设计,分为"普通""批处理""快捷"三个模式,系统默认为"普通模式"。

2.在"报价信息栏"中,点击右键会出现"新增报价""修改报价""复制报价""删除报价""导出报价""客户报价""自定义报表"7个选择。选择"新增报价"按钮,出现图 4-1-2 界面:

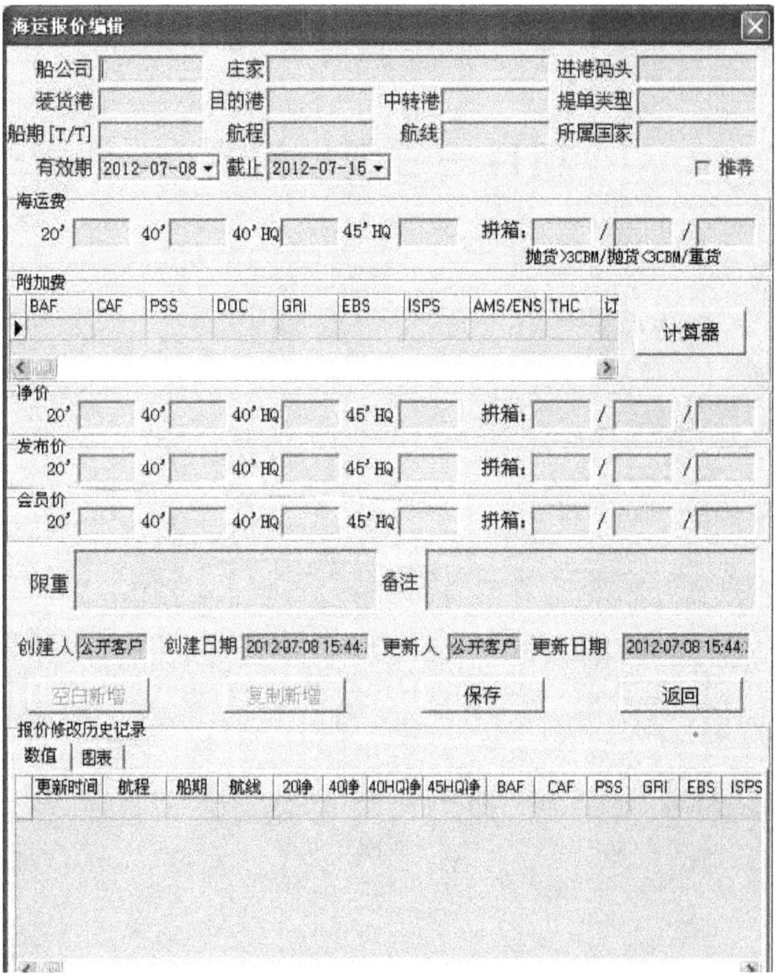

图 4-1-2

下面是对各个空如何操作的解释:

（1）船公司——在"船公司"一栏按回车键会出现一个滚动条,其中包含了"ANL""APL""CMA""COSCO""CSC""EMC""ESL""HMM""KLN""MAR""MISC""MSC""NDS""NOR""NYK""OOCL""PIL""RCL""SINO""SITC""TSL""UASC""WHL""YML"24 家

船公司。双击选择信息提供的"船公司"。

（2）庄家——在这一栏也是按回车键，系统已经默认了"宁波电子口岸"这一庄家。双击进行选择就行了。

（3）进港码头——在"进港码头"一栏按回车键会出现一个滚动条，其中包含"LGB""SHENZHEN""WENGZHOU""XM""北仑""北仑二期""北仑三期""北仑四期""大港""大榭""大洋山""黄埔""火车北站""宁波""远东码头"共 15 个码头。双击选择信息提供的"进港码头"。

（4）装货港——在"装货港"一栏按"回车键"会出现一个滚动条，其中包含了"NINGBO""SHANGHAI""SHENZHEN""WHENZHOU"四个装货港。双击选择信息提供的"装货港"。

（5）目的港——先输入信息提供的"目的港"的首字母，如"Aalborg"，那么就先输入"A"，然后按"回车键"。将会出现滚动条，下拉滚动条会发现其中已经按顺序排列了从字母"A"到"Z"开头的港口名称。双击选择信息提供的港口名称就可以了。也可以选择完全用手工输入"目的港"的方法。这个可以根据个人的喜好来决定，只要做到又快又好即可。

（6）中转港——该空格的操作方法与"目的港"的操作方法相同。

（7）提单类型——信息提供的提单类型一般分为两种："OBL"和"SWB"。

OBL：是"Ocaen Bill of loding"的缩写，也叫"海运提单"。它是承运人或者其代理人签发的货物收据，是货物所有权的凭证，是运输契约或其证明。

SWB：是"Sea Way Bill"的缩写，也叫"海运单"。"海运单"的形式与作用同"海运提单"相似，其主要特点在于收货人已明确指定，收货人并不需要提交正常单据，而仅需证明自己是海运单载明的收货人即可提取货物。因此，海运单实质上是不可以转让的，他的应用范围比较窄，主要用于跨国公司成员之间的货物运输。

在填写"提单类型"时可以根据信息提供的手工输入，也可以先输入提单类型的首字母再按"回车键"进行选择。

（8）船期——采用手工输入的形式，其基本形式为"截关日期/开航日期"，即"1/3"这种形式。截关日就是 Closing Date，简单说就是货物和报关单证的截止日期。在当天或者之前需要货物进仓/进港及提供报关资料。如，"3/5"即"三截五开"就是星期三截关星期五开船的意思，"1/3"即"一截三开"就是星期一截关星期三开船的意思。

（9）航程——根据实际提供的航程天数手工输入。要是该航线的航程是 4 天，那就输入阿拉伯数字"4"；要是该航线的航程是"29"，那就输入阿拉伯数字"29"即可。

（10）航线——按"回车键"会出现滚动条，下拉滚动条会发现有"澳洲线""北美线""地中海线""东南亚线""俄罗斯线""非洲线""内贸线""南美线""欧洲线""日韩线""台湾线""香港线""中东线"共 13 条航线。学生可根据实际提供的航线信息双击进行选择，也可以采用手工输入的方法。下面是几条航线会经过的城市：

①澳洲线：墨尔本、悉尼、马尼拉、布里斯班、横滨等。

②南美线：里约热内卢、圣多斯、布伊偌斯艾利斯、里约格兰德、帕拉纳瓜、伊基克等。

③非洲线：帕拉帕斯、伊丽莎白港、德班、路易士港、拉各斯、科托努、洛美、阿比让等。

④地中海线：阿什杜德、里耶卡、科佩、威尼斯、苏伊士、伊兹密尔、巴塞罗那、达曼、阿巴斯港等。

⑤中东线：伊朗、阿联酋、科威特、巴基斯坦等。

⑥欧洲线：南安普敦、安特卫普、不莱梅、鹿特丹、阿登、苏伊士运河、汉堡、菲利克斯托等

⑦亚洲线：釜山、赤湾、巴生港、科伦坡、杰贝阿里、卡拉奇、迪拜、达曼等。

(11)所属国家——按回车键按钮，双击选择"中国"。

(12)有效期/截止——点击"下拉箭头"选择信息提供的有效期，当有效期的起始日选择完毕后会发现系统默认了其截止时间为之后的 7 天。例如："有效期"选择"2012-07-10"则系统会自动将"截止"时间更新为"2012-07-17"。

但是，实际情况并不是总是刚好相差 7 天，所以对于截止时间也要进行重新选择。

(13)推荐——若是觉得该海运报价很好很合理值得推荐，那么就在"推荐"左边的白色小框内打钩。在海运报价信息保存出现在报价信息区后，被推荐过的海运报价信息会比没有推荐过的海运报价信息在信息栏的最左边多一个"荐"字。

(14)海运费——分为 20′GP、40′GP、40′HQ、45′HQ。下面是对以上名词的解释：

①20′GP：20 尺柜，内容积为 5.69 米×2.13 米×2.18 米，配货毛重一般为 20 吨，体积为 24 到 26 立方米。

②40′GP：40 尺柜，内容积为 11.8 米×2.13 米×2.18 米，配货毛重一般为 25 吨，体积为 54 立方米。

③40′HQ：40 尺高柜，内容积为 11.8 米×2.13 米×2.73 米，配货毛重为 26 吨，体积为 68 立方米。

④45′HQ：45 尺高柜，内容积为 13.5 米×2.34 米×2.71 米，配货毛重为 29 吨，体积为 86 立方米。

例：信息提供宁波到乌斯怀亚海运费为 20′1050 元、40′1900 元、40′HQ1900 元、45′HQ2000 元

操作：在 20′处输入 1050，在 40′处输入 1900，在 40′HQ 输入 1900，在 45′HQ 输入 2000。

(15)拼箱——承运人(或代理人)接受货主托运的数量不足整箱的小票货运后，根据货类性质和目的地进行分类整理。把去同一目的地的货，集中到一定数量拼装入箱。由于一个箱内有不同货主的货拼装在一起，所以叫拼箱。这种情况在货主托运数量不足装满整箱时采用。

抛货：又叫泡货，通俗地讲就是体积大于重量的货。用 A 来表示货物的实际重量，B 来表示体积重量＝长×宽×高/6000cm(现在国际上通行的算法)，如果 A＞B，那就不是抛货，是重货，反之就是抛货。

本学期主要学习的是整箱货物的海运费录入，对于拼箱的运费只是做一个大概的了解。

(16)附加费——有 BAF、CAF、PSS、DDC、GRI、EBS、ISPS、AMS/ENS、THC、订舱费、其他费、佣金、箱单费共 13 种附加费。下面对其做一一解释：

①BAF：燃油附加费，大多数航线都有，但是标准不一定，随国际原油价格的变化而变化且有船东自己定价。

②CAF：货币贬值附加费，为海运费的5.4％。

③PSS：旺季附加费，大多数船线在运输旺季时可能使用。

④DDC：直航附加费。

⑤GRI：综合费率上涨附加费，一般用于南美航线，美国航线。

⑥EBS：部分航线燃油附加费的表示方式，一般用于日本、澳洲航线。

⑦ISPS：国际船舶与码头安全费。

⑧AMS/ENS：自动舱单系统录入费，用于美国、加拿大航线。

⑨THC：码头操作费。

⑩订舱费：订舱所产生的费用。

⑪佣金：船公司给货代公司的报酬费。

⑫箱单费：一般是货代公司加的操作费200元左右。

最常用到的附加费为"BAF"，只要在"BAF"处手工输入价格即可。要是有其他附加费也采用相同的操作方法即可。

(17)净价——用于记录海运净价，需净价查看权；

发布价——用于记录海运发布价，需会员价查看权；

会员价——用于记录海运会员价，需会员价查看权。

案例1：

操作：在"净价20′"手工输入1050，然后按回车键，会发现系统自动地把"发布价20′"和"会员价20′"都填上了1050；在"净价40′"手工输入1900，然后再按"回车键"，系统也把"发布价40′"和"会员价40′"都填上了1900。以此类推填写其他空格。

备注：同学们会发现，我们在教学过程中默认了海运费＝净价＝发布价＝会员价。但是在公司实际的操作中他们是不相等的，公司会提供更加详细的价格信息以供海运报价编辑。

(18)限重——指船公司对于集装箱重量的限制。例如：日本邮船到中东和印巴，对于小柜货的要求是不能超过14吨；韩国现代商船到中东，对于小柜货的要求是不能超过15吨；太平船务到红海对于小柜货的要求是不得超过13吨。不同的船对于相同规格的集装箱的限重是不同的。

(19)备注——若有需要备注的内容则在"备注"中进行手工输入，若没有，则不需要填写。

(20)创建人——系统默认为"公开客户"，无法进行更改。

创建日期——系统默认为当前操作的时间，无法进行更改。

更新人——系统默认为"公开客户"，无法进行更改。

更新日期——系统默认为当前操作的时间，无法进行更改。

(21)空白新增——清空当前价格信息，输入运价信息后保存即新增一个价格。

(22)复制新增——复制当前价格信息，点"保存"后作为系统的一个新价格。

(23)保存——用来保存新增的海运报价信息。

下面以"宁波到鹿特丹海运费"为例做示范。（资料来自锦程物流海运频道网）

图 4-1-3

1. 新增一张海运报价编辑表。
2. 按照信息所提供的进行填写，填完后出现 4-1-4 所示：

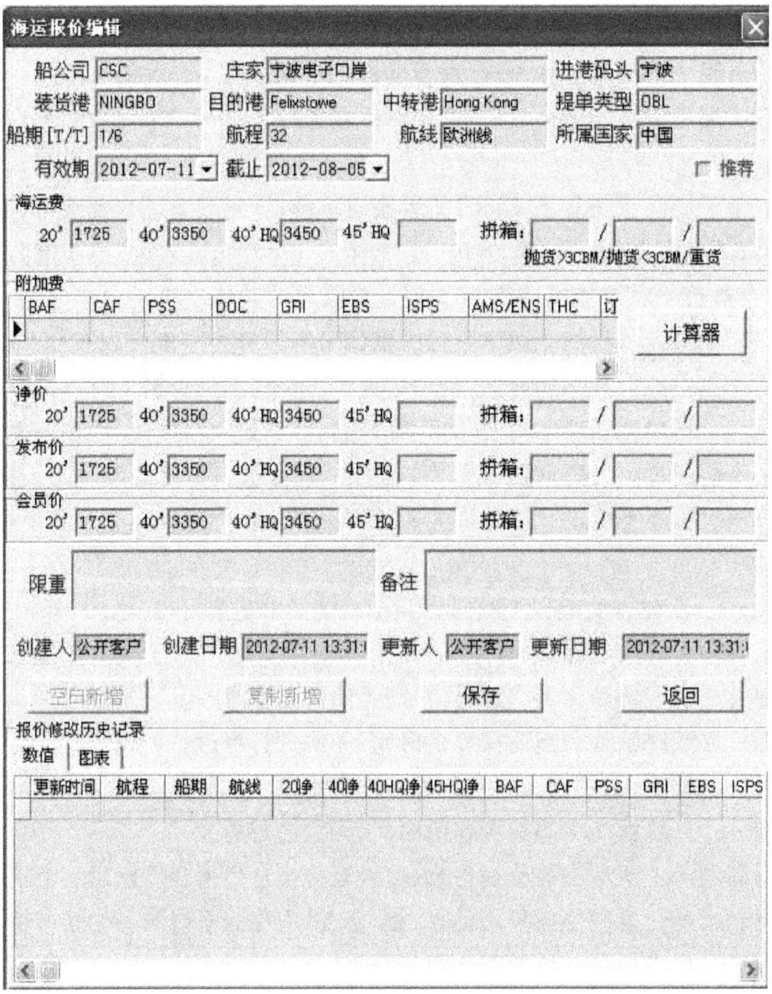

图 4-1-4

3.点击"保存",出现图 4-1-5 界面:

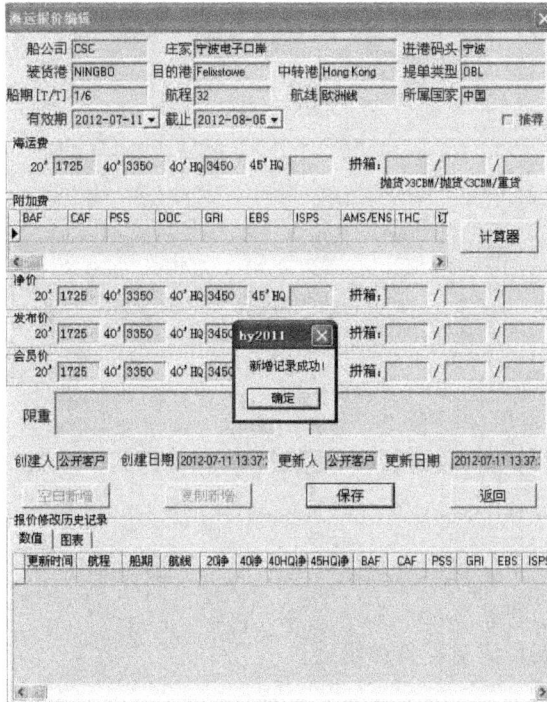

图 4-1-5

4.按"确定"后出现图 4-1-6 界面:

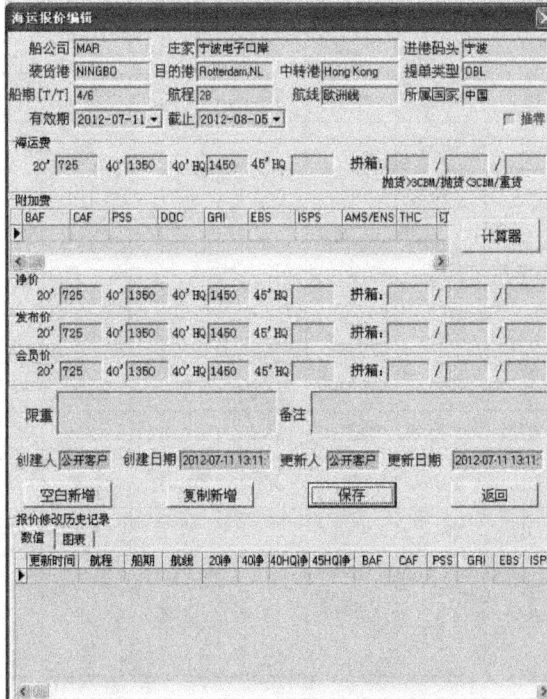

图 4-1-6

此时会发现,原先不能操作的"空白新增"以及"复制新增"两个按钮,由原先:

图 4-1-7

变成了现在:

图 4-1-8

这个时候才可以使用"空白新增"和"复制新增"两个按钮。

5. 点击"返回"按钮,会发现原来的报价信息区中多了一条我们新增的报价信息。说明新增报价成功。

【实训练习】

1. 根据以下信息,新增海运报价编辑表。

(1)墨西哥航线。

目的港	船公司	20GP	40GP	40HQ	船期	航程	码头	直达/中转
MANZANILLO （曼萨尼约）	CSAV	2160	4110	4210	6/1	20	四期	直达
	EMC	2350	4500	4500	2/4	18	四期/大榭	直达
	HPL	1750	3500	3600	6/1	23	三期	直达
	MOL	1950	3900	3800	6/1	23	大榭	直达
	COSCO	1825	3650	3650	2/4	18	四期	直达
	KLINE	1950	3800	3800	6/1 3/5	19	梅山	直达
LAZARO CARDENAS （拉萨罗卡德纳斯）	CSAV	2160	4110	4210	5/7	20	二期	直达
	KLINE	1350	2600	2600	6/1	20	梅山	直达
	EMC	2350	4500	4500	2/4	20	四期/大榭	直达
	COSCO	1825	3650	3650	2/4	19	四期	直达
	HPL	1750	3500	3600	6/1	25	三期	直达
ENSENADA （恩塞纳达）	MOL	2000	4000	3900	6/1	20	大榭	直达
	CSAV	2160	4110	4210	4/6	22	梅山	VIA MANZA-NILLO

（2）中美洲线。

目的港	船公司	20GP	40GP	40HQ	船期	航程	码头	直达/中转
PUERTO QUETZAL（库特扎尔）危地马拉	CSAV	2325	4450	4550	6/1	28	二期	VIA MANZANILO
	EMC	2600	4900	4900	2/4	22	大榭	直达
	COSCO	2075	4150	4150	2/4	21/32	四期	直达/VIA MANZANILO
	HPL	2400	4800	4800	6/1	30	三期	VIA MANZANILO
PUERTO CALDERA（卡尔德拉）哥斯达黎加	CSAV	2325	4450	4550	6/1	33	二期	VIA MANZANILO
	EMC	2600	4900	4900	2/4	25	大榭	VIA MANZANILO
	COSCO	2175	4200	4200	2/4	21/32	四期	直达/VIA MANZANILO
	HPL	2325	4800	4800	6/1	28	三期	VIA MANZANILO
CORINTO（科林托）尼加拉瓜	CSAV	2325	4450	4550	6/1	31	二期	VIA MANZANILO
	EMC	2600	4900	4900	2/4	28	大榭	VIA MANZANILO
	HPL	2400	4800	4800	6/1	27	三期	VIA MANZANILO
ACAJUTLA（阿卡胡特拉）萨尔瓦多	CSAV	2325	4450	4550	6/1	29	二期	VIA MANZANILO
	EMC	2600	4900	4900	2/4	23	大榭	VIA MANZANILO
	HPL	2400	4800	4800	6/1	23	三期	VIA MANZANILO
PUNTARENAS 彭塔雷纳斯 哥斯达黎加	EMC	2600	4900	4900	2/4	19	大榭	直达
SAN LORENZO 圣洛伦索 洪都拉斯	CSAV	2325	4450	4550	6/1	23	二期	直达
	EMC	2600	4900	4900	2/4	26	大榭	直达

（3）南美西线。

目的港	船公司	20GP	40GP	40HQ	船期	航程	码头	直达/中转
callao	CSAV	2200	4250	4350	6/1	26	四期	直达
	EMC	1900	3600	3600	2/4	26	四期	直达
	KLINE	2000	3900	3900	3/5	27	大榭	直达
	COSCO	1875	3750	3750	2/4	24	四期	直达
	HPL	2000	4000	4000	3/5	26	大榭	直达
BUENAVENTURA	CSAV	2325	4250	4350	5/7	25	四期	直达
	EMC	1900	3600	3600	2/4	25	四期	直达
	KLINE	2000	3900	3900	3/5	25	梅山	MANZANILLO
	COSCO	1875	3750	3750	2/4	23	四期	直达
	HPL	2000	4000	4000	3/5	25	大榭	VIA MANZANILLO
IQUIQUE	CSAV	2200	4250	4350	6/1	27	四期	直达
	EMC	1900	3600	3600	2/4	27	四期	直达
	KLINE	2000	3900	3900	3/5	30	大榭	直达
	COSCO	1875	3750	3750	2/4	30	四期	直达
	HPL	2000	4000	4000		27	大榭	VIA MANZANILLO
GUAYAQUIL	CSAV	2175	4200	4300	6/1	30	四期	SAN ANTONIO
	KILNE	2000	3900	3900	3/5	33	大榭	CALLAO
	COSCO	1875	3750	3750	2/4	31	四期	直达
	EMC	1900	3600	3600	2/4	30	四期	SAN ANTONIO
VALPARAISO	KLINE	2000	3900	3900	3/5	33	大榭	直达
	HPL	2000	4000	4000	3/5	32	大榭	直达
SAN ANTONIO	CSAV	2200	4250	4350	6/1	32	四期	直达
	COSCO	1875	3750	3750	2/4	33	四期	直达
	EMC	1900	3600	3600	2/4	32	四期	直达
Antofagasta	CSAV	2340	4490	4590	6/1	19	四期	直达

目的港	船公司	20GP	40GP	40HQ	船期	航程	码头	直达/中转
CORONEL	CSAV	2200	4250	4350	6/1	23	四期	直达
MATARANI	EMC	1900	3600	3600	2/4	30	四期	直达
LIRQUEN	KLINE	2000	3900	3900	3/5	35	大榭	直达
SAN VICENTE	EMC	1900	3600	3600	2/1	25	四期	直达

（4）西非线。

目的港	船公司	20GP	40GP	40HQ	船期	航程	码头	直达/中转
APAPA	COSCO	1800	2800	2800	1/3	33	二期	直达
TEMA	COSCO	1800	2800	2800	1/3	37	二期	直达
LOME 洛美	COSCO	1800	2800	2800	1/3	40	二期	直达
ABIDJAN 阿比让	COSCO	1800	2800	2800	1/3	46	二期	直达

【知识链接】 国际货代业务与集装箱运输有关的基础知识

集装箱运输是现代交通运输快速发展的代表，相对非集装箱运输而言，集装箱运输在经济性、安全可靠性、准时性等方面大大提高，对自然环境的影响小，并且其综合产业链长，影响范围广，对全球物流运输的贡献巨大。

集装箱运输是一种先进的现代化运输方式。因为其能够长期反复使用，在运输中不移动货物即可进行多种运输工具的交替运输，并且可以快速地装卸，对货物的包装和运输都能实行统一和简单规范化，减少中间环节，加速商品的流通过程，降低流通费用，节约物流的劳动消耗，从而可实现快速、低耗、高效率及高效益地完成运输生产过程。与传统的件杂货散运方式相比，它具有运输效率高、经济效益好及服务质量优的特点。正因如此，集装箱运输模式已成为世界各国保证国际贸易的最佳运输方式。尤其是经过几十年的发展，随着集装箱运输软硬件成套技术日趋成熟，到 20 世纪 80 年代集装箱运输已进入到可以利用海、陆、空等两种以上的运输手段来完成国际连贯货物运输的阶段，形成了能提供优质的国际多式联运的一条龙运输模式。而集装箱运输巨大的规模经济效益优势，又使其在全球得到迅猛发展。

集装箱运输业从 20 世纪 90 年代开始在我国得到迅速的发展。随着我国加入世贸组织,中国参与国际经济竞争、融入经济全球化方面又迈出了决定性的一步,我国经济的发展必然也给集装箱运输业带来契机。

一、集装箱的概念

集装箱又称货柜或货箱,其英文为 container,按英文的字面含义理解是"容器",但并非所有的容器均可称作集装箱。国际标准化组织(ISO)根据保证集装箱在装卸、堆放和运输中的安全需要,在货物集装箱的定义中,提出了作为一种运输工具的货物集装箱所应具备的基本条件。即只有具备这些条件的"容器"才可算作集装箱。这些基本条件如下:

(1)具有足够的强度,可长期反复使用。

(2)装有便于装卸和搬运的装置,特别是便于从一种运输工具换装到另一种运输工具。

(3)便于货物的装满和卸空。

(4)适于一种或多种运输方式运送货物,无须中途换装。

(5)内容积为 1 立方米(35.315 立方英尺)或 1 立方米以上。

注:①以上集装箱的定义中不包括车辆及一般包装。②目前,包括我国在内的许多国家基本上采用国际标准化组织 ISO 对集装箱的定义。③简而言之,集装箱是具有一定强度、刚度和规格,专供周转使用的大型装货容器。

二、集装箱主要标记

(一)出现次数最多的两行标记

每个集装箱的 6 个面上有近 10 种标记,在这些标记中,出现次数最多且意义最重要的有两行。

举例来说,CBHU 8001214

      4 5 G 1

CBHU 800121 $\boxed{4}$

CN   4 5 G 1

此两行字符标于柜两侧右上角、后门(前两行)和顶部。[货柜的前后叫端(end),左右叫侧(side),上下分别叫顶(top)、底(bottom)]

1.解读:第一行含三个内容。

(1)箱主代号(owner No. 或 owner's code)。由 4 个大写拉丁字母组成且最后一个必是 U(它为集装箱这种特殊设备的设备识别码),前 3 个由公司制定,并经国际集装箱局(BIC)注册(一个公司可申请几个箱主代号)。下表列出了几家公司的箱主代号。

公司名称	中远	中海	商船三井	总统轮船	长荣	东方海外
箱主代号	CBHU	CCLU	MOLU	APLU	EMCU	OCLU

注:①近十几年来,中远曾使用过的箱主代号有 HTMU、COSU、NCLU、MINU;中远长租惠航公司曾使用过的箱主代号有 FBZU、CBHU、FRSU。近几年,中远使用的货柜大部

分为 FLORENS 柜(FLORENS 为中远控股公司),其箱主代号为 CBHU。

②标于货柜上的箱主代号约七成为班轮公司(Liner),三成为租箱公司(container leasing company,这些公司几乎不涉足班轮运输业,而拥有许多货柜专供出租)。常见的租箱公司有:TEX;CAI;XTRA;MATSON;INTERPOOL;NIPPON(日本);TIPHOOK;GOLD;TRANSOCEAN;TRANSAMERICA;TRITON;GENSTAR;CRONOS;UCS。

③柜侧面打印的公司名称中有些是竖着写的。

(2)顺序号(Serial No.)。顺序号由公司自定,共 6 位阿拉伯数字,不足 6 位以 0 补齐。

(3)核对号或校验码(Check digit)。核对号或校验码仅包含一位数,不由箱主公司指定,而是按规定的计算方法算出,用来检验、核对箱主代号、设备识别码与顺序号在数据传输或记录时的正确性与准确性,它与箱主代号、设备识别码和顺序号有直接的关系。实践中是通过箱主代号、设备识别码和顺序号计算出校对号(或校验码)的,若计算出的校对号与实际记录的校对号一致,则说明箱主代号、设备识别码和顺序号在数据传输或记录时未出错,否则应重新核对。核对号位于顺序号之后,在货柜上加方框以醒目(但在单证上无须加方框,箱号的 11 个字符中最后一个即为核对号)。

箱主代号、顺序号、核对号共 11 个字符统称为箱号,其作用、功能及重要性好比一个人的姓名一样。

2.第二行含两个或三个内容。

(1)国别代码。国别代码(country code)指的是箱主公司所在国家的代码,非强制性的,为自选代号,现在许多柜上不打此代码。国别代码以两个或三个英文字母表示。比如:以 US 或 USA 表示美国(United States of America),以 GB 或 GBX 表示英国(GB = Great Britain = UK = United Kingdom),以 FR 或 FXX 表示法国(France)。

(2)尺寸代码。尺寸代码(size code)包含箱子的长度、高度及是否有鹅颈槽三个信息。

①尺寸代码由两位阿拉伯数字组成,不管第二位为几,凡第一位为 2 者,其代表的柜子的长度为 20′;凡第一位为 4 者,柜长为 40′(注:表示长度或高度时,′代表英尺,″代表英寸)。

②尺寸代码中第二位数字若为 0、1,则柜高为 8′;为 2、3,柜高为 8′6″;为 4、5,柜高为 9′6″。

③尺寸代码为奇数者,有鹅颈槽(goose-neck tunnel);为偶数者,无鹅颈槽。通常长为 20′的柜无鹅颈槽,而 40′HQ 者,大多有。(goose-neck 即鹅颈,是拖车板架上的机构,goose-neck tunnel 即鹅颈槽,位于货柜底部。鹅颈与鹅颈槽两者相扣,目的是增大拖车行驶时的安全系数。这里需要说明的是:在发达国家拖车板架上一般有鹅颈,而大部分发展中国家则无,原因是前者对安全很重视。)

④全球大多数国家已经不使用 8′与 9′高的柜,因此,几乎见不到尺寸代号为 20、21、40、41 的柜。

⑤高度为 9′6″的柜称为 HQ(High Cube)柜,读作[ˈhaiˈkjuː]。HQ 柜多见于 40′柜,而 20′柜几乎无 HQ,因此实践中极少见到尺寸代号为 24、25 的柜。

注:有些人用 HC(High Container)来表示超高柜(北方人称为"高箱");与 HQ 相对应的称为平柜(高度为 8′6″),英文简写为 GP 柜。

⑥长为 45′ 的超长柜其尺寸代码为 L5,长为 48′者,其尺寸代码为 L8。

注:45′长的柜均为 HQ 柜。

由于以上原因,实践中最常见的货柜尺寸代码为 22、45、42、44。

常见尺寸代码的含义见下表。

尺寸代码	柜 长	柜 高	有无鹅颈槽	计几个 T,几个 F
22	20′	8′6″	无	1T0.5F
42	40′	8′6″	无	2T1F
43	40′	8′6″	有	2T1F
44	40′	9′6″	无	2T1F
45	40′	9′6″	有	2T1F
L5	45′	9′6″	有	2.5T1.25F

注:①有些公司使用箱量考核业务员的业绩(比如 CHINA SHIPPING,COSCO),在淡季一个 HQ 柜通常计 2.3T,旺季计 2T。

②实务中通常所说的 40 尺柜指 40′GP 柜,而实务中所说的 HQ 或高柜、高箱通常指 40′ HQ 柜。

(3)柜类型代码。ISO 1995 年前的旧标准中以两位阿拉伯数字表示类型代码(比如,第二行若为 2210,则后两位数字 10,即表示柜子类型——封闭式集装箱);1995 年后的新标准则以一个英文字母加一个阿拉伯数字组成。单证上对货柜类型常用的简写如下:

①G0—G9:G 代表 General Purpose Cntr,即通用柜(干货柜)。

②V0—V9:V 代表 Ventilated,即通风柜。

③B0—B9:B 代表 Bulk,即散装柜。

④S0—S9:S 代表 Sample(样品),以货名命名的柜(S0 为牲畜;S1 为小汽车;S2 为活鱼;S3—S9 为备用号)。

⑤R0—R9:R 代表 Reefer,即冷柜、冻柜。

⑥H0—H9:H 代表 Heated,即保温隔热柜。

⑦U0—U9:U 代表 Up,即敞顶柜、开顶柜。

⑧P0—P9:P 代表 Platform Based Cntr,分平台式(Plat Form,PF)与台架式(Flat Rack,FR)两种。

⑨T0—T9:Tank,即罐装柜。

⑩A0:A 代表 Air,即空/水/陆/联运柜。

单证上对货柜类型常用的简写见下表。

通用柜	通风柜	散装柜	冷柜	开顶柜	平台式	台架式	罐装柜	挂衣柜	超高柜
DC,DV	VH	BK	RF	OT	PF	FR	TK	HT	HQ,HC

注:①通用柜又叫干货柜(dry cargo cntr 或 dry van),台架式集装箱在广东及港澳地区

（粤语方言区）又叫凳仔柜,挂衣柜简写为 HT,其英文全称为 hanging garment cntr,它属于 hanging cargo cntr 的范畴。超高柜可简写为 HC(high cntr)或 HQ(high cube cntr)。

②在以货名命名的货柜中,有兽皮柜(hide cntr)、牲畜柜(pen cntr ＝ animal cntr ＝ live stock cntr)(其中,pen 是指家畜的栏;live 是指活的;stock 是指牲畜)、挂衣柜、汽车柜等。

（二）集装箱后门标记

集装箱右半门有 10 行字符,第 1、2 行上文已讲,下面介绍其余 8 行。

【例 2-1】

MSKU　327846 ③

　　　　4 2 G 1

MGW	30480	KGS
	67200	LBS

PAYLOADCAPACITY	27380	KGS
（或用 NET＝NET WEIGHT)	60365	LBS

TARE	3100	KGS
	6835	LBS

CU. CAP. (或用 CUBE)	CUM	67.4
	2380	CUFT

（以上是某只长为 40′、高为 8.5′的钢质柜的信息）

【例 2-2】

PONU　737614 ③

　　　　2 2 G 1

MAX GROSS	30480	KGS
	67200	LBS

PAYLOADCAPACITY	28320	KGS
	62435	LBS

TARE	2160	KGS
	4765	LBS

CU. CAP. (或用 CUBE)	33.1	CUM
	1170	CUFT

（以上是某只长为 20′、高为 8.5′的钢质柜的信息）

解释:

(1)MGW＝Max Gross Weight:最大允许箱货总重,此栏有的柜标为 MAX GROSS 或

G. WT 或 Max Weight。

（2）Payload Capacity(Net Weight)：最大允许载重。

（3）Tare：箱子自重。

（4）CU CAP：Cube Capacity，内容积（CUM＝CBM：Cubic metres，立方米；CUFT＝CBFT：Cubic feet，立方英尺）。

补充说明：

（1）柜后门的数字在自吉柜（空箱）出厂时即打上。

（2）上面的数据满足如下公式：MGW＝NET＋TARE。

（3）NET（净重，最大允许载重）那一栏的数字并非每次装运的货物的重量，而是柜子强度能承托的最大货物重量。

（4）40′GP 柜的 MGW 通常为 30LT（Long ton，长吨），即 30480kg。而 40′HQ 柜的 MGW 有的为 32.5MT（Metric ton，公吨），即 32500kg；有的为 30LT。对 20′柜而言，近几年在国内外出现了不少 MGW 达 30LT（30480kg）的货柜，而以前 20′柜的 MGW 为 24MT。

（5）需要注意的是，柜后门标注的 MGW 指的是柜子强度能承托的最大箱货总重，PAYLOAD CAPACITY 指的是柜子强度能承托的最大货物重量。但是，实际业务中，尤其是目的港为发达国家者最多可载货重量远小于柜子后门所标的 PAYLOAD CAPACITY（或NET WEIGHT）。比如，有些地区规定小柜、大柜内装货物限重分别约为 17 吨与 19 吨，2007 年 COSCO 去欧洲的 20′柜限重 14 吨，MSK（马士基）限重 18 吨。

通常，Forwarder（货运代理人）向 Carrier（船公司）下 Booking（订单）后，有些 Carrier 回传给 Forwarder 的 S/O 上盖有限重章，例如，"本公司规定 20′、40′柜最多可装货 17.1 吨与19.3 吨"；有些人的名片背面即印有大小柜的内容积及限重。

实务中需注意的是，货代、物流公司的 OP（操作员）在审阅客人补来的料时要留意货物毛重栏的数字，若超重，则应叫客人出"超重保函"或拆柜减货。

（6）大、小柜的内容积及通常允许的配货数量见下表。

货柜种类	20′	40′GP	40′HQ	45′HQ
理论内容积(CBM)	33	67	76	86
通常允许配货体积(CBM)	22～31	50～65	60～73	70～83
通常配货毛重(MT)	约 17.5	约 22	约 22	约 29

注：表中最后一栏"通常配货毛重"是经验数字，具体要看不同船公司、去往的不同地区、所在的不同季节而定。比如，2007 年 COSCO 去欧洲的 20′柜限重 14 吨。

项目二 "普通模式"及"批处理模式"修改报价

【任务说明】

1.学习如何用"普通模式"修改报价。

2.学习如何用"批处理模式"修改报价。

【实训目标】

1.能够准确快速地用"普通模式"修改报价。

2.能够准确快速地用"批处理模式"修改报价。

【操作步骤】 普通模式修改报价

1.在列表区,选中一条价格,右键选择"修改报价",或双击,如图 4-2-1 蓝色区域:

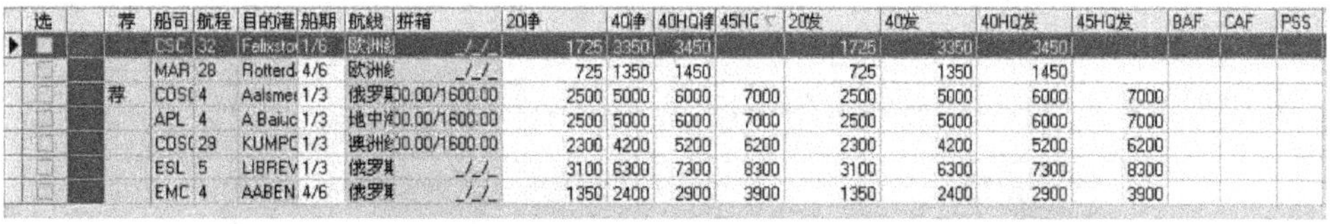

图 4-2-1

2.双击被选中的价格栏,弹出报价编辑界面,如图 4-2-2:

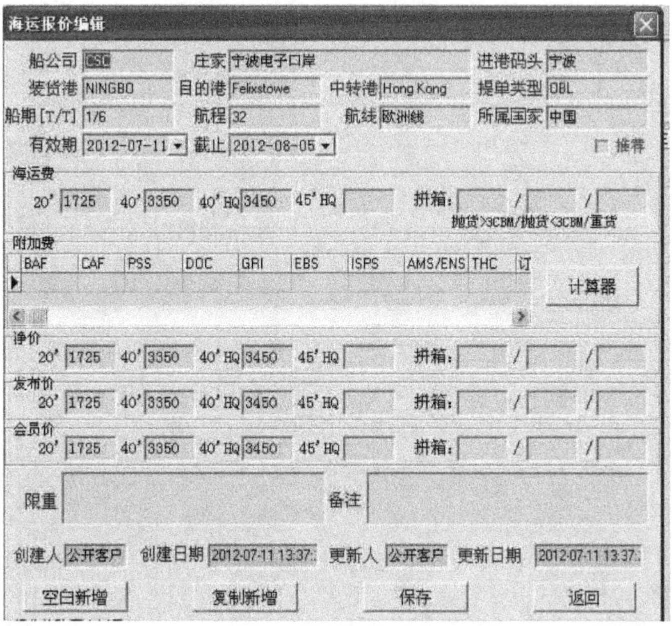

图 4-2-2

3.现在报价 20′为 1700,40′为 3300,40′HQ 为 3400,则修改后如图 4-2-3 所示：

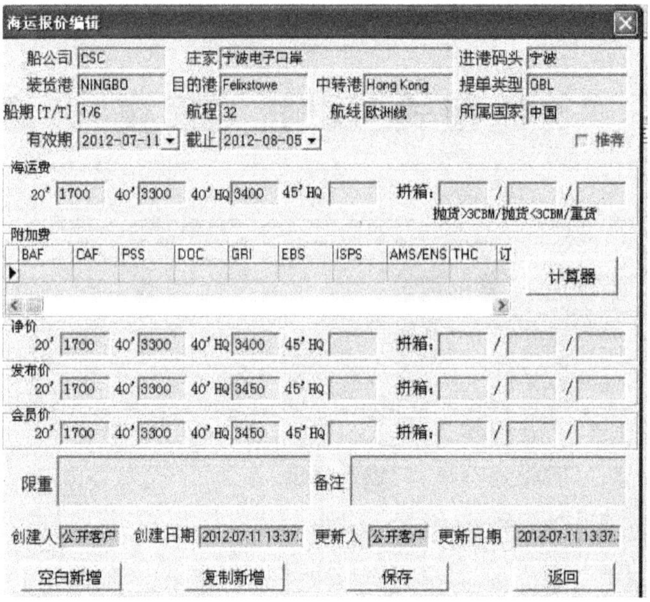

图 4-2-3

4.单击"保存"按钮,保存修改后的报价,出现图 4-2-4 界面：

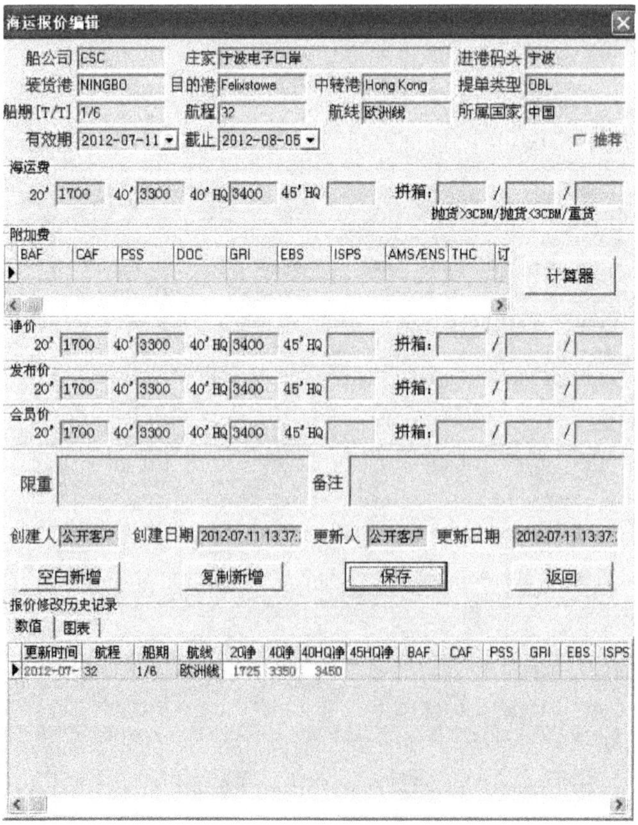

图 4-2-4

在报价修改历史记录中多了一条黄色的记录,说明修改报价成功。按"返回"按钮会发现,报价信息区中被修改过的那条报价变成了绿色,如下图 4-2-5 所示:

选		荐	船司	航程	目的港	船期	航线	拼箱	20净			40净	40HQ净	45HG	20发		40发		40HQ发		45HQ发	
▶	☐		CSC	32	Felixston	1/6	欧洲线	_/_/_														
	☐		MAR	28	Rotterd	4/6	欧洲线		725	1350	1450				725		1350		1450			
	☐	荐	COSO	4	Aalsmee	1/3	俄罗某	0.00/1600.00	2500	5000	6000	7000		2500		5000		6000		7000		

图 4-2-5

【操作步骤】 批处理模式修改报价

需要更新大量报价信息时,可以使用此功能,选中价格纪录后可统一加多少,减多少,最后点击"批量修改"。下面介绍具体的操作步骤。

1.切换到"批处理"模式,如图 4-2-6 所示:

当前选中报价批量操作														
20'	+ ▼		40'	+ ▼		40' HQ	+ ▼		45' HQ	+ ▼		BAF	= ▼	CAF = ▼	佣金 = ▼
有效期	2012-09-12	截止	2013-09-19	船期	= ▼	限重	= ▼				备注 = ▼			批量修改

○ 普通 ● 批处理 ○ 快捷 | 导入报价 | 导出报价 | 商务沟通

图 4-2-6

2.选中要批量修改的报价纪录,例如选取以下三条航线:

船司:COSCO	航程:4	目的港:Aalsmeer
船司:APL	航程:4	目的港:A Baiuca
船司:COSCO	航程:29	目的港:Kumpore

如图 4-2-7 所示:

选		荐	船司	航程	目的港	船期	航线	拼箱	20净			40净	40HQ净	45HG	20发		40发		40HQ发		45HQ发	
	☐		CSC	32	Felixston	1/6	欧洲线	_/_/_	1700	3300	3400				1700		3300		3400			
I	☐		MAR	28	Rotterd	4/6	欧洲线	_/_/_	725	1350	1450				725		1350		1450			
	☑	荐	COSO	4	Aalsmee	1/3	俄罗某	0.00/1600.00	2500	5000	6000	7000			2500		5000		6000		7000	
	☑		APL	4	A Baiuc	1/3	地中线	0.00/1600.00	2500	5000	6000	7000			2500		5000		6000		7000	
	☑		COSO	29	KUMPC	1/3	澳洲线	0.00/1600.00	2300	4200	5200	6200			2300		4200		5200		6200	
	☐		ESL	5	LIBREV	1/3	俄罗某	_/_/_	3100	6300	7300	8300			3100		6300		7300		8300	
	☐		EMC	4	AABEN	4/6	俄罗某	_/_/_	1350	2400	2900	3900			1350		2400		2900		3900	

图 4-2-7

备注:为快速地选择价格纪录,可通过表头的"选中"来实现全选、全不选、反选等操作。

3.在报价批量栏中输入修改数据。例如:$20'+30,40'+50,40'HQ+50,45'HQ+50$,则输入后如图 4-2-8 所示:

当前选中报价批量操作														
20'	+ ▼	30	40'	+ ▼	50	40' HQ	+ ▼	50	45' HQ	+ ▼	50	BAF = ▼	CAF = ▼	佣金 = ▼
有效期	2012-09-12	截止	2013-09-19	船期	= ▼	限重	= ▼				备注 = ▼			批量修改

○ 普通 ● 批处理 ○ 快捷 | 导入报价 | 导出报价 | 商务沟通

图 4-2-8

4.点击"批量修改"后完成选中数据的批量修改操作。报价信息区变成如图4-2-9所示：

选		荐	船司	航程	目的港	船期	航线	拼箱	20净	40净	40HQ净	45HC	20发	40发	40HQ发	45HQ发	BAF	CAF	PSS
▶			COSC	29	KUMPC	1/3	澳洲线	00.00/1600.00	2330	4250	5250	6250	2330	4250	5250	6250			
		荐	COSC	4	Aalsme	1/3	俄罗斯	00.00/1600.00	2530	5050	6050	7050	2530	5050	6050	7050			
			APL	4	A Baiuc	1/3	地中海	00.00/1600.00	2530	5050	6050	7050	2530	5050	6050	7050			
			CSC	32	Felixstor	1/6	欧洲线	/./.	1700	3300	3400		1700	3300	3400				
			MAR	28	Rotterd	4/6	欧洲线	/./.	725	1350	1450		725	1350	1450				
			ESL	5	LIBREV	1/3	俄罗斯	/./.	3100	6300	7300	8300	3100	6300	7300	8300			
			EMC	4	AABEN	4/6	俄罗斯	/./.	1350	2400	2900	3900	1350	2400	2900	3900			

图 4-2-9

备注：部分字段修改操作见下表，在批量处理模式下右键功能只有"客户报价"和"导出报价"。

字段名	可行操作	备　注
20′	＋　－　＝	
40′	＋　－　＝	
40′HQ	＋　－　＝	
45′HQ	＋　－　＝	
BAF	＝	
CAF	＝	
PSS	＝	
佣金	＝	
有效期	有默认时间	如果有截止日期，则有效期必须小于截止日期。
截止期	无默认时间	如果有有效日期，则截止日期必须大于有效期。
船期	＝	只能输入固定格式"1/3"或"1/3,3/6"。
备注	＋　＝	"＋"在原备注信息下加上新输入的备注消息。
限重	＋　＝	"＋"在原备注消息下加上新输入的备注信息。

操作温馨小提示：批处理会把勾选的报价信息一次性更新掉，请谨慎处理。

【实训练习】

1.用普通模式修改价格（以项目一随堂小练习的墨西哥航线为依据）。

目的港	船公司	20GP	40GP	40HQ	船期	航程	码头	直达/中转
MANZANILLO（曼萨尼约）	CSAV	2160/2260	4110/4210	4210/4310	6/1	20	四期	直达
	EMC	2350/2400	4500/4600	4500/4600	2/4	18	四期/大榭	直达
	HPL	1750/1800	3500/3600	3600/3650	6/1	23	三期	直达
	MOL	1950/2000	3900/3950	3800/3850	6/1	23	大榭	直达
	COSCO	1825/1925	3650/3700	3650/3700	2/4	18	四期	直达
	KLINE	1950/2000	3800/3800	3800/3800	6/1 3/5	19	梅山	直达
LAZARO CARDENAS（拉萨罗卡德纳斯）	CSAV	2160/2200	4110/4200	4210/4200	5/7	20	二期	直达
	KLINE	1350/1350	2600/2600	2600/2600	6/1		梅山	直达
	EMC	2350/2400	4500/4500	4500/4500	2/4	20	四期/大榭	直达
	COSCO	1825/1800	3650/3600	3650/3600	2/4		四期	直达
	HPL	1750/1800	3500	3600	6/1	25	三期	直达
ENSENADA（恩塞纳达）	MOL	2000	4000	3900/4000	6/1	20	大榭	直达
	CSAV	2160/2200	4110/4000	4210/4200	4/6	22	梅山	VIA MANZANILLO

2.用批处理模式修改价格（以项目一随堂小练习的中美洲航线为依据）。

目的港	船公司	20GP	40GP	40HQ	船期	航程	码头	直达/中转
PUERTO QUETZAL（库特扎尔）危地马拉	CSAV	2325	4450	4550	6/1	28	二期	VIA MANZANILO
	EMC	2600	4900	4900	2/4	22	大榭	直达
	COSCO	2075	4150	4150	2/4	21/32	四期	直达/VIA MANZANILO
	HPL	2400	4800	4800	6/1	30	三期	VIA MANZANILO

续　表

目的港	船公司	20GP	40GP	40HQ	船期	航程	码头	直达/中转
PUERTO CALDERA（卡尔德拉）哥斯达黎加	CSAV	2325	4450	4550	6/1	33	二期	VIA MANZANILO
	EMC	2600	4900	4900	2/4	25	大榭	VIA MANZANILO
	COSCO	2175	4200	4200	2/4	21/32	四期	直达/VIA MANZANILO
	HPL	2325	4800	4800	6/1	28	三期	VIA MANZANILO
CORINTO（科林托）尼加拉瓜	CSAV	2325	4450	4550	6/1	31	二期	VIA MANZANILO
	EMC	2600	4900	4900	2/4	28	大榭	VIA MANZANILO
	HPL	2400	4800	4800	6/1	27	三期	VIA MANZANILO
ACAJUTLA（阿卡胡特拉）萨尔瓦多	CSAV	2325	4450	4550	6/1	29	二期	VIA MANZANILO
	EMC	2600	4900	4900	2/4	23	大榭	VIA MANZANILO
	HPL	2400	4800	4800	6/1	23	三期	VIA MANZANILO
PUNTARENAS 彭塔雷纳斯 哥斯达黎加	EMC	2600	4900	4900	2/4	19	大榭	直达
SAN LORENZO 圣洛伦索 洪都拉斯	CSAV	2325	4450	4550	6/1	23	二期	直达
	EMC	2600	4900	4900	2/4	26	大榭	直达

目的港	20GP	40GP	40HQ
库特扎尔	+40	+50	+60
卡尔德拉	+60	+40	+80
科林托	−30	−50	−100
阿卡胡特拉	=	−30	−50
彭塔雷纳期	=	=	=
圣洛伦索	−25	−50	−50

【知识链接】 集装箱的类型

为了适应装运不同种类货物的需要,市场上出现了不同类型的集装箱。其按照外部规格尺寸的不同有不同的种类,除此之外,根据集装箱不同的用途、不同的制造材料及结构来分也有不同的种类。以下是按集装箱的用途分类。

1. 干货集装箱。

干货集装箱(Dry Cargo Container 或 Dry Van)也称为杂货集装箱、通用集装箱,用以装运除液体货、需要调节温度的货物及特种货物以外的一般件杂货。其使用范围很广,常用的有 20ft 和 40ft 两种。其结构常为封闭式,一般在一端或侧面设有箱门,箱内设有一定的固货装置,使用时一般要求清洁、水密性好。其适箱货物为有适当包装的件杂货,以便充分利用集装箱的内容积。在各种集装箱中,干货柜所占的比重最大,达九成以上。

2. 开顶集装箱。

开顶集装箱(Open Top Container)也叫敞顶集装箱,其箱顶可以方便地取下、装上,有硬顶和软顶两种,其他构件与干货柜类似。硬顶是用薄钢板制成的,利用起重机械进行装卸作业;软顶一般是用帆布、塑料布或涂塑布制成,开顶时只要向一端卷起即可。这种集装箱适于装载高度较高的重大件货,如钢铁、木材,尤其是像玻璃板等易碎的重货,利用吊机从顶部吊入箱内时不易损坏,而且也便于在箱内固定。由于箱顶可能进水,开顶柜一般应装于舱内而不是甲板上。

3. 通风集装箱。

通风集装箱(Ventilated Container)一般在其侧壁或端壁或箱门上设有 4~6 个供通风用的窗口,适用于装运不需要冷藏但需通风、防止汗湿的杂货,如原皮、水果、蔬菜等。如果将通风窗口关闭,可作为杂货集装箱使用。在急需情况下可用设有通风孔的冷藏柜代替。

4. 冷藏集装箱。

冷藏集装箱(Reefer Container)又称冷柜、冻柜或雪柜,是专为在运输中要求保持一定温度的冷冻货或低温货(如鱼、肉、新鲜水果、蔬菜及某些药物)而特殊设计的保温集装箱。按照制冷源的不同基本上可分为两种:一种是箱内设有制冷机组的,称为内藏式机械冷藏箱;另一种是箱内未设有制冷机组,只有隔热结构,即在集装箱端壁上设有冷气吸入孔和排气孔,箱子装在船舱中,由船舶制冷装置及固定管路供应冷气,称为外置式机械冷藏集装箱或离合式冷藏集装箱。

○**注意**:*冷冻柜与干货柜比,内容积小一些。拿 40′HQ 柜来说,一只冷冻柜的内容积约为 67CBM,而 40′HQ 干货柜的内容积约为 76CBM。*

5. 罐式集装箱。

罐式集装箱(Tank Container 或 Liquid Bulk Container)适用于装运酒类、油类、液体食品及化学品等液体货物。它由罐体和箱体框架两部分组成,罐体用于装液体货,框架用来支撑和固定罐体。罐体的外壁采用保温材料以使罐体隔热,内壁一般要研磨抛光以避免液体残留于壁面。为了降低液体的黏度,罐体下部还设有加热器,罐体内温度可以通过安装在其上部的温度计观察到。罐顶设有装货口,罐底设有排出阀。装货时货物由液罐顶部的装货孔进入;卸货时则靠重力由排货孔自行流出或从顶部装货孔吸出。

○注意:罐式柜与干货柜比,内容积小一半左右,自重却大一倍左右。拿 20′柜来说,一只罐式柜的内容积约为 20CBM,而 20′干货柜的内容积约为 33CBM;一只 20′钢质罐式柜的自重约为 5 吨,而 20′钢质干货柜的自重约为 2.3 吨。

6. 散货集装箱。

散货集装箱(Bulk Container 或 Solid Bulk Container)用于装运大豆、大米、麦芽、面粉、玉米、各种饲料及水泥、化学制品等散装粉状或粒状货物。使用这种货柜可以节约不菲的包装费用,减轻粉尘对人体和环境的损害,还可提高装卸效率。散货柜的顶部设有 2~3 个装货口,底部做成漏斗形或设有卸货口。

7. 台架式集装箱。

台架式集装箱(Platform Based Container)没有箱顶板和侧壁板,也没有门,甚至连端壁也去掉而只有厚度比一般干货柜厚许多的箱底板和连接在箱底板上的骨架。这种集装箱可以从前后、左右及上方进行装卸作业,适合装载长大件和重货件,如重型机械、钢管、木材、钢锭、机床等。这种集装箱没有水密性,怕水、怕湿的货物不能装运,若用帆布遮盖货物则能部分防水。

8. 平台式集装箱。

平台式集装箱(Platform Container)是在台架式集装箱上再简化而只保留底板的一种特殊结构的集装箱。主要用于装卸长、重大件货物,如重型机械、钢材、整件设备等。平台的长度与宽度和国际标准集装箱的箱底尺寸相同,可使用与其他集装箱相同的紧固件和起吊装置。这种集装箱的采用打破了过去一直认为集装箱必须具有一定容积的概念。

注意,平台式货柜比台架式货柜使用得少许多,因为大部分板架式柜都为折叠式,只要放倒板架或角柱即可变为平台式柜。

9. 汽车集装箱。

汽车集装箱(Car Container 或 Auto Container)是专为装运小型汽车而设计制造的,其结构特点是无侧壁,仅设有框架和箱底。为了防止汽车在箱内滑动,箱底专门设有绑扎设备和防滑钢板。汽车柜有装单层的和双层的两种。对于高度为 8ft6in(2.6m)或 9ft6in(2.9m)的国际标准货柜而言,通常只能装一层,因为一般汽车的高度为 1.4~1.5m。若欲提高箱容的利用率则需装双层,这得用非国际标准的集装箱,常见的有两种:一种是 10.5ft(3.2m),另一种是 17ft(3.9m)。

10. 动物集装箱。

动物集装箱(Animal Container 或 Pen Container 或 Live Stock Container)也叫牲畜集装箱。它是一种专门用来装运鸡、鸭、鹅等活家禽及猪、牛、马、羊等活家畜的集装箱。为了遮挡阳光,箱顶和侧壁是用玻璃纤维加强塑料制成的。另外,为使通风良好,侧面和端面都有用铝丝网做成的窗。侧壁下方设有清扫口和排水口,并配有上下移动的拉门,以方便清扫垃圾,还装有喂食口。动物集装箱在船上一般应位于甲板上,因为甲板上空气流通,且便于照顾动物和清扫垃圾。

11. 服装集装箱。

服装集装箱(Garment Container 或 Hanging Garment Container)也叫挂衣箱。其结构特点是:在箱内上侧梁上装有许多根横杆,每根横杆上垂下若干条皮带扣、尼龙带扣或绳索,成衣利用衣架上的钩直接挂在带扣或绳索上。这种装载方式属于无包装运输,它不仅可节约包装材料和包装费用,而且可减少人力成本,提高服装的运输质量。

12. 兽皮集装箱。

兽皮集装箱(Hide Container)是一种专门用来装运生皮等带汁液、有渗漏性的货物的集装箱。它备有两层底,用以储存渗漏液体。

13. 隔热集装箱。

隔热集装箱(Insulated Produce Container 或 Heated Container)又叫保温隔热柜、恒温集装箱,它能使货物保持鲜度,主要用于载运蔬菜、水果等,通常用干冰制冷,保温时间约为72 小时。隔热保温集装箱还有一个英文表达:Porthole Container。

项目三　"快捷模式"修改报价

【任务说明】

1. 学习如何用"快捷模式"修改价格。

2. 学习如何导出价格。

3. 学习如何查询报价。

4. 学习如何发布公告。

【实训目标】

1. 能够准确快速地用"快捷模式"修改价格。

2. 能够知道并且顺利地进行价格导出。

3. 能够准确快速地进行价格查询。

4. 能够准确快速地发布公告。

【操作步骤】　快捷模式修改报价

快捷模式下,能像 Excel 一样的操作,直接可在列表上修改报价数据,提供更方便的操作方式。

1. 切换模式到"快捷"模式,如图 4-3-1:

图 4-3-1

2.列表变成带黄色标记的模式(黄色区域为编辑区),如图 4-3-2：

选		荐	船司	航程	目的港	船期	航线	拼箱	20净	40净	40HQ净	45HQ净	20发	40发	40HQ发	45HQ发	BAF	CAF
►			COSC	29	KUMPC	1/3	澳洲航	00.00/1600.00		2330	4250	5250	6250	2330	4250	5250	6250		
		荐	COSC	4	Aalsmer	1/3	俄罗斯	00.00/1600.00		2530	5050	6050	7050	2530	5050	6050	7050		
			APL	4	A Baiuc	1/3	地中海	00.00/1600.00		2530	5050	6050	7050	2530	5050	6050	7050		
			CSC	32	Felixsto	1/6	欧洲航	/_/_		1700	3300	3400		1700	3300	3400			
			MAR	28	Rotterd	4/6	欧洲航	/_/_		725	1350	1450		725	1350	1450			
			ESL	5	LIBREV	1/3	俄罗斯	/_/_		3100	6300	7300	8300	3100	6300	7300	8300		
			EMC	4	AABEN	4/6	俄罗斯	/_/_		1350	2400	2900	3900	1350	2400	2900	3900		

图 4-3-2

3.鼠标点击在黄色区域中的字段,则该字段进入可编辑的状态。例如：

航线一

船司：COSCO   航程：29   目的港：Kumpore

原 40′HQ 净：5250   现 40′HQ 净：5000

航线二

船司：ESL   航程：5   目的港：LIBREVILLE PIL

原 20′：3100   现 20′：3000

修改后如图 4-3-3 所示：

选		荐	船司	航程	目的港	船期	航线	拼箱	20净	40净	40HQ净	45HQ净	20发	40发	40HQ发	45HQ发	BAF
►			ESL	5	LIBREV	1/3	俄罗斯	/_/_		3100	6300	7300	8300		6300	7300	8300	
			COSC	29	KUMPC	1/3	澳洲航	00.00/1600.00		2330	4250	5000	6250	2330	4250	5250	6250	
		荐	COSC	4	Aalsmer	1/3	俄罗斯	00.00/1600.00		2530	5050	6050	7050	2530	5050	6050	7050	
			APL	4	A Baiuc	1/3	地中海	00.00/1600.00		2530	5050	6050	7050	2530	5050	6050	7050	
			CSC	32	Felixsto	1/6	欧洲航	/_/_		1700	3300	3400		1700	3300	3400		
			MAR	28	Rotterd	4/6	欧洲航	/_/_		725	1350	1450		725	1350	1450		
			EMC	4	AABEN	4/6	俄罗斯	/_/_		1350	2400	2900	3900	1350	2400	2900	3900	

图 4-3-3

4.点击模式切换中的"应用"按钮,完成修改操作。

○操作温馨小提示：

(1)黄色可编辑区内容改动后,则该条记录的更新日期会自动更新到当前的系统时间。

(2) 改完的数据必须点击"应用"按钮才会生效。

【操作步骤】 导出价格

1.在选中的要导出的报价信息前面打钩,如图 4-3-4 所示：

在这里打钩哦															
I	✓		MAR	4	Aalsmer	1/3	俄罗斯	/_/		2500	5000	6000	7000	2500	5000	6000	7000

图 4-3-4

2.点击右键,可看到如图 4-3-5 所示小界面,选择"导出报价"按钮,导出后的报价将会以 Excel 的格式存放在指定的文件夹中。

新增报价(U)
修改报价(V)
复制报价(W)
删除报价(X)
导出报价(Y)
自定义报表(Z)

图 4-3-5

【操作步骤】　查询报价

在三种模式下都可以使用快捷按钮下面的过滤区来查询自己想要的价格,搭配报价记录上的颜色块很容易就能知道这条价格是不是最新的,根据热点度还能知道这条价格的优势。

在过滤区输入查询条件,如,船司为 COSCO,在三天内更新,被推荐报价。具体操作:在船司中输入"COSCO",在更新一栏"3"前面打钩,"推荐"前面打钩,最后按"刷新"按钮。出现图 4-3-6 界面:

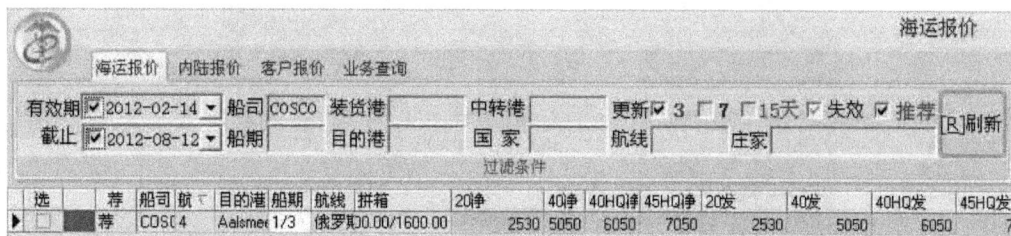

图 4-3-6

跳出了一条满足条件的报价信息。可双击该条信息,了解更加详细的情况。若输入查询条件后,找不到符合条件的数据,即运价列表为空,但系统会自动在"业务查询"中产生一条询价记录。

在系统中,会根据"更新时间"自动调整色块,主要分以下几类,如图 4-3-7 所示:

图 4-3-7

颜　　色	说　　明
绿　色	3 天内更新的价格
黄　色	7 天内更新的价格
红　色	15 天内更新的价格
	大于 15 天但未超期的价格
黑　色	失效的价格

备注：过滤条件的输入采用手工输入和敲"回车键"快速输入，采用模糊过滤的方式。

【操作步骤】 公告发布

该功能主要用于板报式的通知，登录运价系统的用户都可以看到最新的公告，例如新运价的发布，BAF、CAF、PSS 的调整都可以在这里通知全公司使用货运系统的职工。

1. 在报价信息模块中的右上角公告区双击，弹出"报价公告"界面。如图 4-3-8 所示：

图 4-3-8

2. 输入公告信息后,点击"保存"后完成此次公告的发布。例如:

(1)欧洲航线本周运价有所回落,地中海航线保持稳定;

(2)红海航线运价小幅下调,舱位稳定;

(3)美国航线运价下调,加拿大航线运价变化不大。

在报价公告区输入以上信息后,如图4-3-9所示:

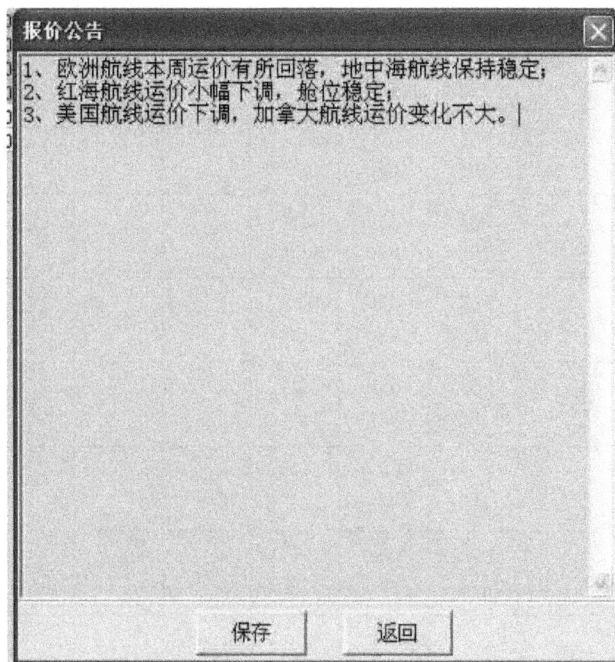

图 4-3-9

3.点击保存。将在公告区出现如图 4-3-10 所示:

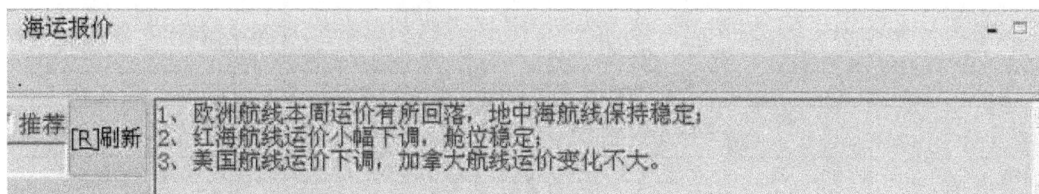

图 4-3-10

备注:若要修改公告,其步骤跟公告发布一样。

【实训练习】

1.用快捷模式修改报价(以项目一随堂小练习的南美西线为依据)。

目的港	船公司	20GP	40GP	40HQ	船期	航程	码头	直达/中转
callao	CSAV	2200/2100	4250/4260	4350/4450	6/1	26	四期	直达
	EMC	1900/2000	3600	3600	2/4	26	四期	直达
	KLINE	2000/1900	3900/3800	3900/3800	3/5	27	大榭	直达
	COSCO	1875/1900	3750/3800	3750/3800	2/4	24	四期	直达
	HPL	2000/1900	4000/3900	4000/3900	3/5	26	大榭	直达
BUENAVENTURA	CSAV	2325/2300	4250/4300	4350 4300	5/7	25	四期	直达
	EMC	1900/1950	3600/3650	3600/3650	2/4	25	四期	直达
	KLINE	2000/1950	3900/3850	3900/3850	3/5	25	梅山	MANZANILLO
	COSCO	1875/1800	3750/3800	3750/3800	2/4	23	四期	直达
	HPL	2000/2050	4000/4050	4000/4050	3/5	25	大榭	VIA MANZANILLO
IQUIQUE	CSAV	2200	4250/4300	4350/4400	6/1	27	四期	直达
	EMC	1900	3600	3600	2/4	27	四期	直达
	KLINE	2000	3900	3900	3/5	30	大榭	直达
	COSCO	1875/1900	3750/3800	3750/3800	2/4	30	四期	直达
	HPL	2000	4000	4000		27	大榭	VIA MANZANILLO
GUAYAQUIL	CSAV	2175/2200	4200	4300	6/1	30	四期	SAN ANTONIO
	KILNE	2000	3900	3900	3/5	33	大榭	CALLAO
	COSCO	1875/1900	3750/3800	3750/3800	2/4	31	四期	直达
	EMC	1900	3600	3600	2/4	30	四期	SAN ANTONIO

续 表

目的港	船公司	20GP	40GP	40HQ	船期	航程	码头	直达/中转
VALPARAISO	KLINE	2000	3900	3900	3/5	33	大榭	直达
	HPL	2000	4000	4000	3/5	32	大榭	直达
SAN ANTONIO	CSAV	2200	4250/4300	4350/4400	6/1	32	四期	直达
	COSCO	1875/1900	3750/3800	3750/3800	2/4	33	四期	直达
	EMC	1900	3600	3600	2/4	32	四期	直达
Antofagasta	CSAV	2340/2400	4490/5000	4590/5000	6/1	19	四期	直达
CORONEL	CSAV	2200	4250/4300	4350/4400	6/1	23	四期	直达
MATARANI	EMC	1900	3600	3600	2/4	30	四期	直达
LIRQUEN	KLINE	2000	3900	3900	3/5	35	大榭	直达
SAN VICENTE	EMC	1900	3600	3600	2/1	25	四期	直达

2. 根据以下提供的信息,发布公告。

(1) 您所在的位置:宁波港 > 港口动态 > 正文

宁波港7月集装箱吞吐量增5.3%

时间:2014年08月06日 来源:凤凰网

2014年7月份,宁波港股份有限公司预计完成货物吞吐量4435万吨,同比增长0.3%;预计完成集装箱吞吐量175.6万标准箱,同比增长5.3%。

(2) 您所在的位置:煤炭网 > 煤炭资讯 > 正文

马士基:2M前途仍未卜

http://www.sxcoal.com 时间:2014年08月22日 来源:贸易风   分享到:

至于中国是否会以某种方式阻止2M生效,母公司马士基集团(AP Moller-Maersk)的首席执行官Nils Andersen表示,没法排除这种可能性的存在。

（3）

您所在的位置：煤炭网 > 煤炭资讯 > 正文

2014年7月全球造船业月报

http://www.sxcoal.com 时间：2014年08月22日 来源：国际船舶网　　分享到：

　　根据克拉克松数据统计，2014年7月份全球新签订单107艘、共计8303950载重吨。与2014年6月份全球新签订单106艘、共计6941700载重吨相比较，数量基本持平，吨位上升19.62%。与2013年7月份全球新签订单175艘、共计12525807吨相比较，艘数同比下降38.86%，吨位同比下降33.71%。

（4）

您所在的位置：煤炭网 > 煤炭资讯 > 正文

马士基上调2014年盈利预期

http://www.sxcoal.com 时间：2014年08月20日 来源：中国航务周刊及航贸网　　分享到：

　　全球航运企业巨头丹麦马士基集团19日称，将2014年全年盈利预期从此前的约40亿美元上调至约45亿美元。马士基当日公布的财报显示，该集团第二季度营业收入为120亿美元，高于去年同期的110亿美元。

注：截图信息来自中国煤炭资源网。

3. 导出项目一随堂小练习中西非航线的报价。

目的港	船公司	20GP	40GP	40HQ	船期	航程	码头	直达/中转
APAPA	COSCO	1800	2800	2800	1/3	33	二期	直达
TEMA	COSCO	1800	2800	2800	1/3	37	二期	直达
LOME 洛美	COSCO	1800	2800	2800	1/3	40	二期	直达
ABIDJAN 阿比让	COSCO	1800	2800	2800	1/3	46	二期	直达

【知识链接】　集装箱内货物的常见包装种类（中英文）

集装箱内货物的常见包装种类的缩写形式及其对应的中英文如下表所示：

缩　写	全　写	中　文
BAG	bag	袋
BAL	bale	大捆、大包
BAR	barrel	桶（木桶）

缩 写	全 写	中 文
BDL	bundle	小捆
BOX	box	盒、箱
CAR	carboard	纸板箱
CAS	case	箱(木箱)
W/C	wooden case(常用)	木箱
COI	Coil	盘卷
CRA	Crate	板条箱筐
CTN	Carton	纸箱
DRU	drum	桶(如鼓状)
D/S	drums	(复数)
PAL 或 PLT	pallet	货盘、托盘
SAC	sack	布袋
SET	set	组、台
TRA	tray	货盘(浅的,如茶盘、菜碟)
UNT	unit	组、套
PIE	piece	件(单数)
PCS	pieces	件(复数)

注:①W/C 还指 west coast,即美西(美国西海岸),还指 water closet。

②carton 使用得很广泛,缩写为 CTN(注意与 CTNR(货柜 container)相区别。container 一词常见的缩写有 CTNR、CNTR、CONT 三个),还要注意 carton 与 cartoon(卡通)的区别。

③pallet 被广泛使用,将 pallet 连货一起装入 cntr 称为"打托"。

④PCS 还指 Port Congestion Surcharge(港口拥挤附加费)。

⑤PKG 或 P'kgs 均指 packages,指一切包装种类,注意与 kg(千克)区分。

项目四　业务查询

业务查询中的记录主要由报价信息中过滤时没有符合条件的记录时自动在系统中产生的,同样也有热点度。价格输入人员能根据业务询价中的纪录录入相对应的运价。

【任务说明】

学习如何进行业务查询。

【实训目标】

能够准确快速地进行业务查询。

【操作步骤】

1. 找到"业务查询",如图 4-4-1:

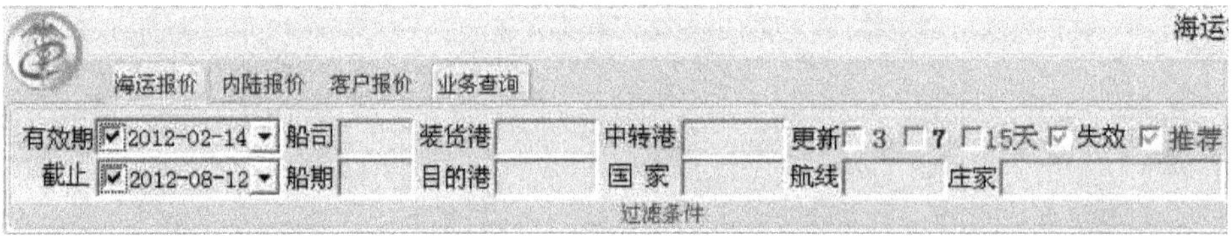

图 4-4-1

2. 点击"业务查询",出现图 4-4-2 界面:

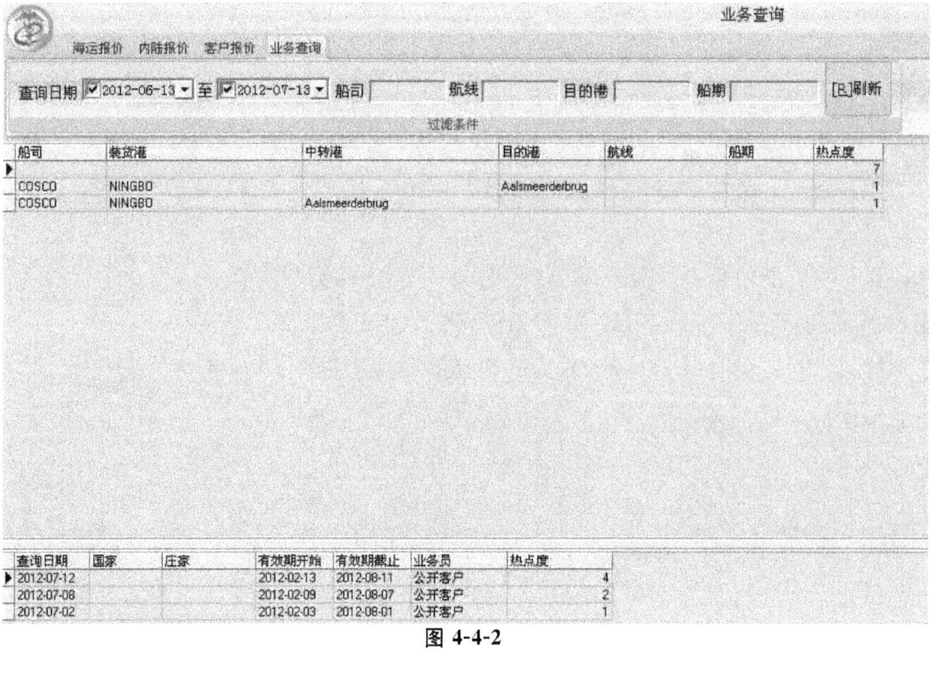

图 4-4-2

　　3.在询价记录列表中点击右键选择"生成报价信息"。弹出报价信息的界面,系统会自动填入询价记录的字段信息。如图 4-4-3:

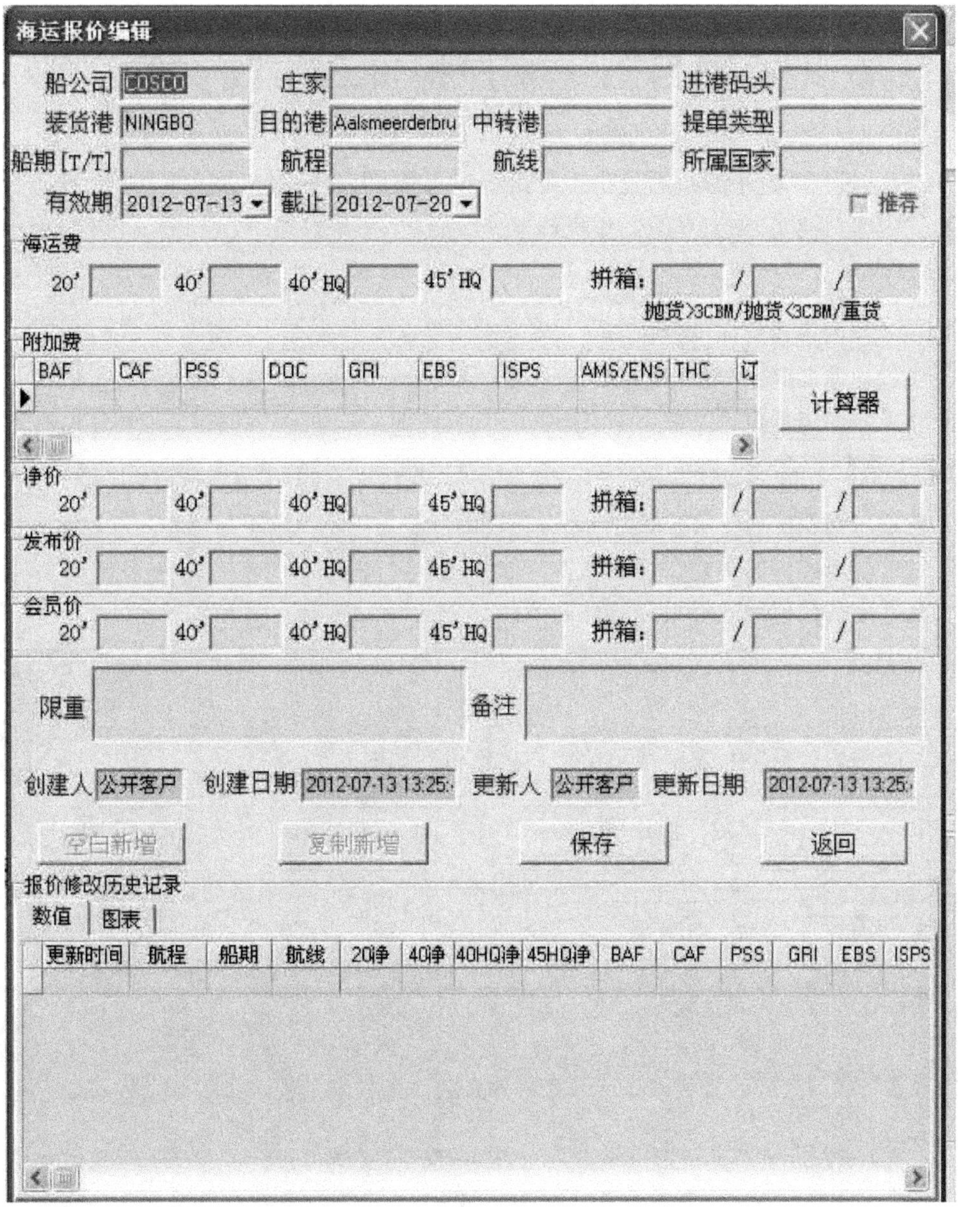

图 4-4-3

　　备注:该条信息为船公司:**COSCO**,装货港:**NINGBO**,目的港 **Aalsmeerderbrug**,在查询报价时没有对应的记录,系统将自动保存在业务查询中。

　　4.点击"保存"后新增一条报价信息。

项目五 客户报价及修改

在运价列表中,选中合适的价格后可给客户报价,生成的报价文件可打印、Email、传真等直接发给客户使用,无需自己制作报价单。

【任务说明】

1.学习如何为客户提供报价。

2.学习如何修改客户报价。

3.学习如何进行报价文件下载。

【实训目标】

1.能够准确快速地为客户提供合适的报价。

2.能够根据提供的信息快速准确地修改客户报价。

3.能够准确快速地进行报价文件的下载。

【操作步骤】

1.客户报价。

(1)在"报价信息"中,选中待报给客户的价格。如图 4-5-1:

图 4-5-1

(2)右键选择"客户报价"。弹出"客户报价编辑"界面,如图 4-5-2:

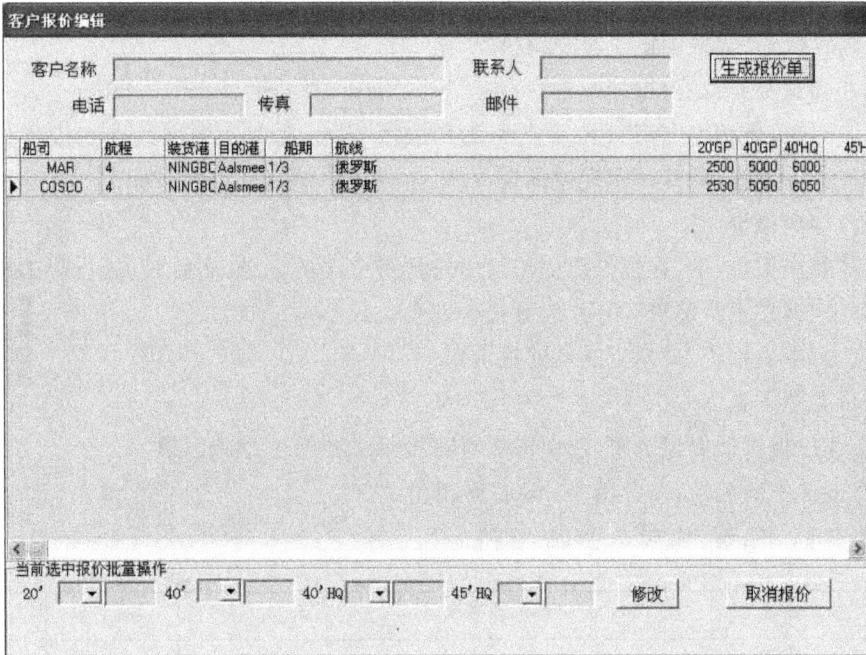

图 4-5-2

（3）输入客户名称、联系信息，也可针对不同的箱型进行 2 次修改，输入调整价格后回车即可完成修改。例如给如下客户进行报价：

客户名称	联系人	电话	起始港	目的港
宁波太平洋集装箱运输有限公司	杨小蓉	0574-86224971	宁波	广岛

输入完信息后如图 4-5-3 所示：

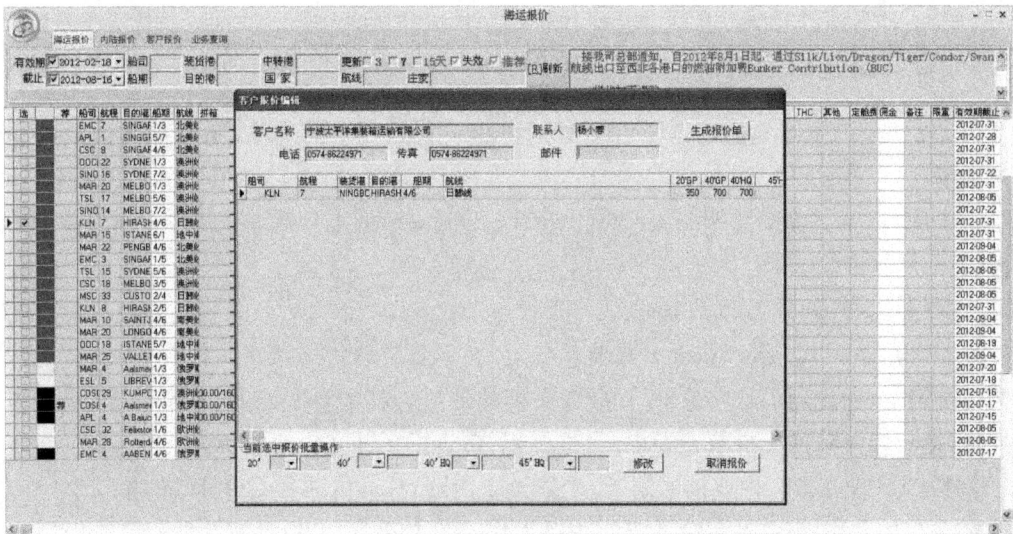

图 4-5-3

（4）点击"生成报价单"即可完成此次客户报价操作。

（5）点击"取消"以取消此次客户报价。

操作小知识补充：如何追加报价？

弹出"客户报价编辑"界面后，不点关闭和取消报价，在列表中继续点击报价记录并选中，右键点击"客户报价"即可实现追加报价，点生成报价单完成客户报价。

2.修改客户报价

（1）在"客户报价"中，在报价历史记录中选择待修改的记录，然后双击。

（2）弹出"客户报价编辑"界面，修改报价信息。

（3）点击"生成报价单"则生成新的报价单。

3.报价文件下载

（1）在客户报价历史记录中，选中待查看有报价文档产生过的记录。

（2）双击选中的记录，则会用 Word 打开报价文件。

【实训练习】 给如下客户进行报价

客户名称	联系人	电话	起始港	目的港
宁波太平洋集装箱运输有限公司	杨小蓉	0574-86224971	宁波	伊斯坦布尔
宁波金海岸集装箱运输有限公司	李 雷	0574-12345678	宁波	墨尔本
宁波百慕国际贸易有限公司	曹先生	0574-87730838	宁波	悉尼
宁波昌泰进出口有限公司	叶季云	0574-88408111	宁波	瓦莱塔
宁波太平鸟进出口有限公司	李 丽	0574-873289228	宁波	圣约翰
宁波双鹿电池有限公司	沈 天	0574-87916666	宁波	新加坡

注：要是该客户名称不存在，请先在客户管理中生成往来客户后再操作。

【知识链接】

一、集装箱运输系统的主要关系人

1. CY(CntrYard，集装箱堆场)。CY 仅指集装箱码头里的堆场，不可指其他地方的集装箱堆场。

2. DR(Door)。DR 指 Shipper 或 CNEE(consignee)的工厂或 W/H(warehouse，仓库)的大门。

注：有些人将 Door 写作 House。

3. CFS(Cntr Freight Station，集装箱货运站)。集装箱货运站又叫拼装货站或中转站。主要为拼箱货(LCL)服务，它是 LCL 办理交接的地方。其主要职能为：对出口货，从发货人处接货，把流向一致的货拼装在柜中；对进口柜，负责拆柜并交货给收货人。

大多 CFS 设在港口内或港区附近，少数设于内陆，称为内陆货站(Inland Depot)。

除以上 3 个外，集装箱运输系统的关系人还有班轮公司(Liner，实为 actual carrier)、无船承运人(或译为无船承运业务经营者)(NVOCC = non-vessel operating common carrier)、集装箱出租公司(cntr leasing Co.)、船代公司(ocean shipping agency Co.)、货代公司(freight forwarder、forwarding agent)、外轮理货公司(tallying Co.)、全程联运保赔协会(P&I)、一关三检、公路铁路承运人等。

二、集装箱货物的交接状态

1. FCL(Full Cntr Load)。FCL 称作整箱货或柜货。

对 FCL,由 Shipper's Load,Count&Seal(由发货人装箱(Stuff=van)、计数和加封);柜运至 Destination(目的地)后由 CNEE(收货人)拆柜(拆吉,掏箱。英文为 strip=devan)。Carrier(承运人)对柜货(FCL)的责任:在 cntr 外表情况良好、封条完整下从 Shipper 处接柜,至 Destination 后,只要 cntr 外表良好、封条完整即可交柜给 Consignee(收货人)。至于柜内货物的数量是否与单证上相符,货物质量情况怎样,Carrier 概不知晓。

为此,承运人通常在提单上订明"不知条款"(即 STC 条款,STC 的全写为 Said to Contain,可译为"据称内装,据称装有"),或 SLAC、SLCAS、SLCS 条款(SLAC = Shipper's Load And Count,可译为"由发货人装箱并计数",SLCAS = Shipper's Load,Count And Seal,可译为"由发货人装箱、计数并加封",SLCS = Shipper's Load,Count,Seal 可译为"由发货人装箱、计数、加封")。

需要说明的是,承运人在提单中订有"不知条款",从表面上看可保护其利益,但其保护范围也有一定限度,如货主能举证说明承运人明知集装箱内货物的详细情况且又订上不知条款,此时,承运人仍不能免责。

2. LCL(Less than (one)Cntr Load)。LCL 称作拼柜、拼箱货、散货。把不足装满一整箱的零散的货拼装于同一只 20′ 或 40′ 柜中(几个 Shipper 的货装于一只柜中)。LCL 柜由 Carrier 负责装箱、计数、加封;至 Destination 后,由 Carrier 负责拆柜并将货交给几个或一个 CNEE。Carrier 从 Shipper 处接货时,于每件货物外表情况良好下接收,至目的地须每件货外表情况良好,才可交货。

三、集装箱货物的 9 种交接方式

集装箱货物的 9 种交接方式见下表。要弄懂这 9 种交接方式,可以掌握以下的简便方法。(1)一见到 CY 或 Door,就想到 FCL;一见到 CFS,就想到 LCL,反之亦然。(2)在起运地的 FCL:只有一个发货人;在目的地的 FCL:只有一个收货人。在起运地的 LCL:有多个发货人;在目的地的 LCL:有多个收货人。(3)CFS:在港内或港口附近。(4)正确理解"交接"两个字:隐含的主语为 carrier。"接":from shipper to carrier;"交":from carrier to CNEE。(5)在 Carrier 对全程负责的 door-to-door 运输下,运输过程为:Shipper's Door(Land Transport—by train or truck,陆上运输通过火车或汽车)→Port of Loading(ocean transport,海上运输)→Port of Discharge(Land Transport,陆上运输)→Consignee's Door(Destination,目的地)。(6)传统海运(非集装箱运输)下,为 port-to-port (CY-CY)的纯海运方式。

交接方式	起运地陆运负责人	到达地陆运负责人	Carrier 接货时货物的形态	Carrier 交货时货物的形态	几个发货人	几个收货人
Door-Door	Carrier	Carrier	FCL	FCL	1个	1个
Door-CY	Carrier	CNEE	FCL	FCL	1个	1个
Door-CFS	Carrier	CNEE	FCL	LCL	1个	多个
CY-Door	Shipper	Carrier	FCL	FCL	1个	1个
CY-CY	Shipper	CNEE	FCL	FCL	1个	1个
CY-CFS	Shipper	CNEE	FCL	LCL	1个	多个
CFS-Door	Shipper	Carrier	LCL	FCL	多个	1个
CFS-CY	Shipper	CNEE	LCL	FCL	多个	1个
CFS-CFS	Shipper	CNEE	LCL	LCL	多个	多个

注：以上 9 种交接方式中，以 CY-CY、DR-DR、CFS-CFS 最为常见。

项目六　新增内陆报价

【任务说明】

1.学习如何新增内陆报价。

2.学习如何用普通模式修改内陆报价。

【项目实训目标】

1.能够准确快速地新增一张内陆报价。

2.能够准确快速地用普通模式修改报价。

【操作步骤】　内陆报价新增

内陆报价：查看和管理内陆门店报价信息，可以按地区和门店价格来维护大箱小箱的价格，多套价格集中管理，更方便、更迅速地进行价格维护。

1.找到"内陆报价"按钮，进入"内陆报价"系统，如图 4-6-1 所示：

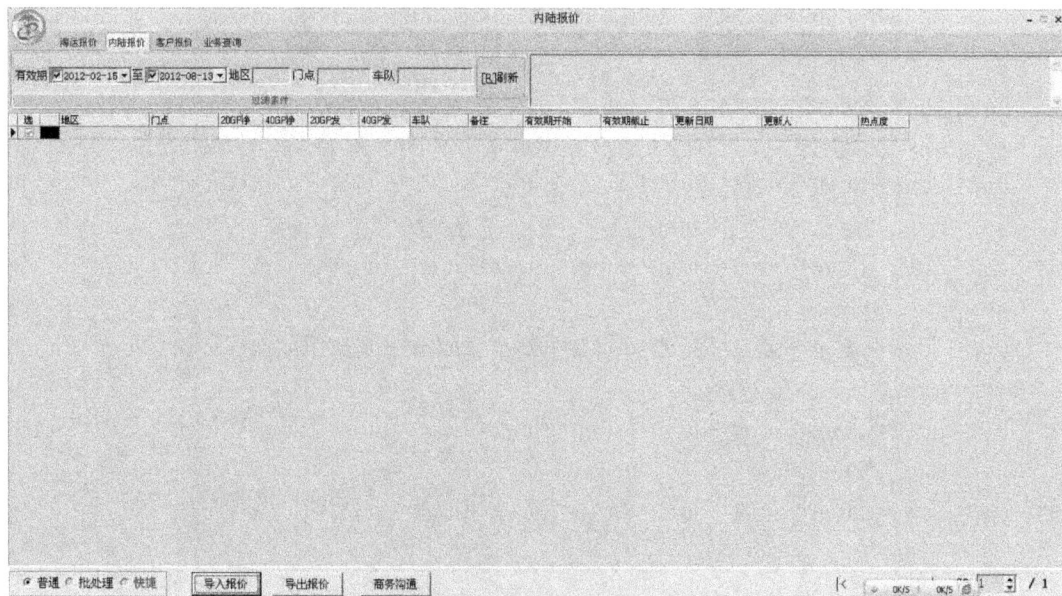

图 4-6-1

2. 在列表区,右键单击会出现如图 4-6-2 所示,选择"新增报价"。

| 新增报价(U) |
| 修改报价(V) |
| 复制报价(W) |
| 删除报价(X) |
| 导出报价(Y) |
| 自定义报表(Z) |

图 4-6-2

3. 弹出报价新增界面,如图 4-6-3,输入价格信息。

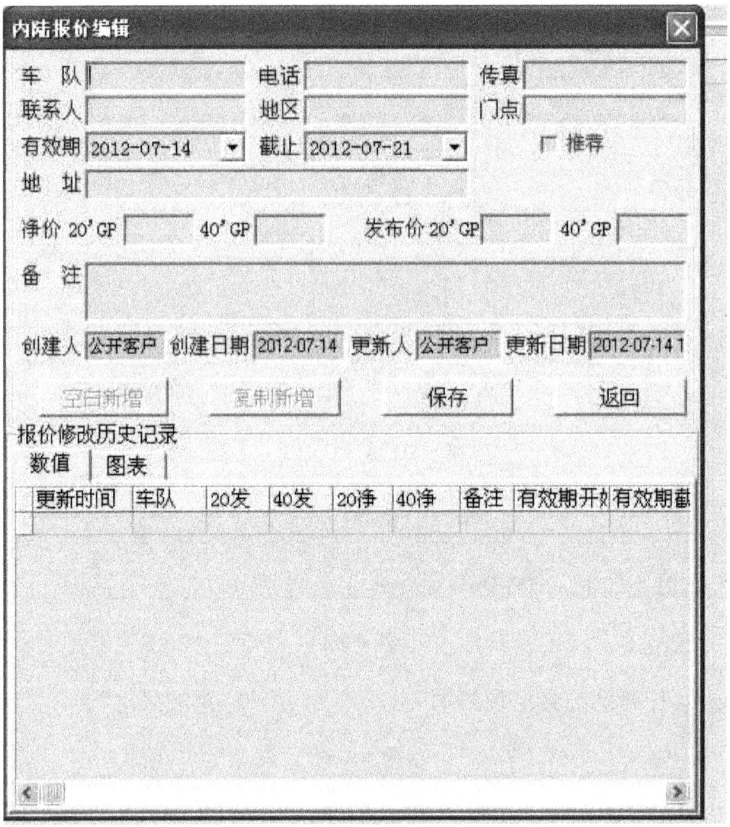

图 4-6-3

界面介绍:以"宁波市镇海怡德运输有限公司"为例。

车队:宁波市镇海怡德运输有限公司。

电话:0574-87605633。

传真:0574-87605633。

联系人:曾先生。

地区:宁波。

门点:镇海。

地址:浙江省宁波市江北区常洪停车场。

有效期和截止期:系统将有效期和截止日期时间差默认为 7 天,当填入有效期后,系统自动将截止日期变为其后的 7 天。例如有效期为"2012-07-18",则截止日期就变为"2012-07-25"。但是这是不符合实际的,所以我们要根据实际的情况填入有效期和截止日期。

推荐:录入者要是觉得该内陆报价值得被推荐,就在"推荐"前面的小方框打钩;要是觉得没有必要推荐,那就不必要打钩。

净价:用于记录内陆托卡净价——需要净价查看权。例如"20′GP"为 320,"40′GP"为 560。

发布价:我们默认发布价等同于净价。

备注：如需有事情备注的则可以在备注中进行填写。

创建人：系统已经默认为"公开客户"，不需要更改。

创建日期：系统默认为该内陆报价编辑的日期。

更新人：系统已经默认为"公开客户"，不需要更改。

更新日期：系统默认为该内陆报价编辑的日期。要是下次有更新，那么系统又将默认为更新的日期。

空白新增：清空当前价格信息，输入运价信息后保存即新增了一个价格。

复制新增：复制当前价格信息，点"保存"后作为系统的一个新价格。

填入以上信息后，界面如图 4-6-4 所示：

图 4-6-4

4. 按"保存"键进行保存。

【操作步骤】 报价修改之普通模式

1. 在列表区，选中一条价格，右键选择"修改报价"或双击。

新增报价（U）
修改报价（V）
复制报价（W）
删除报价（X）
导出报价（Y）
自定义报表（Z）

图 4-6-5

2. 弹出报价编辑界面，如图 4-6-6：

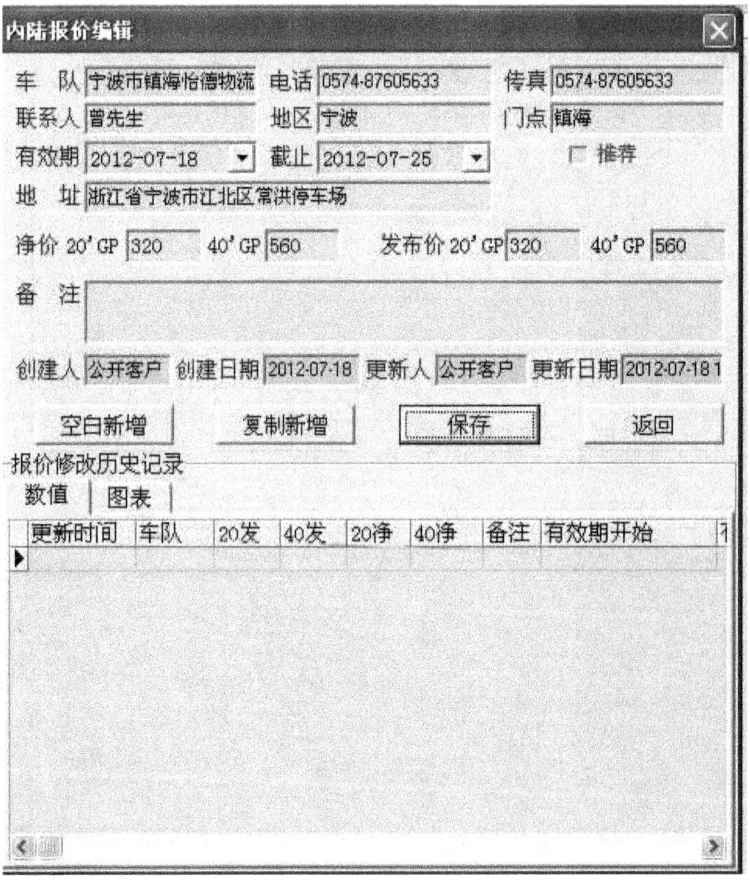

图 4-6-6

3. 例如原 20'GP 为 320 变为现在的 340，原 40'GP 为 560 变为现在的 580。修改之后为图 4-6-7 所示：

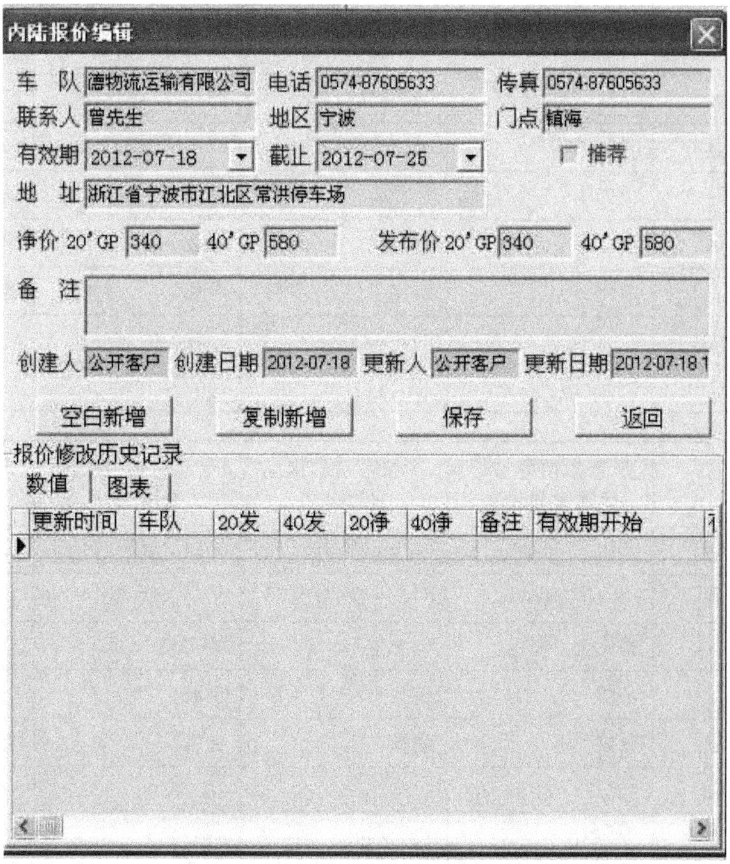

图 4-6-7

4.点击"保存"按钮,保存修改后的报价。

【实训练习】

1.根据以下提供的信息新增内陆报价。

(1)

车 队	宁波市镇海怡德运输有限公司	宁波市荣泰物流有限公司	宁波市达盛物流有限公司	宁波市高新区鑫通物流有限公司
电话	0574-87605633	0574-87393784	0574-87493219	0574-83029529
传真	0574-87605633	0574-87393784	0574-87493219	0574-83029529
联系人	曾先生	吴先生	吴文亮	吴先生
地区	宁波	宁波	宁波	宁波
门点	象山	象山	象山	象山
20′GP	600/580	580/560	650/630	670/650
40′GP	780/760	880/860	750/730	780/760

(2)

车　队	宁波市镇海怡德运输有限公司	宁波市荣泰物流有限公司	宁波市达盛物流有限公司	宁波市高新区鑫通物流有限公司
电话	0574-87605633	0574-87393784	0574-87493219	0574-83029529
传真	0574-87605633	0574-87393784	0574-87493219	0574-83029529
联系人	曾先生	吴先生	吴文亮	吴先生
地区	宁波	宁波	宁波	宁波
门点	奉化	奉化	奉化	奉化
20′GP	500/530	500/530	550/580	600/630
40′GP	680/710	780/810	750/780	720/750

(3)

车　队	宁波市镇海怡德运输有限公司	宁波市荣泰物流有限公司	宁波市达盛物流有限公司	宁波市高新区鑫通物流有限公司
电话	0574-87605633	0574-87393784	0574-87493219	0574-83029529
传真	0574-87605633	0574-87393784	0574-87493219	0574-83029529
联系人	曾先生	吴先生	吴文亮	吴先生
地区	宁波	宁波	宁波	宁波
门点	余姚	余姚	余姚	余姚
20′GP	750/740	730/720	760/750	770/760
40′GP	920/910	1000/990	940/930	980/970

(4)

车　队	宁波市镇海怡德运输有限公司	宁波市荣泰物流有限公司	宁波市达盛物流有限公司	宁波市高新区鑫通物流有限公司
电话	0574-87605633	0574-87393784	0574-87493219	0574-83029529
传真	0574-87605633	0574-87393784	0574-87493219	0574-83029529
联系人	曾先生	吴先生	吴文亮	吴先生
地区	宁波	宁波	宁波	宁波
门点	江东区	江东区	江东区	江东区
20′GP	450/470	440/460	460/480	430/450
40′GP	620/640	630/650	640/660	650/670

(5)

车　队	宁波市镇海怡德运输有限公司	宁波市荣泰物流有限公司	宁波市达盛物流有限公司	宁波市高新区鑫通物流有限公司
电话	0574-87605633	0574-87393784	0574-87493219	0574-83029529
传真	0574-87605633	0574-87393784	0574-87493219	0574-83029529
联系人	曾先生	吴先生	吴文亮	吴先生

续 表

车 队	宁波市镇海怡德运输有限公司	宁波市荣泰物流有限公司	宁波市达盛物流有限公司	宁波市高新区鑫通物流有限公司
地区	宁波	宁波	宁波	宁波
门点	海曙区	海曙区	海曙区	海曙区
20'GP	400/380	390/370	420/400	370/350
40'GP	660/640	630/610	650/630	620/600

（6）

车 队	宁波市镇海怡德运输有限公司	宁波市荣泰物流有限公司	宁波市达盛物流有限公司	宁波市高新区鑫通物流有限公司
电话	0574-87605633	0574-87393784	0574-87493219	0574-83029529
传真	0574-87605633	0574-87393784	0574-87493219	0574-83029529
联系人	曾先生	吴先生	吴文亮	吴先生
地区	宁波	宁波	宁波	宁波
门点	鄞州区	鄞州区	鄞州区	鄞州区
20'GP	450/455	440/445	470/475	460/465
40'GP	700/705	710/715	720/725	690/695

（7）

车 队	宁波市镇海怡德运输有限公司	宁波市荣泰物流有限公司	宁波市达盛物流有限公司	宁波市高新区鑫通物流有限公司
电话	0574-87605633	0574-87393784	0574-87493219	0574-83029529
传真	0574-87605633	0574-87393784	0574-87493219	0574-83029529
联系人	曾先生	吴先生	吴文亮	吴先生
地区	宁波	宁波	宁波	宁波
门点	高新区	高新区	高新区	高新区
20'GP	530/580	500/550	520/570	510/560
40'GP	710/760	700/750	690/740	700/750

（8）

车 队	宁波市镇海怡德运输有限公司	宁波市荣泰物流有限公司	宁波市达盛物流有限公司	宁波市高新区鑫通物流有限公司
电话	0574-87605633	0574-87393784	0574-87493219	0574-83029529
传真	0574-87605633	0574-87393784	0574-87493219	0574-83029529
联系人	曾先生	吴先生	吴文亮	吴先生
地区	宁波	宁波	宁波	宁波
门点	北仑	北仑	北仑	北仑
20'GP	580/530	560/510	570/520	590/540

续 表

车 队	宁波市镇海怡德运输有限公司	宁波市荣泰物流有限公司	宁波市达盛物流有限公司	宁波市高新区鑫通物流有限公司
40′GP	730/680	750/700	720/670	780/730

注:有效期及截止日期随系统默认。

2.用普通模式修改报价。以实训练习一为模板,红色数字即为修改后的价格。

【知识链接】 集装箱货物运费计算

一、散货(LCL)

总的来讲,LCL 的运费计算与 B. B.(Break Bulk 散件运输,即非集装箱运输)的原理类似。大多数 Carrier 的 Tariff(运价本、价目表)规定:散货的 O/F＝Ocean Freight(海运运费)计算方法为:(1)密度大于水者以重量计费,运费吨以重量为准(以重量吨作运费吨);(2)密度小于水者以尺码计费,运费吨以尺码为标准(以尺码吨作运费吨)。即是说,把水作为"临界货"(注:水的密度为 1000kg/cbm 或 1g/ml),将货物的重量单位换算成公吨,尺码换算成立方米,看哪个大则取哪个作为计算运费的标准。

"运费吨,计费吨"的英文为:R. T. ＝ Revenue Ton＝F. T. ＝ Freight Ton(RT:西方人常用;FT:中国人常用)。

注:采用公制(也叫米制)计量单位的班轮公司一个重量吨为 1MT,一个尺码吨为 1CBM(合 35. 315CBFT);但采用英制单位的班轮公司一个重量吨为 1LT,一个尺码吨为 40CBFT(合 1. 133CBM)。一种货物究竟以重量吨还是以尺码吨作运费吨,得看该班轮公司的 Tariff 上怎么规定。若以 M 表示,以尺码吨作运费吨,以 W 表示,则以计费吨为重量;若以 W/M 表示,取重量吨与尺码吨两者中较大者作运费吨。

通常,货物经过包装后若重量吨大过尺码吨,则以重量吨作运费吨;反之,以尺码吨为计费吨。尺码吨与重量吨的英文分别为 Measurement Ton、Weight Ton。常见单位换算关系如下所示:

1LT＝1016kg	1ST＝907. 2kg＝2000lb	1lb＝0. 454kg	1MT ＝1000kg
1CBM＝35. 315CBFT1m＝3. 281ft		1ft＝0. 305m＝30. 5cm	
1ft＝12 in(1′＝12″)	1″＝2. 54cm		

注:有些班轮公司(比如 COSCO)的运价为以航线为基础的等级运价。按照货物的价值、易受损程度等因数把商品分为若干等级。例如,COSCON("中集")规定将常见的货物按价值贵贱及是否易于货损分为 1~20 级,等级越高,运价越贵。

【例】 甲货(蜂蜜):weight(W)(重量)为 8MT,Measurement(M)(材积)为 10CBM。乙货(糖果):W 为 8MT,M 为 7CBM,现有一票货 From Far-east to Marseilles(法国马赛),查 COSCO 的 Tariff 知甲、乙均属 9 级货,9 级货在远东—欧洲东行、西行航线的 freight rate(运价)分别为 USD 65. 00/RT 与 USD 85. 00/RT,甲、乙货均订 COSCO 的舱,求甲、乙的计费吨及运费各为多少。(中国为采用米制单位的国家)

解　甲:RT 为 10,freight 为 $10 \times 85 = 850$(美元);乙:RT 为 8,freight 为 $8 \times 85 = 680$(美元)。

【**例**】　甲货(蜂蜜)Measurement 为 10CBM,Weight 为 11MT,from Melbourne(墨尔本,属澳大利亚)to Kawasaki(日本的川崎),订的是 P&O Nedlloyd 公司的舱位,知该公司采用英制单位,查该公司的 Tariff 得:蜂蜜属于 7 级货,该公司 7 级货在 Europe-Australia 南、北行航线上运价分别为 USD135.00 与 USD115.00/RT。求该货的运费。

解　由于该班轮公司采用英制单位,首先进行单位换算:

10CBM=353.15CBFT

$353.15CBFT \div 40 = 8.83$ Measurement Ton

11MT=24200lb=10.83LT=10.83 Weight Ton

由于 10.83 大于 8.83,因此其运费吨应为 10.83,又由于从墨尔本至川崎属于北行航线,应采用 USD115.00/RT 的运价,因此,所求运费$=10.83 \times 115 = 1245.45$(美元)。

二、柜货(FCL)O-FRT

(O-FRT = Ocean Freight = O/F 海运费)

通常,柜货运费按自然箱计,即通常说的包箱费率。Tariff 上按柜类(通用柜、冷冻柜、危品柜等)对 $20'$、$40'$GP、$40'$HQ、$45'$HQ 分别标出。

例如,USD1800/$20'$,指小柜运价 1800 美元;USD3000/45HQ,指 $45'$HQ 即 $45'$超长柜运价 3000 美元;USD2420/$40'$ = USD2420/$40'$GP,指 $40'$平柜运价 2420 美元;USD2750/40HQ= USD2750/HQ,指 $40'$HQ 即 $40'$超高柜运价 2750 美元。

上述报价也可简化为 USD1800/2420/2750/$20'$/$40'$/HQ 或 USD1800/2420/2750/$20'$/$40'$GP/ $40'$HQ。

现在大多集装箱班轮公司采用均一包箱费率制,英文叫 FAK(Freight for All Kinds rates),即除 DG、Reefer Cntr、Pen Cntr(活动物柜)等特殊柜外,不管柜内装什么货物均按箱收取一样的运费——当然柜型不同运价也不同。

对 FCL,有的公司不按包箱费率计算 O-FRT 而规定一个"最低运费"与"最高运费"。

1.最低运费。各航运公会或船公司对不同箱型的货柜规定了各自的最低运费吨。若柜内所装货物未达到最低运费吨时,按最低运费吨乘以运价而得运费。

远东水脚公会("水脚":粤语,运费之义)规定:$20'$干货柜的最低运费吨为重量吨 17.5,尺码吨 21.5。

【**例**】　一只柜内(FCL)装有 10 级货橱具(16MT,18CBM),查知所走航线上 10 级货 freight rate(运价)为 USD160/RT,求其 freight(运费)。(该船公司使用公制单位)

解　由于此货为尺码货(以尺码吨作运费吨的货),故其 RT 为 18,未达到尺码方面的最低运费吨,应收运费为 $21.5 \times 160 = 3440$(美元)。

2.最高运费。最高运费吨的规定仅适用于尺码货(密度小于 $1t/m^3$ 者)。若柜中所装货物的尺码大于最高运费吨,对高出部分免收运费;若一个柜中装几种不同运费等级的货,则免收部分应是运价便宜的。COSCON 的 Tariff(运价本、价目表)规定 $40'$的最高运费吨为 67,

$20'$ 最高运费吨为 31。

【例】 一只 $40'$ HQ 柜中装 A、B、C 三种货（属同一货主 FCL 货），分别属 COSCON Tariff 中的第 5.8.15 级货，查此柜所走航线的 Rate（运价）分别为：5 级货为 USD85/RT，8 级货为 USD100/RT，15 级货为 USD 130/RT。A、B、C 的材积分别为 15CBM，20CBM，40CBM，求此柜运费。（知 A、B、C 的重量与尺码分别为 A：15CBM，10MT；B：20CBM，9MT；C：40CBM，8MT）。

解 C 货运费：$40×130$；B 货运费：$20×100$；A 货运费：$[67-(40+20)]×85 = 595$（由于最高运费吨的规定，使 A 货免掉了 8 立方米的运费，$8×85 = 680$）。

【例】 上题中若将 A、B、C 的尺码分别改为 4CBM、10CBM、60CBM，求此柜运费。

解 所求 $= 60×130+(67-60)×100$［说明：此例中免掉 B 货 $3m^3$（$3×100$）、A 货 4 立方米（$4×85$）的运费］。

【例】 上题中若将 A、B、C 的尺码分别改为 A：$1m^3$，B：$2m^3$，C：$68m^3$，则所求为 $67×130 = 8710$。

项目七 "批处理模式"及"快捷模式"修改内陆报价

【任务说明】

1.学习如何用"批处理模式"修改内陆报价。

2.学会如何用"快捷模式"修改内陆报价。

【项目实训目标】

1.能够准确快速地用"批处理模式"修改内陆报价。

2.能够准确快速地用"快捷模式"修改内陆报价。

【操作步骤】 "批处理模式"修改报价

需要更新大量报价信息时，可以使用此功能，选中价格纪录后可同一加多少，减多少，最后点击"批量修改"即可。以宁波荣泰物流有限公司对于所有门点的价格 $20'$ GP 增加 20 元，$40'$ GP 增加 30 元为例。

1. 切换到"批处理"模式。如图 4-7-1 界面：

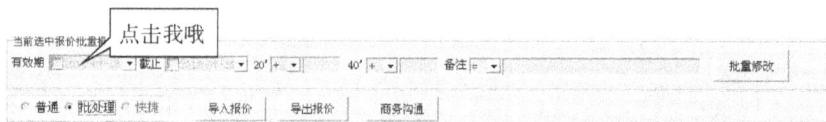

图 4-7-1

2.选中要批量修改的报价纪录，如图 4-7-2 所示：

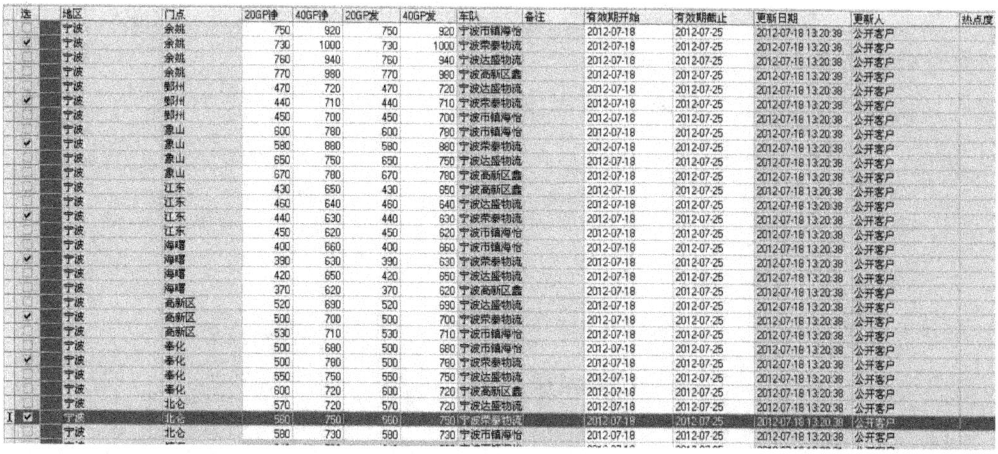

图 4-7-2

3.在报价批量操作栏中输入修改数据，如图 4-7-3 所示：

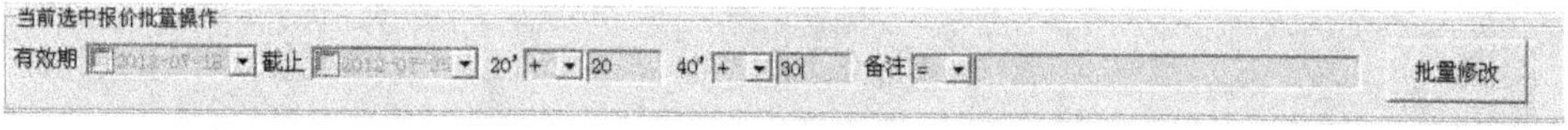

图 4-7-3

部分字段修改操作见表 4-7-1：

表 4-7-1

字段名	可行操作	备注
20′	＋ － ＝	20 尺柜子托卡价格
40′	＋ － ＝	40 尺柜子托卡价格
有效期	有默认时间	如果有截止日期，则有效期必须小于截止日期
截止期	无默认时间	如果有有效日期，则截止日期必须大于有效期
备注	＋ ＝	"＋"在原备注信息下加上新输入的备注信息

4.点击"批量修改"后完成选中数据的批量修改操作。

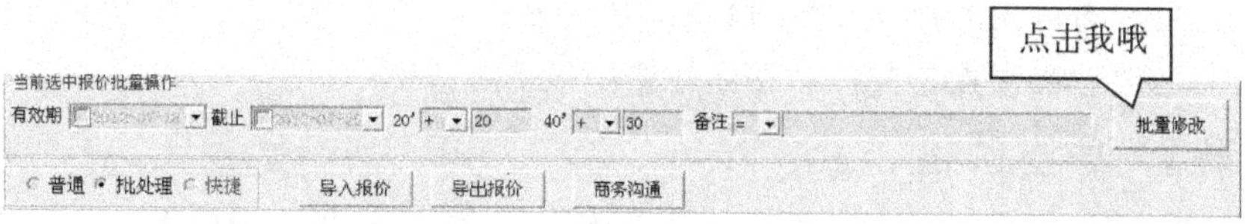

图 4-7-4

○操作温馨小提示：

批量处理模式修改报价会把勾选的报价信息一次性更新掉，同学们要谨慎处理。

【操作步骤】 快捷模式修改报价

快捷方式下,能向 EXCEL 一样操作,直接在列表上修改报价数据。提供更方便的操作方式。

1.切换到"快捷"模式。如图 4-7-5 界面:

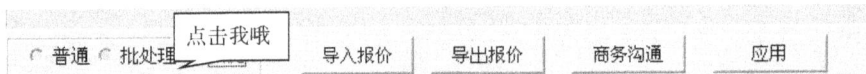

图 4-7-5

2.列表变成带黄颜色标记的模式(黄色区域为可编辑区),如图 4-7-6:

选	地区	门点	20GP净	40GP净	20GP发	40GP发	车队	备注	有效期开始	有效期截止	更新日期	更新人	热点度
▶	宁波	余姚	750	920	750	920	宁波市镇海怡		2012-07-18	2012-07-25	2012-07-18 13:20:38	公开客户	0
	宁波	余姚	730	1000	730	1000	宁波泰勤流		2012-07-18	2012-07-25	2012-07-18 13:20:38	公开客户	0
	宁波	余姚	760	940	760	940	宁波达盛物流		2012-07-18	2012-07-25	2012-07-18 13:20:38	公开客户	0
	宁波	余姚	770	980	770	980	宁波高新区鑫		2012-07-18	2012-07-25	2012-07-18 13:20:38	公开客户	0
	宁波	鄞州	470	720	470	720	宁波达盛物流		2012-07-18	2012-07-25	2012-07-18 13:20:38	公开客户	0
	宁波	鄞州	440	710	440	710	宁波市镇海怡		2012-07-18	2012-07-25	2012-07-18 13:20:38	公开客户	0
	宁波	鄞州	450	700	450	700	宁波达盛物流		2012-07-18	2012-07-25	2012-07-18 13:20:38	公开客户	0
	宁波	象山	600	780	600	780	宁波泰勤流		2012-07-18	2012-07-25	2012-07-18 13:20:38	公开客户	0
	宁波	象山	580	880	580	880	宁波达盛物流		2012-07-18	2012-07-25	2012-07-18 13:20:38	公开客户	0
	宁波	象山	650	750	650	750	宁波市镇海怡		2012-07-18	2012-07-25	2012-07-18 13:20:38	公开客户	0
	宁波	象山	670	780	670	780	宁波高新区鑫		2012-07-18	2012-07-25	2012-07-18 13:20:38	公开客户	0
	宁波	江东	430	650	430	650	宁波达盛物流		2012-07-18	2012-07-25	2012-07-18 13:20:38	公开客户	0
	宁波	江东	460	640	460	640	宁波市镇海怡		2012-07-18	2012-07-25	2012-07-18 13:20:38	公开客户	0
	宁波	江东	440	630	440	630	宁波泰勤流		2012-07-18	2012-07-25	2012-07-18 13:20:38	公开客户	0
	宁波	江东	450	620	450	620	宁波市镇海怡		2012-07-18	2012-07-25	2012-07-18 13:20:38	公开客户	0
	宁波	海曙	400	660	400	660	宁波达盛物流		2012-07-18	2012-07-25	2012-07-18 13:20:38	公开客户	0
	宁波	海曙	390	630	390	630	宁波泰勤流		2012-07-18	2012-07-25	2012-07-18 13:20:38	公开客户	0
	宁波	海曙	420	620	420	620	宁波高新区鑫		2012-07-18	2012-07-25	2012-07-18 13:20:38	公开客户	0
	宁波	海曙	370	620	370	620	宁波达盛物流		2012-07-18	2012-07-25	2012-07-18 13:20:38	公开客户	0
	宁波	高新区	520	690	520	690	宁波市镇海怡		2012-07-18	2012-07-25	2012-07-18 13:20:38	公开客户	0
	宁波	高新区	500	700	500	700	宁波泰勤流		2012-07-18	2012-07-25	2012-07-18 13:20:38	公开客户	0
	宁波	高新区	530	710	530	710	宁波市镇海怡		2012-07-18	2012-07-25	2012-07-18 13:20:38	公开客户	0
	宁波	奉化	500	780	500	780	宁波达盛物流		2012-07-18	2012-07-25	2012-07-18 13:20:38	公开客户	0
	宁波	奉化	550	750	550	750	宁波高新区鑫		2012-07-18	2012-07-25	2012-07-18 13:20:38	公开客户	0
	宁波	奉化	600	720	600	720	宁波市镇海怡		2012-07-18	2012-07-25	2012-07-18 13:20:38	公开客户	0
	宁波	北仑	570	720	570	720	宁波泰勤流		2012-07-18	2012-07-25	2012-07-18 13:20:38	公开客户	0
	宁波	北仑	560	730	560	730	宁波市镇海怡		2012-07-18				0
	宁波	北仑	580	730	580	730	宁波市镇海怡		2012-07-18				0

图 4-7-6

3.鼠标点击在黄色区域中的字段,则该字段进入可编辑状态。

4.点击模式切换区中的"应用"按钮,完成操作修改。如图 4-7-7:

图 4-7-7

○操作温馨小提示:

(1)黄色可编辑区内容改动后,则该条记录的更新日期会自动更新到当前的系统时间。

(2)改完的数据必须点击"应用"按钮才会生效。

【操作步骤】 导出价格

1.选中要导出的报价信息,以宁波市镇海怡德运输有限公司到门点北仑的报价为例。

	宁波	奉化	550	750	550	750	宁波达盛物流	2012-07-18	2012-07-25	2012-07-18 13:20:38	公开客户	0
	宁波	奉化	600	720	600	720	宁波高新区鑫	2012-07-18	2012-07-25	2012-07-18 13:20:38	公开客户	0
	宁波	北仑	570	720	570	720	宁波达盛物流	2012-07-18	2012-07-25	2012-07-18 13:20:38	公开客户	0
	宁波	北仑	560	750	560	750	宁波泰勤流	2012-07-18	2012-07-25	2012-07-18 13:20:38	公开客户	0
☑	宁波	北仑	580	730	580	730	宁波市镇海怡	2012-07-18	2012-07-25	2012-07-18 13:20:38	公开客户	0

图 4-7-8

2.点击右键选择"导出报价",如图 4-7-9 所示：

| 新增报价(U) |
| 修改报价(V) |
| 复制报价(W) |
| 删除报价(X) |
| 导出报价(Y) |
| 自定义报表(Z) |

图 4-7-9

【操作步骤】 删除报价

1.选中待删除的内陆报价信息。

2.点击右键选择"删除报价"。

3.点"是"后删除报价信息。

【实训练习】

1.用批处理模式修改报价(以上一个项目的课后习题完成后为模板)。

(1) 宁波市镇海怡德运输有限公司到宁波所有门点价格变化	＋	－	＝
20′	30		
40′	30		

(2) 宁波荣泰物流有限公司到宁波所有门点的价格变化	＋	－	＝
20′	20		
40′	20		

(3) 宁波达盛物流有限公司到宁波所有门点的价格变化	＋	－	＝
20′		10	
40′		10	

(4) 宁波高新区鑫通物流有限公司到宁波所有门点的价格变化	＋	－	＝
20′	20		
40′		20	

2.用快捷模式修改价格。

(1)

车 队	宁波市镇海怡德运输有限公司	宁波市荣泰物流有限公司	宁波市达盛物流有限公司	宁波市高新区鑫通物流有限公司
电话	0574-87605633	0574-87393784	0574-87493219	0574-83029529
传真	0574-87605633	0574-87393784	0574-87493219	0574-83029529
联系人	曾先生	吴先生	吴文亮	吴先生
地区	宁波	宁波	宁波	宁波
门点	象山	象山	象山	象山
现 20′GP	600	580	620	672
现 40′GP	800	870	730	742

(2)

车 队	宁波市镇海怡德运输有限公司	宁波市荣泰物流有限公司	宁波市达盛物流有限公司	宁波市高新区鑫通物流有限公司
电话	0574-87605633	0574-87393784	0574-87493219	0574-83029529
传真	0574-87605633	0574-87393784	0574-87493219	0574-83029529
联系人	曾先生	吴先生	吴文亮	吴先生
地区	宁波	宁波	宁波	宁波
门点	奉化	奉化	奉化	奉化
现 20′GP	565	552	571	648
现 40′GP	730	828	772	728

(3)

车 队	宁波市镇海怡德运输有限公司	宁波市荣泰物流有限公司	宁波市达盛物流有限公司	宁波市高新区鑫通物流有限公司
电话	0574-87605633	0574-87393784	0574-87493219	0574-83029529
传真	0574-87605633	0574-87393784	0574-87493219	0574-83029529
联系人	曾先生	吴先生	吴文亮	吴先生
地区	宁波	宁波	宁波	宁波
门点	余姚	余姚	余姚	余姚
现 20′GP	771	738	740	780
现 40′GP	929	1000	922	948

(4)

车 队	宁波市镇海怡德运输有限公司	宁波市荣泰物流有限公司	宁波市达盛物流有限公司	宁波市高新区鑫通物流有限公司
电话	0574-87605633	0574-87393784	0574-87493219	0574-83029529
传真	0574-87605633	0574-87393784	0574-87493219	0574-83029529

车 队	宁波市镇海怡德运输有限公司	宁波市荣泰物流有限公司	宁波市达盛物流有限公司	宁波市高新区鑫通物流有限公司
联系人	曾先生	吴先生	吴文亮	吴先生
地区	宁波	宁波	宁波	宁波
门点	江东区	江东区	江东区	江东区
现 20'GP	510	481	472	465
现 40'GP	660	670	650	650

(5)

车 队	宁波市镇海怡德运输有限公司	宁波市荣泰物流有限公司	宁波市达盛物流有限公司	宁波市高新区鑫通物流有限公司
电话	0574-87605633	0574-87393784	0574-87493219	0574-83029529
传真	0574-87605633	0574-87393784	0574-87493219	0574-83029529
联系人	曾先生	吴先生	吴文亮	吴先生
地区	宁波	宁波	宁波	宁波
门点	海曙区	海曙区	海曙区	海曙区
现 20'GP	400	380	390	360
现 40'GP	650	620	620	580

(6)

车 队	宁波市镇海怡德运输有限公司	宁波市荣泰物流有限公司	宁波市达盛物流有限公司	宁波市高新区鑫通物流有限公司
电话	0574-87605633	0574-87393784	0574-87493219	0574-83029529
传真	0574-87605633	0574-87393784	0574-87493219	0574-83029529
联系人	曾先生	吴先生	吴文亮	吴先生
地区	宁波	宁波	宁波	宁波
门点	鄞州区	鄞州区	鄞州区	鄞州区
现 20'GP	480	460	460	480
现 40'GP	720	730	710	670

(7)

车 队	宁波市镇海怡德运输有限公司	宁波市荣泰物流有限公司	宁波市达盛物流有限公司	宁波市高新区鑫通物流有限公司
电话	0574-87605633	0574-87393784	0574-87493219	0574-83029529
传真	0574-87605633	0574-87393784	0574-87493219	0574-83029529
联系人	曾先生	吴先生	吴文亮	吴先生
地区	宁波	宁波	宁波	宁波

续　表

车　队	宁波市镇海怡德运输有限公司	宁波市荣泰物流有限公司	宁波市达盛物流有限公司	宁波市高新区鑫通物流有限公司
门点	高新区	高新区	高新区	高新区
现 20′GP	600	570	560	579
现 40′GP	780	780	728	730

（8）

车　队	宁波市镇海怡德运输有限公司	宁波市荣泰物流有限公司	宁波市达盛物流有限公司	宁波市高新区鑫通物流有限公司
电话	0574-87605633	0574-87393784	0574-87493219	0574-83029529
传真	0574-87605633	0574-87393784	0574-87493219	0574-83029529
联系人	曾先生	吴先生	吴文亮	吴先生
地区	宁波	宁波	宁波	宁波
门点	北仑	北仑	北仑	北仑
现 20′GP	550	510	500	560
现 40′GP	680	700	660	700

【知识链接】　国际多式联运基本概念

一、多式联运与多式联运经营人的英文表达

多式联运：Multi-Modal Transport 或 Inter-Modal Transport 或 Combined Transport。

多式联运经营人：MTO = Multimodal Transport Operater 或 ITO = Intermodal Transport Operator。

注意：有些人用 CTO = Combined Transport Operator 表示多式联运经营人。

二、国际多式联运的含义

随着国际贸易和运输技术的发展，传统的海、陆、空和江河等互不连贯的单一运输方式已不能适应世界经济发展的要求。在集装箱运输的基础上，出现了一种新的运输方式，即国际货物多式联运［International Multimodal（or Intermodal）Transport］。这种运输方式一般以集装箱为媒介，把货物海上运输、铁路运输、公路运输、航空运输和江河运输等传统的单一运输方式有机结合起来，组织成为一体并加以综合利用，构成一个连贯的过程来完成货物的国际运输。

根据国际上的统一认识，国际多式联运，是指根据一个多式联运合同，采用两种或两种以上的运输方式，由多式联运经营人把货物从一国境内接管货物地点运到另一国境内指定交付货物地点的行为。

三、国际多式联运的特点

1.多式联运应具备的条件。国际多式联运不仅是不同运输方式间所进行的联合运输，更重要的是对托运人来说，不管参与实际运输的承运人有多少，也不管采用何种合同责任制，均由多式联运经营人作为契约承运人与托运人之间签订全程运输合同，统一组织全程运输，并对托运人负责，从而真正体现多式联运从本质上区别于传统运输的整体性和高效性。在多式联运下，货主只需要办理一次托运，订立一份运输合同（"一票到底"），支付一次费用，办理一次保险。一旦在运输过程中发生货物灭失或损害，多式联运经营人则必须对全程运输负责，对托运人负责，这样就大大方便了货主。同时，由于多式联运可实现"门到门"运输，因此对货主来说，在将货物交由第一承运人后，即可取得货运单证。

（1）货物在全程运输过程中无论使用多少种运输方式，作为负责全程运输的多式联运经营人必须与发货人订立多式联运合同。

（2）多式联运经营人必须对全程运输负责。因为，多式联运经营人不仅仅是订立多式联运合同的当事人，也是多式联运单证的签发人。

（3）多式联运经营人接管的货物必须是不同国家（或地区）间的货物运输。

（4）多式联运不仅仅是使用两种不同的运输方式，且必须是该不同运输方式下的连续运输。

（5）货物全程运输由多式联运经营人签发一张多式联运单证，且应满足不同运输方式的需要，并计收全程运费。

2.国际多式联运的特点。根据上述条件，结合国际多式联运的实践，国际多式联运具有以下特点。

（1）多式联运经营人（MTO、ITO）与发货人签订一个多式联运合同，签发一份多式联运单据。

货物在运输中无论采用多少种运输方式，负责全程运输的多式联运经营人必须与发货人签订一个多式联运合同。

多式联运单据是证明多式联运合同、多式联运经营人已经接管货物并负责按照合同条款交付货物所签发的一种权利凭证，它与传统的海运提单有相同的作用，由多式联运经营人作为全程运输的承运人向托运人签发。发货人凭多式联运单据到银行结汇，作为有价证券具有流通性质，可以进行转让和向银行抵押贷款。

（2）多式联运经营人对全程运输负责。多式联运经营人是货物全程运输的组织者，各区段的实际运输是通过多式联运经营人与实际承运人订立区段运输合同（分运合同）来完成的，各区段承运人对自己承担运输的区段负责，但无论多式联运经营人是否承担全程运输中部分区段的实际运输，他都要对全程运输负责。

（3）采用两种或两种以上不同的运输方式完成运输。根据多式联运的定义，多式联运所指的至少两种以上的运输方式，可以是海陆、陆空、海空等，但与单一的陆陆、海海、空空联运有本质区别。多式联运不仅是采用两种不同的运输方式，而且必须是不同运输方式下的连续运输。

（4）多式联运采用全程单一运费率。多式联运经营人制定一个货物从发运地至目的地全程单一的费率，并以包干形式一次向货主收取。

（5）多式联运的货物主要是集装箱货物或是集装化的货物。"集装化"未必指用国际标准集装箱装运，而是指成组运输的方式，比如，托盘、网络等。

货物的集装箱化促进了多式联运的发展，有些国际多式联运法规或惯例专门将国际多式联运货物的种类限定为集装箱货物。例如，西伯利亚大陆桥运输中的货物仅限于国际集装箱货物；我国《国际集装箱多式联运规则》中的国际多式联运货物也仅限于国际集装箱货物。

项目八　导入报价

报价模块支持海运整箱拼箱以及内陆价格，可按照指定的 Excel 模块批量导入到系统中，以实现批量录入价格。

【任务说明】

1. 了解报价导入的作用。

2. 学习如何报价导入。

【实训目标】

能够准确、快速地进行报价的导入。

【操作步骤】　导入报价

1. 在报价模块中点击底部的"导入报价"，如图 4-8-1 所示：

图 4-8-1

2.选择待导入报价的类型,例如选择内陆报价,如图 4-8-2 所示:

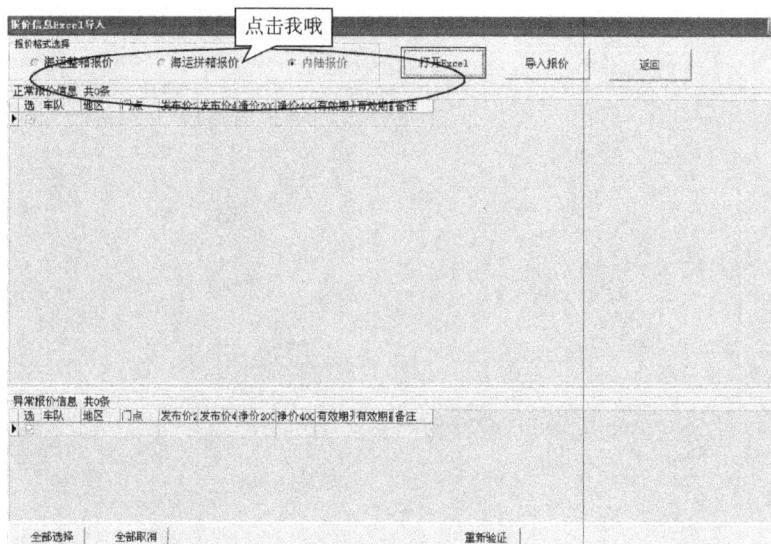

图 4-8-2

　　界面介绍:(1)左上角被圈起来的部分为待运价类别,可对导入海运整箱价格还是内陆价格进行选择。导入报价时应先选择对应的报价类别。(2)"正常报价信息"是通过系统验证校验后无误的价格信息。(3)"异常报价信息"指没有通过系统校验,执行 Excel 导入时,系统会对报价信息进行校验,如果有误的则会在异常报价中列出来,并会标出哪里错了。(4)"重新验证"是指修改了异常报价信息中的记录后,重新让系统验证合法性,如果合法则自动会进入正常报价信息中去。

　　3. 点击"打开 Excel"按钮,例如选择 temp. XLS 文件并打开,出现图 4-8-3 界面:

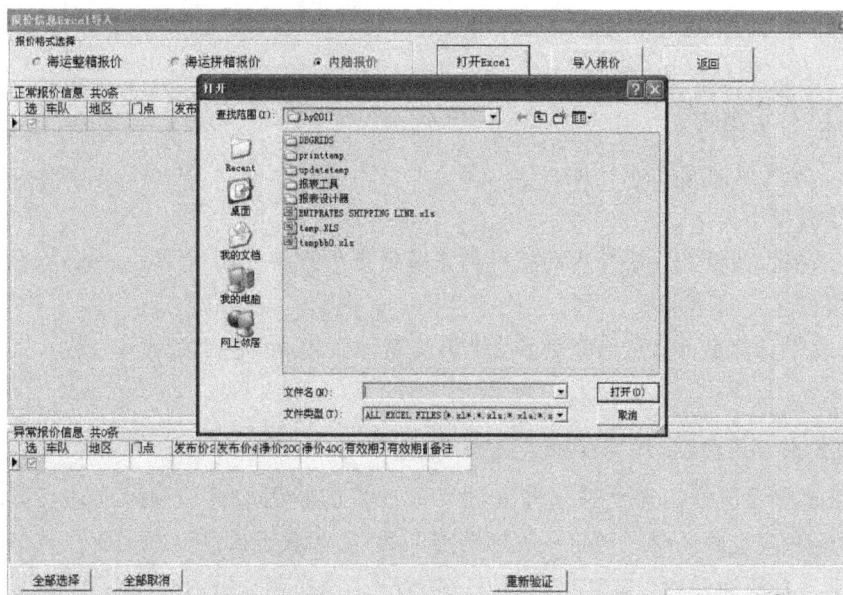

图 4-8-3

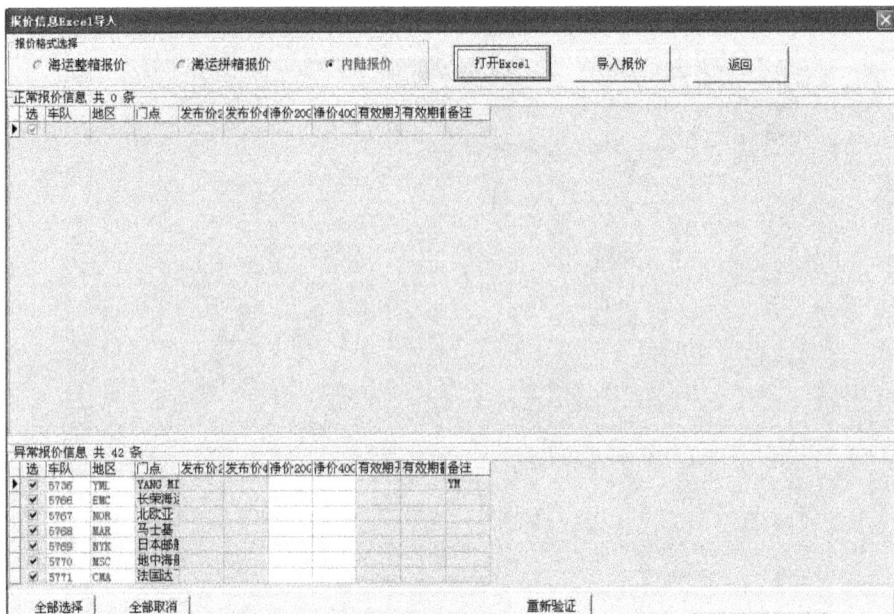

图 4-8-4

4. 在异常报价信息中修改系统校验后有误的报价，如图 4-8-5 所示：

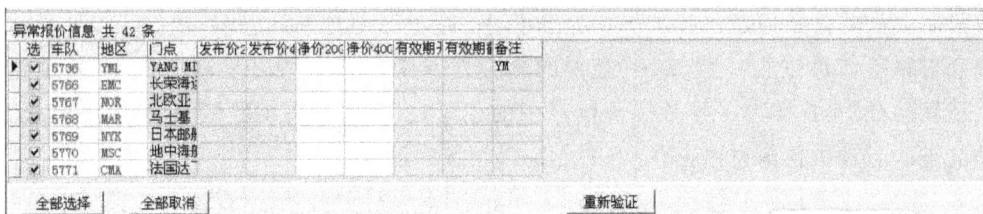

图 4-8-5

5. 点击"重新验证"。

6. 点击"导入报价"。

7. 提示导入报价成功。

○操作温馨小提示：

（1）导入报价前请先确认导入的报价与系统所选的报价类型是不是一致，如果不一致则无法导入报价。

（2）修改了异常报价信息后需要点击"重新验证"，才能到正常报价信息中，最后才能被系统正常导入。

【知识链接】 国际多式联运的主要类型

国际多式联运所指的是至少两种运输方式进行的联运的运输组织形式，例如，海陆联运、陆空联运和海空联运等。这与一般的陆陆联运、海海联运或空空联运等形式的联运有着本质的区别。众所周知，海、陆、空各种单一的运输方式都有自身的优点与不足，而国际多式联运严格规定必须采用两种或两种以上的运输方式进行联运,所以这种运输组织形式综合利用了各种运输方式的优点,充分体现了国际化、社会化运输的特点。目前,有代表性的组织形式有以下几种。

一、海陆联运

国际海陆联运是国际多式联运的主要方式,可分为船舶与汽车联运、船舶与火车联运两种。由于汽车的运费较高,经济运距较短,对于陆运距离长的货物运输,其竞争力不如船舶与火车的联运,但是它可以实现门到门的运输;对长距离的陆上运输则主要采用海铁联运,这种组织形式多以航运公司或国际货运代理为主体,签发多式联运提单。距海运口岸较近的货物始发地多采用集装箱汽车运输的陆海联运,而距海运口岸较远的始发地多采用铁海联运。大陆桥运输则多采用铁海联运,实际上为了实现门到门运输,通常采用陆海陆联运。

二、海空联运

海空联运又被称为空桥联运,在运输组织的方式上与陆桥运输不同,陆桥运输在整个货运过程中使用的是同一个集装箱,不用换装;而空桥运输的货物通常要在航空港装入航空集装箱。不过,两者的目标是一致的,即以低费率提供可靠的运输服务,但是由于航空、海运的局限性,所谓的海空联运很难离开陆运,这种联合运输方式确切地说,应该是陆海空陆联运才能实现货物的门到门运输。

三、江(河)海联运

江海联运或河海联运,是利用发达的内陆水系进行的国际集装箱联合运输。目前,许多国家都利用国内既有的内陆河运系统,因地制宜地开展江(河)海集装箱联运。近年来,我国长江沿岸的集装箱货物通过上海或上海附近的口岸由太平洋航线运往世界各地,珠江下游中小城市的集装箱通过深圳、香港、珠海口岸由太平洋航线运往世界各地的货运量在逐年增加,从而拉动了长江中下游、珠江下游地区的经济发展。

模块五　海运出口

　　海运出口这一模块即海运业务操作,是指货代公司接受客户订舱委托,根据订舱委托书的内容进行托单的新增和录入编辑,生成托运单,以此向船代或船公司订舱。当接到船代或船公司的订舱确认后,在软件系统中录入船名航次,并把托单配到指定的船名航次下,同时输入提单号,打印集装箱装箱单,场站收据三联单,安排车队到指定地点拖柜装箱作业,录入集装箱箱封号,等收到客户的全套报关单据后,录入核销单号等,整理报关单据,委托报关行或自行安排报关员去报关,与此同时,打印输出提单确认件让客户做好提单确认工作,并反馈给船代或船公司以此签发提单或电放提单。因此,"安运出口"模块是整个海运出口业务的中心环节,是接受客户订舱、安排出运的主要步骤。

项目一　托单新增与编辑

【任务说明】

　　1.阅读并分析客户的订舱委托书。

　　2.根据订舱委托书的内容完成托单的新增并编辑录入。

【实训目标】

　　1.熟悉托单新增操作。

　　2.学会分析订舱委托书的主要内容。

　　3.了解新的托单录入的基本操作步骤。

　　4.了解每个栏目中涉及的外贸专业知识。

　　5.学会根据订舱委托书编辑录入托单。

【操作步骤】

　　以宁波公泰纺织科技有限公司的出口货物委托书为例进行托单新增编辑的操作步骤讲解,出口货物委托书如下:

出口货物委托书

发货人	NINGBO GONGTAI SPIN SCIENCE AND TECHNOLOGY CO.,LTD	箱型	40HQ
		运输方式	海运
收货人	TO ORDER	起运港	宁波
通知人	DREAM U.S.A INC	目的港	洛杉矶
运费		付费方式	到付
开船日期	2014 年 10 月 10 日		

唛头	货名规格及货号	箱数	毛重	净重
Q'TY COLOR STYLE NO CARTON NO SIZE	DT-12 100% COTTONJERSEY 230GSM MEN'S SHORT SLEEVE T-SHIRT	990CTNS	23000KGS	22000KGS
体积	68 CBM			
注意事项	请于 10 月 05 号上午 7 点 30 半到工厂装柜,装柜前先电话通知联系人。			
委托公司	宁波公泰纺织科技有限公司			
主联系人	王青	联系电话	15811223355	
传真	0574-12345679	联系地址	象山工业园区园南路 12 号	

1.在接受某公司订舱之前,该公司已经成为我们的正式客户。我们已经在客户管理模块中把宁波公泰纺织科技有限公司列为正式客户,并给予其单位代码为 NBGT。

2.登录后,点击"海运出口",即出现"业务操作"界面:

图 5-1-1

3.如果出现的界面里已经存在"临时船名",则不需要再进行临时船名的设置;如果船名航次下没有出现"临时船名",则应当在船名航次代码设置里先新增船名代码为"临时船名"和新增航次代码为"临时航次"(这个内容已经在第二模块里学到过)。

开航日期可以通过下拉箭头来选择,并点击右边的模型图来进行刷新。

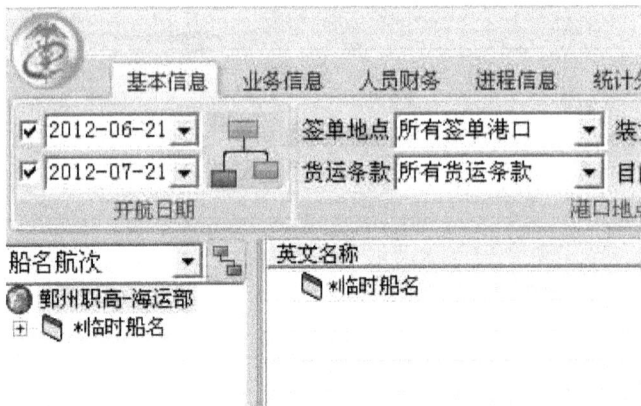

图 5-1-2

4.点击"临时船名"后再点击"临时航次",即出现图 5-1-3 界面:

图 5-1-3

5.在空白处点鼠标右键,点击"托单管理"下的"新增托单",即出现托单编辑的界面:

图 5-1-4

图 5-1-5

6.下一步就是进行托单的编辑录入。需按托运单的实际情况输入托单各项信息,其中有绿色底纹的为必填项,下面详细说明每一项名词的含义,并以宁波公泰纺织科技有限公司的委托书为例进行填写的说明:

委托书

名称	必填	输入方式	功能说明及填写内容
M B/L	是	手工输入	主提单号或者称为船公司提单号,这里可以随意输入,如 11
BOOKING	否	手工输入	订舱编号,按照公司的编号原则进行编号,如 A01
托运编号	否	手工输入	货主托运编号,按照实际填写,如没有编号,可以留空不填
工作编号	自定义	参数设置	可以留空不填
拉箱报关	是	回车选取	托单中货物的托运报关方式(自拉自报、代拉代报等);选择代拉代报各种拉箱报关方式可以在代码设置中的业务代码的拉箱报关中设置
业务分组	自定义	回车选取	托单业务的分组方式,公司分为哪几个组可以在代码设置中设置;人员可以限制分组,限制分组之后只能查看、操作本组的单子;这里没有分组,所以不做选择
订舱单位	是	回车选取	订舱的货主,选择 NBGT
USD 货主	是	回车选取	USD 费用默认结算单位,出现在自动费用的 USD 费用中;用于第三方付款的情况(订舱单位 A,付款方 USD 货主 B)

名称	必填	输入方式	功能说明及填写内容
RMB货主	是	回车选取	RMB费用默认结算单位,出现在自动费用的RMB费用中;用于第三方付款的情况(订舱单位A,付款方RMB货主B)
联系备注	否	自动产生	自动取RMB货主的联系人、电话、传真信息,可手工修改,可以通过回车确认自动关联本公司的主联系人
报关单位	是	回车选取	提单货物的报关单位
货物来源	是	回车选取	货物来源方式,如货主货、同行货、指定货等,用于统计分析
业务人员	自定义	回车选取	标识本票货物的业务人员,通过权限控制可以限定只看自己的单子
订舱代理	是	回车选取	可以是船公司也可以是货代,托单通过某家公司向船公司去订舱,订舱代理事先可以在业务代码设置中进行设置,这里我们选择宁波电子口岸
船司	是	回车选取	标识货物通过哪家船公司走,假如本票货物通过COSCO走货,这里选择COSCO
提单格式	是	回车选取	默认为"船司"代码,如果该船公司没有做过打印格式,需手工新增,这里选择COS1
提单种类	是	回车选取	标识提单是OBL(海运提单)还是SWB(海运单),这会影响提单正本、副本数,这里我们选择OBL。正本和副本的份数都是3份
退关提单	否	勾选	用于标识退关的提单,系统会在自动提单号前面加一个"退"字,这里不做勾选
外配确认	否	勾选	用于表示外配的提单,外配是指托单通过其他的货代向船公司订舱,这里不做勾选
船司放箱	否	勾选	船司放箱表示托单在船公司那已经订舱确认,这里不做勾选
电放提单	否	勾选	用于标识是否需要出电放的提单,这里不做勾选
装货港	否	回车选取	货物出运的港口名称,可以通过回车选择,这里填写:NINGBO
卸货港	否	回车选取	船公司负责将货物运到的目的地卸离海轮的港口,这里填写:LOS ANGELES, CA
交货地点	否	回车选取	船公司负责到的最终地点,如果在目的港码头交货,即目的港,这里填写目的港:LOS ANGELES, CA
目的地	否	回车选取	货主要求送达的最终地点,如果目的地、交货地点和卸货港一致,只要输入卸货港即可,这里填写:LOS ANGELES, CA
中转港	否	回车选取	表示该货物需要中转的港口,如果需要中转,则填写实际中转港口,如果没有,就留空不填,这里留空
收货地点	否	回车选取	货物的提货地点,一般情况下与装运港一致,即船公司在装运港接管货物,这里填写NINGBO,或者不填
包装备注	否	手工填写	有格式正确性校验,必须是数字+空格+说明,如:30 BOXES,如果没有需要备注的,可以不填写,这里就留空
付款方式	是	回车选取	标识该票货物的海运费预付还是到付,以及各种第三地付款的情况,如果运费到付,选择CC(FREIGHT COLLECT);如果是运费预付:选择PP(FREIGHT PREPAID),如果是在某地付款,在选择相应的付款地。根据货物委托书的要求,付款方式为到付,则这里选择:CC,空格处显示:FREIGHT COLLECT

名称	必填	输入方式	功能说明及填写内容
货运条款	是	回车选取	标识该票货物是门到门,还是堆场到堆场等。对于整箱货而已,一般使用的货运条款也就是指货物的交接方式是堆场到堆场,选择 CY-CY,这个也是默认的货运条款,如果是拼箱货物,则选择 CFS-CFS,还有其他很多种的交接方式,如 CY-CFS,CFS-CY,等等。这里我们选择CY-CY
术语	自定义	回车选取	贸易术语,如,FOB、CIF、CNF,选择贸易术语的时候要跟付款方式相对应,如果是运费到付,贸易术语应该选择 FOB,如果是运费预付,贸易术语可以是 CIF 或者 CNF,CNF 就是指 CFR。这里我们选择 FOB
付款地点	否	回车选取	第三地付款时的付款地点。如果没有特别指出在哪里付款,这里不需填写,如果要求运费在除装运港或卸货港之外的第三地支付,在此处选择付款的地点。比票单子,此处留空
货物类型	是	回车选取	指冷冻货 RF、普通货 GC、危险品 DR 等,这里我们选择 GC
确认截至	否	下拉选取	提单的最晚确认日期,用于提单确认件等。根据题意货物将于10月10日装船,所以提单的确认日期也应该不能晚于此日期
单证确认	否	勾选	用于标识单证资料已经和货主进行确认,系统默认当前时间为确认时间。由于现在处理的是托单的新增,就不需要勾选单证确认
配载操作	自定义	回车选取	标识该票货物的操作人员,通过权限控制可以限定只看自己的单子
客服	自定义	回车选取	标识该票货物的客服人员,通过权限控制可以限定只看自己的单子
文档	自定义	回车选取	标识该票货物的输单、单证人员,通过权限控制可以限定只看自己的单子
商务	自定义	回车选取	标识该票货物的商务人员,通过权限控制可以限定只看自己的单子
操作日志	无	自动产生	记录对本提单的新增、修改、锁定的操作记录
单票锁定	否	勾选	手工锁定本票托单,不能再修改。只有解锁之后,才能修改托单信息;解锁需要单票锁定权或超级单证修改权
配舱资料	无	无	标识提单订舱时特殊说明、二程信息、拼箱的进仓编号、提单特殊说明等
控单寄单	无	无	标识提单的款期信息、控单方式、寄快件单、报关报检单位等信息
冷危信息	无	无	冷危品的相关信息,发冷危 EDI 时用到
毛件体	自定义	手工输入	是指毛重、件数和体积,都是指这票货物的总毛重,总体积和总件数。件数不是指商品的数量,而是指包装数量。根据委托单的内容,毛重:23000,净重:22000,体积:68,件:990
包装	自定义	回车选取	包装是指包装的种类,最常见的是纸箱,可以通过回车选取的方式确认,这里我们选择:CT,此处显示:CARTONS,即纸箱
发货人	自定义	手工输入	发货人就是指托运人,改输入框没有正确性校验,必须敲 TAB 键,光标才能进入下一个输入框。(右边的各输入框都是如此)。这里填写如下:NINGBO GONGTAI SPIN SCIENCE AND TECHNOLOGY CO., TD
收货人	自定义	手工输入	收货人是指货物的收货人,根据委托单的内容填写。这里填写如下:TO ORDER,说明此票据出具的提单是指示提单,此类提单可以通过背书转让

续 表

名称	必填	输入方式	功能说明及填写内容
通知人	自定义	手工输入	通知人是指货物到达目的港后,船公司要通知其换取提货单的当事人,要根据委托单的内容填写,这里填写如下:DREAM U. S. A INC
通知人2	自定义	手工输入	如果有第二个通知人,在此处填写,一般情况下留空
海外代理	自定义	手工输入	如果货主在海外有自己的海外代理人,在此处填写,一般情况下留空
唛头信息	自定义	手工输入	唛头,即外包装上的运输标志,根据委托单的内容填写。这里填写如下: Q'TY COLOR STYLE NO CARTON NO SIZE 唛头的填写必须跟委托单完全保持一致,包括字符出现的顺序和位置
英文货名	自定义	手工输入	货物的名称,只需要英文货名。根据委托单的内容填写: DT-12 100% COTTONJERSEY 230GSM MEN'S SHORT SLEEVE T-SHIRT
舱单品名	自定义	手工输入	一般情况下舱单品名与货物的英文品名一致,通常不填

7. 保存以上输入的信息。保存有以下几种方法:

(1)应用:保存托单信息,不退出编辑界面;

(2)修改:保存托单信息,退出编辑界面;

(3)取消:不保存托单信息,直接退出;

(4)整箱装箱:保存信息,并进入装箱单界面;

(5)其他:代理提单、反恐信息、运费计划、运费发票等类似整箱装箱,依次类推。

8. 点击"修改"后,出现图 5-1-6 界面:

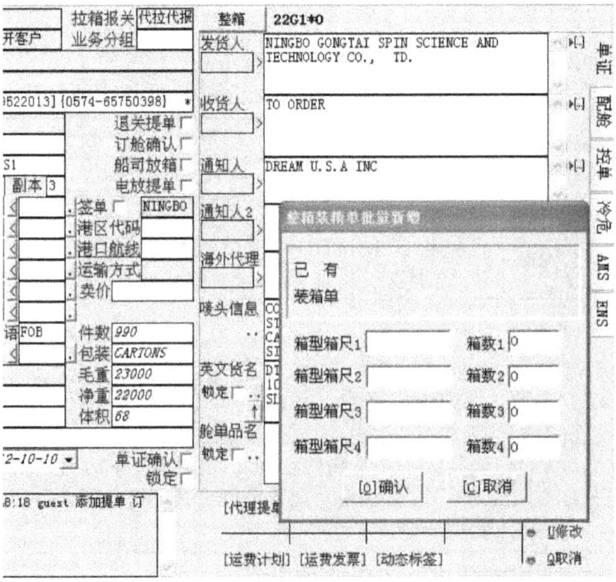

图 5-1-6

即可进行箱型和箱量的选择。一票托单支持 4 种箱型箱尺，每种箱型箱尺 N 个箱子。

该票货物要求使用的集装箱为 40′HQ，即 40 尺高柜，数量为 1 个，因此通过下拉选择后点击确认。

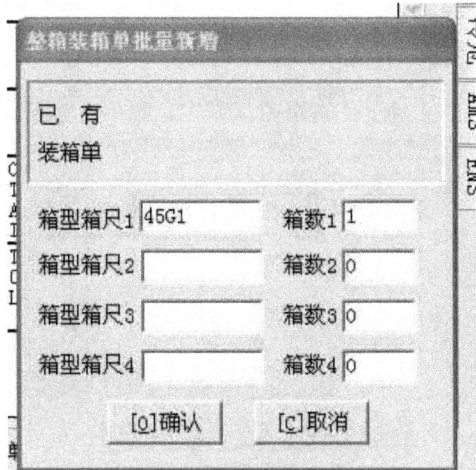

图 5-1-7

之后出现如下对话框，"装箱单是否自动分配毛重、件数、体积？"点击"Yes"。此功能主要针对多个集装箱的货物，比如该票货物共用 3 个集装箱来装货，那么毛件体就平均分配了。

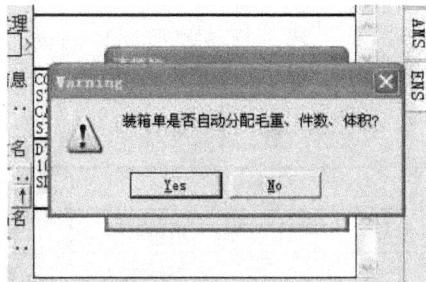

图 5-1-8

9.界面就直接转到业务操作界面了，"临时船名,临时航次"下多了一票货物提单号为 11 的货物。如图 5-1-9 所示：

图 5-1-9

这样，托单的新增和编辑操作就完成了。

10. 如果要对新增的托单进行修改编辑,选中托单后双击,就出现最初的托单编辑界面,可以就里面的各项内容进行更改;也可以选中该托单,点击右键,在"托单管理"中选择"修改托单"。

11. 如果要使该票货物不再出运,可以对托单进行删除,选中托单,点击右键,在"托单管理"中选择"删除托单"。就会出现如下的各个对话框,选择"Yes",就能完成删除。

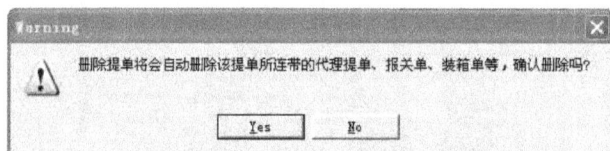

图 5-1-10

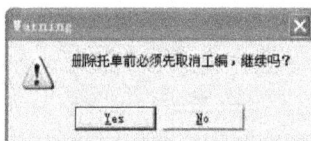

图 5-1-11

12. "托单管理"中的"复制托单"功能。复制托单即复制选中的托单,提单号码与原托单不同之外,其余各项内容都一致,如果遇到该客户有同样的货物出运,可以采用此功能复制托单,只做简单的更改,新的托单就生成了。

出口货物明细

公司编号			日期	APR. 25, 2011	
(1)发货人		(4)信用证号码		BB555	
NINGBO CHAOYUE TEXTILES IMPORT & EXPORT CORPORATION 168 ZHONGSHAN ROAD EAST, NINGBO CHINA		(5)开证银行	STANDARD CHARTERED BANK, NY		
		(6)合同号码	SSG-017	(7)成交金额	USD72000
		(8)装运口岸	NINGBO	(9)目的港	NEW YORK
(2)收货人		(10)转船运输	YES	(11)分批装运	NO
TO ORDER		(12)信用证效期	DEC 15, 2012	(13)装船期限	NOV. 30 2012
		(14)运费	USD2500	(15)成交条件	CIF
		(16)公司联系人	小王	(17)电话/传真	87654321
(3)通知人		(18)公司开户行	宁波银行	(19)银行账号	
CRYSTAL KOBE LTD. BROADWAY, ROOM 300 NY 10018U. S. A.		(20)特别要求 1. 运费:运费 USD2500, ALL IN 价,配 COSCO 的船 2. 货已备妥,请速配 11 月 30 之前开船到纽约 1 个 20 尺普柜 3. 请做代拉代报			

续　表

(21)标记唛码	(22)货号规格	(23)包装件数	(24)毛重	(25)净重	(26)数量	(27)单价
CRYSTALNEW YORKC/ NO. 1-500	MEN'S GLOVES	500CTNS	20KGS/CTN	18KGS/CTN	6000DOZ	USD12.00/DOZ
(28)总价	(29)总件数	(30)总毛重	(31)总净重	(32)总尺码	(33)总金额	
USD72000.00	500CTNS	10000KGS	9000KGS	25 CBM	USD 72000.00	
(34)备注：无						

公司名:宁波超越纺织品进出口公司
地址:宁波市中山北路 168 号远东大厦

【实训练习】

1.按照刚才上课的步骤完成宁波公泰纺织科技有限公司的托单编辑操作,要求内容完整准确。

2.修改原托单,修改内容如下:

付款方式:运费预付;

收货人和通知人一致;

目的港:HAMBURG;

毛件体:1200KGS/400CTNS/56CBM;

其他内容不变。

3.复制经过修改后的托单。

4.删除复制的托单。

5.以宁波超越纺织品进出口公司为客户(客户资料明细见上表),完成该客户的托单编辑操作。要求相邻学号同学相互交叉打分。订舱委托书和评分标准如下:

附:评分标准

模块		扣分项目	扣分标准	扣分数
海运出口模块 (100 分, 扣完为止)	1	货物来源有误	3分	
	2	提单号码未填	3分	
	3	订舱单位有误	5分	
	4	未填写 USD 货主	3分	
	5	未填写 RMB 货主	3分	
	6	联系人备注未填写	3分	
	7	船公司选择有误	3分	
	8	提单种类有误	3分	

续　表

模块		扣分项目	扣分标准	扣分数
海运出口模块（100分，扣完为止）	9	提单格式与提单种类不匹配	3分	
	10	提单正本副本未填写或填写有误	2分	
	11	装货港填写有误或未填写	3分	
	12	卸货港填写有误或未填写	3分	
	13	交货地点填写有误	2分	
	14	目的地填写有误	2分	
	15	中转港填写有误	2分	
	16	收货地点填写有误	2分	
	17	付款方式填写有误	2分	
	18	贸易术语填写有误	2分	
	19	运输方式选择有误	2分	
	20	货运条款选择有误	2分	
	21	货物类型选择有误	2分	
	22	未填写发货人或填写错误	5分	
	23	未填写收货人或填写错误	5分	
	24	未填写通知人或填写错误	5分	
	25	未填写唛头或填写错误	5分	
	26	未填写英文货物或填写错误	5分	
	27	件数填写错误或未填写	2分	
	28	包装选择错误或未填写	2分	
	29	毛重填写错误或未填写	2分	
	30	净重填写错误	2分	
	31	体积填写错误或未填写	2分	
	32	箱型、箱量有误	4分	
	33	整箱、拼箱有误	2分	
	34	其他信息有出入（每栏）	2分	
总扣分				
得分				

【知识链接】　排载单

1.排载单的概念。

排载单是"出口十联单"的俗称,之所以有这样的称谓,可能是因为有了它,就可以让船公司或船代对你所托运的货物安排装载。实际上就是当得到船公司的订舱确认(也称定舱确认)后,就可叫船公司或船代安排装载。若船超载不能排,应联系船东办理添载或者改船。

"出口十联单"是"十联式集装箱出口货运套单"的简称。

2.排载单各联的用途。

第一联:集装箱货物托运单(货主留底)(B/N)。

第二联:集装箱货物托运单(船代留底)。

第三联:运费通知(1)。

第四联:运费通知(2)。

第五联:场站收据副本(1),装货单联(S/O)也叫关单。

第五联副本:缴纳出口货物港务费申请书。

第六联:场站收据副本(2);大副联。

第七联:场站收据正本(D/R)。

第八联:货代留底。

第九联:配舱回单(1)。

第十联:配舱回单(2)。

需要说明的是,集装箱出口货运套单是集装箱运输专用的出口单证,不同的地方使用的不一样,有的一共有十联,有的一共有九联,少数地方甚至有十二联、七联等。在珠江三角洲的大部分地方,只使用其中的第五至第七联。

3.排载单在 POL(装货港)的流转程序。

(1)托运人(或货代)填制后,留下货方留底联(第一联),将二至十联送船代(签单)编号。

(2)船代编号后,留下二至四联,并在第五联上加盖确认订舱及报关章,然后将第五至十联退给贷代,货代留下第八联并把九、十联送给托运人做配舱回单。

(3)第五至七联在报关时使用。

(4)海关审核认可后,在第五联装货单上加盖放行章。

(5)货代负责将箱号、封志号、件数等内容填入第五至七联,并将集装箱货物与这些联在规定的时间送到堆场。

(6)场站业务员在集装箱货物进场、验收完毕后,在第五至七联上填入实收箱数、进场完毕日期,并签收和加盖场站公章。第六联由场站留底,第七联关理货员,理货员在装船时将该联交大副,并将经双方签字的第七联即场站收据正本返回货代。

4.在排载单的流转过程中应注意的事项。

(1)托运人或货代的出口货物,一般要求在装箱前 24 小时内向海关申报,海关在场站收据上加盖放行章后方可装箱。如是在海关盖章放行前装箱或先进入堆场的集装箱,必须经海关同意,并在装箱前 24 小时内将海关盖章的场站收据送交收货的场站业务员。

(2)场站收据中出口重箱的箱号,允许装箱后由货代或装箱单位正确填写,海关验放时允许无箱号,但进场完毕时必须填写所有箱号、封志号和箱数。

(3)托运人和货代对场站收据内容的变更,必须及时通知有关各方,并在 24 小时内出具书面通知,办理变更手续。

(4)各承运人委托场站签发场站收据必须有书面协议。

（5）场站业务员签发的场站收据必须验看是否有海关放行章。没有海关放行章不得安排所载明的集装箱装船。

（6）采用 CY 交接条款，货主应对箱内货物的准确性负责；如采用 CFS 交接条款，则装箱单位对货物负责。拼箱货物以箱为单位签发场站收据。

（7）货代、船代应正确完整地填写和核对场站收据的各个项目。

（8）外轮理贷人员应根据交接条款，在承运人指定的场站和船边理箱，并在有关单证上加批注，提供理货报告和理箱单。

项目二　装箱单信息和车队安排

【任务说明】

对新编辑的托单输入装箱单信息和车队安排信息，包括箱号、封号、车队提箱要求等内容。

【实训目标】

1.熟悉如何进入装箱单信息录入界面。

2.掌握新增集装箱箱封号、删除错误的箱封号信息。

3.掌握对托单进行车队安排工作的管理。

4.学会车队提箱时间和装箱时间的录入。

5.熟悉包装备注等内容的录入。

【操作步骤】　装箱单信息

1.在托单编辑界面中点击"整箱装箱"，或者在托单列表中选中一票托单，点击"箱单"，进入整箱装箱单信息输入界面。

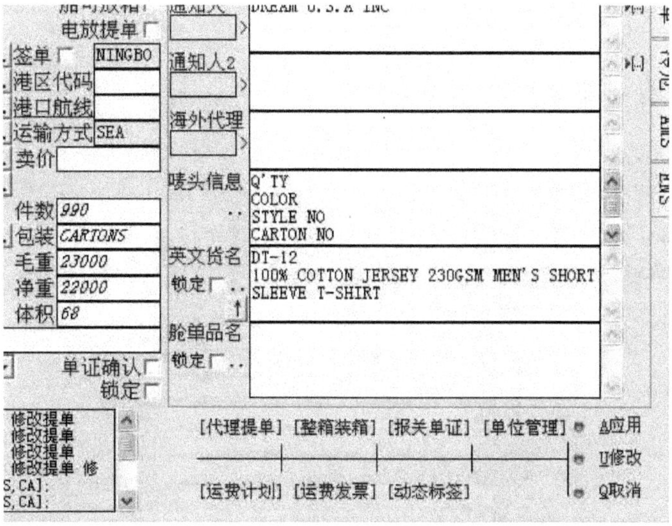

图 5-2-1

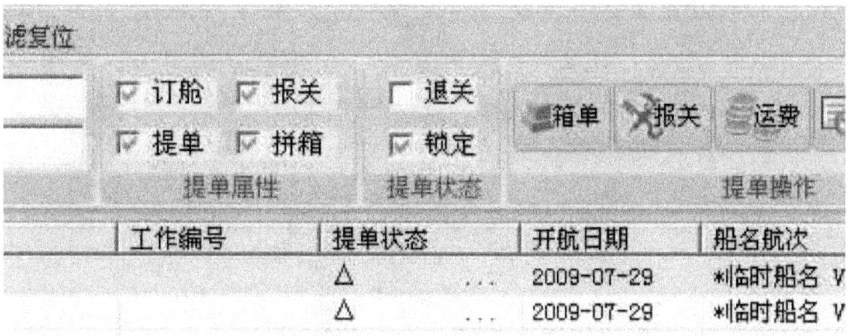

图 5-2-2

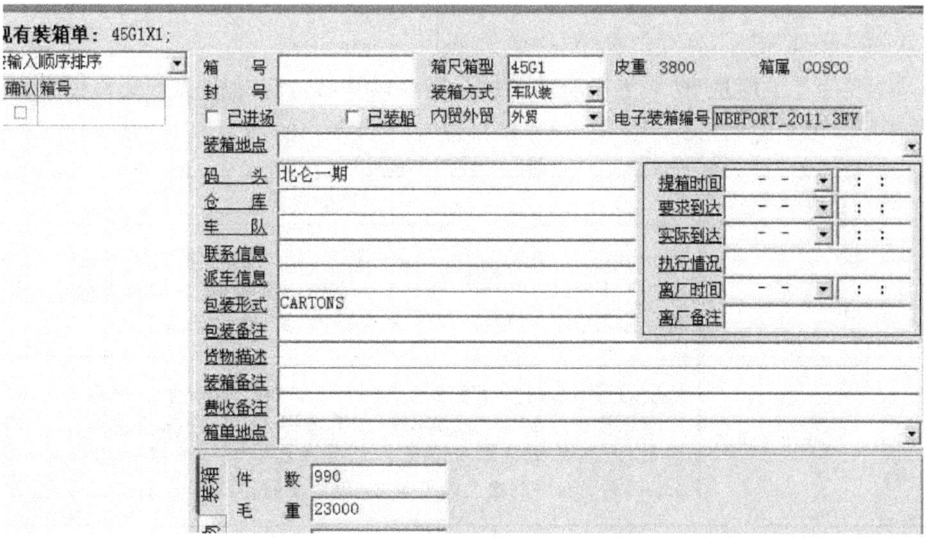

图 5-2-3

2.箱子个数已经在托单编辑时输入,在这里也可点击"新增"或"批量新增"按钮增加箱子。

3.输入箱号、封号、装箱地点、车队等信息。

图 5-2-3

4.点击最下方的"件数分配"按钮,系统根据托单的毛件体以及箱子的个数、大小,自动填写件数、毛重、体积,可以做手工微调。对于只有1个集装箱的货物,件数分配功能就不需使用了。

5.点击"修改"按钮,保存所填信息。

6.对于"装箱单信息"这一界面所出现的一些名词及其对应的输入方式和功能我们通过一定的背景案例来说明(以箱号 KKTU7449249、封号 UAJ53419 为例)。如下所示:

名　称	输入方式	功能说明
箱号	手工输入	箱号带有校验功能,箱号多输一位、少输一位、输错一位,系统都会提示。我们输入 KKTU7449249,系统不会有错误提示,说明输入正确,如果我们把箱号输入成 KKTU7449248,就会提示"箱号输入出错"
箱尺箱型	回车选取	这里的箱型采用国际通用的表示方法,20 英尺普通箱一般选用 22G1,20 英尺冷冻箱选用 22R1;40 英尺普通箱选择 42G1,冷冻箱为 42R1;40 英尺高柜 45G1,冷冻柜对应为 45R1。如果选择新增一个箱子,默认箱尺类型是 22G1,如果新增的集装箱不是 20 英尺普通箱,就应通过选择确定

名　称	输入方式	功能说明
封号	手工输入	手工输入封号,不校验,因此要小心输入,以免出错
装箱地点	下拉、手工	该托单的 RMB 货主之前走过的装箱地点,在下拉框中能找到,不用重复输入;如果是新的用户或新的装箱地点则需要手工输入
装箱方式	下拉选取	装箱方式可以是车队装、货送仓和自拉装三种选择。如果是车队装,即指由货代公司的车队到指定的装箱地点进行装箱,这时需要注明装箱地点,和车队名;如果是货送仓,货代公司会事先给客户传真一个进仓编号,以此进入货代公司指定的仓库,由仓库的车队来负责装箱进港;自拉装即客户不使用货代公司的车队拉柜,其自行负责货物进港
内贸外贸	下拉选取	该票货物时内贸运输还是外贸运输,默认值是外贸
码头	回车选取	该箱子所靠的码头,在宁波港出运,船只停靠码头较多为北仑二期、三期和四期码头。托单转船时,会自动更新码头信息为航次的码头
仓库	回车选取	该货物进哪个仓库,较多地用于拼箱时候,客户的货物根据所给的进仓编号进入指定的仓库
车队	回车选取	即该票托单安排哪个车队去拉箱,自动运费时根据车队名称产生相关费用
联系信息	自动生成	自动读取车队的联系信息,可手工修改,用于标识车队的联系信息
派车信息	手工输入	车队派出去的车子的信息,如司机联系方式、车牌号等
件毛体	自动生成	点击"件数分配"按钮,自动根据提单信息分配件数、毛重、体积;退出界面时检查装箱单的件毛体总和与托单的件毛体是否一致
包装形式	回车选取	包装的类型,如纸箱 CARTONS
包装备注	手工输入	有格式正确性校验,必须是数字+空格+说明,如:30 BOXS
货物描述	手工输入	用于标注货物的特殊信息
装箱备注	手工输入	用于标注箱子的特殊信息,一般情况下留空
费收备注	手工输入	用于标注这个箱子的特殊费用(如有特殊费用)
提箱时间	下拉选取	什么时候去堆场提取空箱,可以通过下拉箭头来选择时间
要求到达	下拉选取	要求车队何时到达装箱地点,这个非常重要,因为要求到达时间关系到排车队以及车队质量考核
实际到达	下拉选取	车子实际何时到达装箱地点,关系到车队服务质量的考核车队没有准时到达造成来不及装货,或者让客户长久等待都会使货代公司的信誉受到影响
执行情况	回车选取	标注车子到达装箱地点的准时情况,如:严重晚点
离厂时间	下拉选取	车子什么时候离开工厂

○操作备注:

(1)同步功能:如果有多个箱子,装箱地点、车队等信息都是同一个,则只要输入一次,其余只要同步即可(带下划线的文字标签具有同步功能):

①点击带下划线的文字标签,如"装箱地点",则把本装箱单的"装箱地点"复制到其他装箱单。

②点击"多箱同步"按钮,一次性把本装箱单所有带下划线的信息都同步到其他装箱单。

③同步时,提示"是否覆盖原来非空记录",如果选否,就保留原来已有的内容,只覆盖空的;如果选是,就强行覆盖所有记录。

④同步功能仅对有下划线的信息有效。

(2)件数分配、件数校验:

①点击"件数分配"按钮,系统自动读取托单中的件数、毛重、体积信息,然后根据箱型箱尺和箱数平均分摊。

②如有 2 个同箱型箱尺的箱子,则每个箱子分摊到的件数、毛重、体积都是托单的 1/2。

(3)装箱单列表的打钩确认:装箱单列表的"箱号"前面有个"确认"勾选框,打"√"表示此箱子已经被配载确认,一般不要再随意修改;没有"√"则说明此箱子还在等待确认。

(4)装箱单中的日期时间:

①如果需要车队安排功能,则必须输入"要求到达日期"。

②如果考核车队服务质量,则必须输入"要求到达日期""实际到达日期""执行情况""离厂时间"等。

【操作步骤】 车队安排

车队安排用于调度人员统一安排车队装箱,只有被分配车队配载权的人员才具有此功能。

1.在业务操作界面点击"车队"安排按钮,进入车队安排界面。

2.车队安排界面分已排部分和未排部分,在未排列表选中一票装箱单,双击打开。

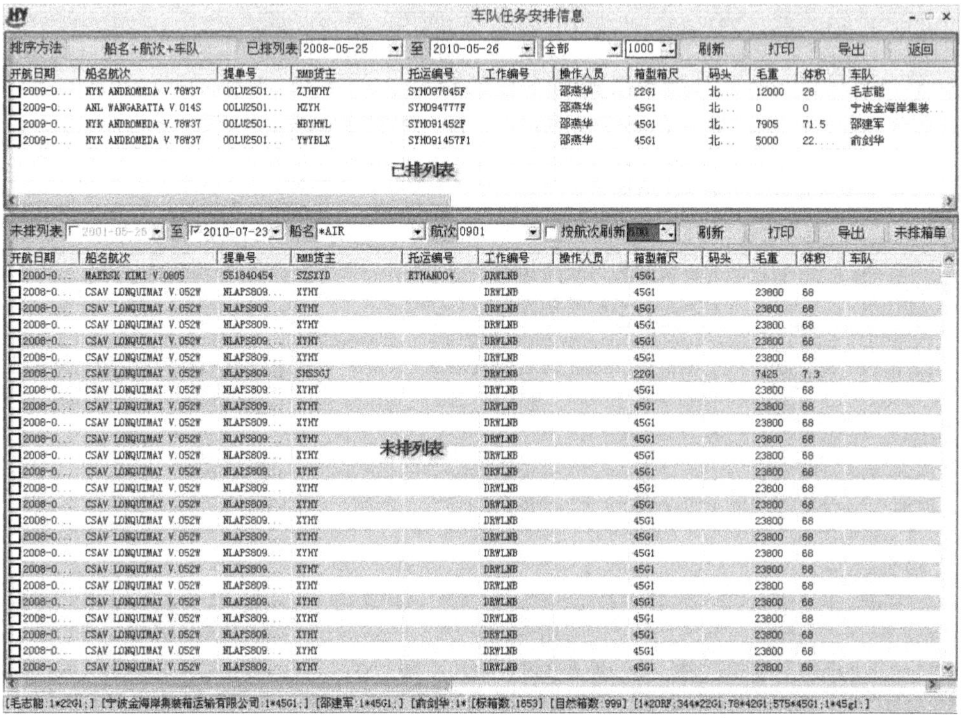

图 5-2-4

3.在装箱单信息界面,输入车队以及联系信息等。

图 5-2-5

4.点击"确认"按钮,此时这票装箱单将出现在"已排列表"。

○操作备注:

(1)装箱单只有输了"要求到达时间",并且仓库、车队、箱封号都没有输入的情况下,才能出现在未排部分。

(2)"未排列表"和"已排列表"的时间过滤都针对装箱单的"要求到达时间"。

(3)"未排列表"和"已排列表"都可打印清单。

【实训练习】

1.删除已输入的装箱单信息。

2.在"业务操作"界面进入装箱单信息界面。

3.从托单编辑界面进入装箱单信息界面。

4.根据以下的信息完成装箱单信息,相邻学号同学相互交叉检查,如果已经完成,就在相应的输入内容后面打上钩,如没有完成或者输入错误就打叉。

(1)练习资料 1

名　称	输入内容	完成情况
箱号	PCIU3772796	
箱尺箱型	20 英尺普通箱	
封号	P680010	
装箱地点	浙江省义乌市胜利路 256 号	

续　表

名　称	输入内容	完成情况
装箱方式	到客户指定地点装箱	
内贸外贸	该票货物用于外贸出口	
码头	所配船公司停靠码头为北仑三期码头	
仓库	该票货物到指定地点装箱	
车队	安排车队 1 号拉柜装箱	
派车信息	车队 1 号指定王司机去拉柜,联系方式:18635678567,车牌号:皖 A123456	
件毛体	109CTNS/2220KGS/26.524CBM	
包装形式	采用纸箱包装	
货物描述	AUTOPARTS(自动零部件)	
装箱备注	留空	
费收备注	留空	
提箱时间	2012 年 10 月 8 日	
要求到达	2012 年 10 月 8 日下午 5 点前	
实际到达	2012 年 10 月 8 日下午 4 点	
执行情况	根据实际情况填写	
离厂时间	2102 年 10 月 8 日下午 8 点 35 分	

(1)练习资料 2

名　称	输入内容	完成情况
箱号	TCNU6203696	
箱尺箱型	40 英尺高柜	
封号	NS4607	
装箱地点	浙江省鄞州区高桥镇高峰村	
装箱方式	到客户指定地点装箱	
内贸外贸	该票货物用于外贸出口	
码头	所配船公司停靠码头为北仑二期码头	
仓库	该票货物到指定地点装箱	
车队	安排车队 2 号拉柜装箱	
派车信息	车队 1 号指定韩司机去拉柜,联系方式:18635678579,车牌号:皖 A345678	
件毛体	16 WOODEN CASES/2500KGS/76.2CBM	
包装形式	采用木箱包装	
货物描述	MACHINERY(机械设备)	

名　称	输入内容	完成情况
装箱备注	留空	
费收备注	留空	
提箱时间	2012 年 11 月 10 日	
要求到达	2012 年 11 月 10 日下午 6 点 30 分前	
实际到达	2012 年 10 月 8 日下午 5 点 20 分	
执行情况	根据实际情况填写	
离厂时间	2102 年 10 月 8 日下午 9 点 15 分	

（3）练习资料 3

名　称	输入内容	完成情况
箱号	TGHU1659712	
箱尺箱型	20 英尺普柜	
封号	106221	
装箱地点	货代公司的指定仓库	
装箱方式	客户根据进仓编号 HX12306 把货物进到指定仓库（新兴仓库）	
内贸外贸	该票货物用于外贸出口	
码头	所配船公司停靠码头为北仑四期码头	
仓库	指定仓库	
车队	安排车队 3 号拉柜装箱	
派车信息	车队 3 号指定潘司机去拉柜,联系方式:13635908567,车牌号:皖 A098765	
件毛体	183CTNS/2061KGS/25.78CBM	
包装形式	采用纸箱包装	
货物描述	HATS(旅行帽)	
装箱备注	留空	
费收备注	留空	
提箱时间	2012 年 9 月 26 日	
要求到达	2012 年 9 月 27 日上午 11 点 30 分前	
实际到达	2012 年 9 月 27 日下午 1 点 02 分	
执行情况	根据实际情况填写	
离厂时间	2102 年 9 月 27 日下午 5 点 08 分	

5.根据车队安排的操作步骤,进行车队任务的安排操作。

【知识链接】 场站收据

场站收据(D/R＝Dock Receipt)也叫港站收据、码头收据。在珠江三角,通常叫重柜纸、码头纸、还重柜纸,在香港叫"尾纸"。

国际货代及集装箱运输业所说的"场站收据"是"出口十联单"中的三联,即第五至七联。

这里需要说明的是,实务中许多人把"出口十联单"称作场站收据。这种说法实际上把"场站收据"与"出口十联单"画了等号。或者可能这样理解场站收据:广义的场站收据指"出口十联单",狭义的场站收据指"出口十联单"中的第五至七联。

1.场站收据及其流转程序。

场站收据是由承运人发出的证明已收到托运货物并开始对货物负责的凭证。与传统件杂货运输所使用的托运单证比较,场站收据是一份综合性的单证,它把货物托运单(订舱单)、装货单(关单)、大副收据、理货单、配舱回单、运费通知等单证汇成了一份,这对于提高集装箱货物运输的效率有很大的意义。

场站收据一般是在托运人口头或书面订舱,与船公司或船代达成了货物运输的协议,船代确认订舱后,在码头堆场、集装箱货运站或内陆货站收到整箱货或拼箱货后签发给托运人,证明已收到货物,托运人或其代理人可凭场站收据,向船代换取已装船或待装船提单或其他多式联运单证的收据。

2.场站收据的作用。

(1)船公司或船代确认订舱,并在场站收据上加盖报送资格的单证章后,将场站收据交给托运人或其代理人,这就意味着运输合同关系建立。

(2)场站收据是出口货物报关的凭证之一。

(3)场站收据是承运人已收到托运货物并开始对其负责的证明。

(4)场站收据是换取海运提单或多式联运提单的凭证。

(5)场站收据是船公司及港口组织装卸、理货和配载的凭证。

(6)场站收据是运费结算的依据。

(7)如信用证中有规定,可作为向银行结汇的单证。

需要说明的是,COSCO对S/O的叫法,在长三角叫"配舱回单",在珠三角叫"订舱确认单"。

项目三 报关单信息

【任务说明】

在报关单证管理界面输入该票货物的报关信息,即报关单涉及的有关内容,最为主要的是出口收汇核销单的号码,以及领取、退还、邮寄报关单证的日期及当事人,以便做好单证的追踪。

【实训目标】

1.学会两种进入报关单证管理界面的方法。

2.熟悉报关单证管理界面。

3.掌握各栏的功能。

4.能根据相关内容来完成报关单证信息的录入。

【操作步骤】

1.在托单列表中选中一票托单点击"报关",进入报关单信息输入界面,或者在托单编辑界面点击"报关单证",进入报关单管理界面。如图 5-3-1、图 5-3-2、图 5-3-3 所示:

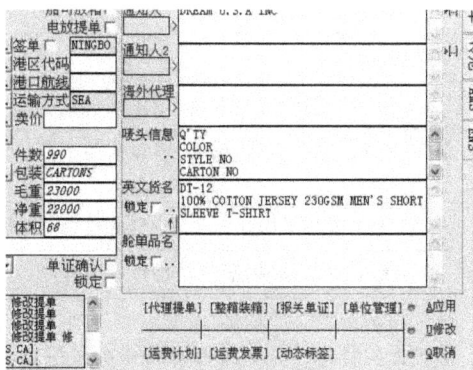

图 5-3-1

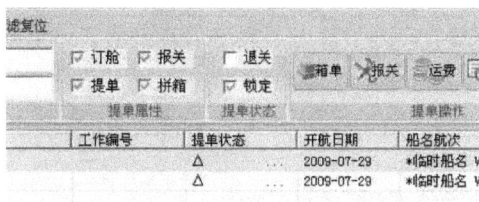

图 5-3-2

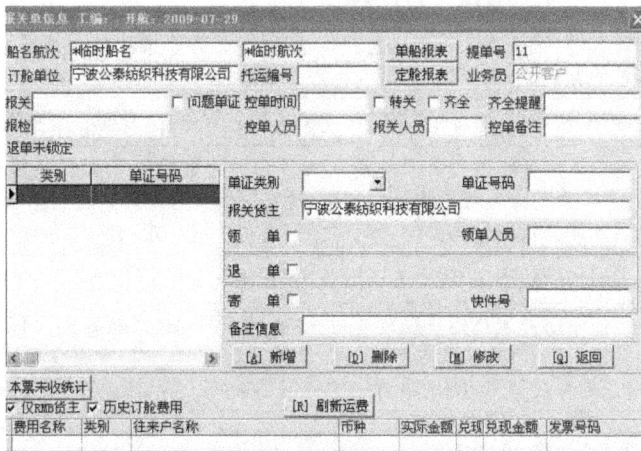

图 5-3-3

2. 在上图界面的相应空格中输入报关行、单证类别、号码、日期等信息。各栏的主要功能和输入方法做如下介绍，请对照各栏的功能说明来填写：

各栏的主要功能和输入方法

名　　称	功能说明
船名航次	运输此票货物的具体运输工具的名称。由于在编辑一份新托单时，我们假定是在临时船名临时航次下的货物，等到此票货物得到船公司订舱确认后，也即确定了此票货物的具体运输工具，即明确了船名和航次。通常情况下，我们需要通过对此票货物的转船来完成。因此在这两个空格中填入具体的船名和航次。船名和航次可以通过下拉选择确认（前提是已经事先设置了船名航次代码）
提单号	是指该票货物的提单号码
订舱单位	选取该票托单的订舱单位
托运编号	选取托单的托运编号，如果托单中没有设置的，也不在此处显示，可以留空
报关	此处填写报关员或报关行名称，可下拉选取确认（报关行名称必须在代码设置里先行设置，下面会做简要的介绍）
报检	如果此票货物需要报检，此处填写报检员，可下拉选取确认（同上，需先进行代码设置）
齐全	报关资料是否齐全，打钩表示齐全；如果不齐全可以在齐全提醒中填写缺少的信息
单证类别	单证的种类，如核销单、报关单、手册、配额、通关单等；可下拉选取已经做好的代码，或手工输入新的单证类别。对于任何货物的出口，核销单和报关单是必需的单证；对于来料加工、进料加工等贸易方式而言，还需要提供来料加工手册或进料加工手册，这时要补充选择手册；对于需要商检的货物来说，还需要提供通关单；对于需要配额或许可证才能出口的货物，还需要提供相应的配额和许可证
单证号码	单证号码，输入核销单号、手册号、许可证号、通关单号等，根据需要进行新增输入
报关货主	用于标识哪家货主委托报关，可以通过回车选择确定。具体根据客户提供的资料来定
领单日期	在"领单"前打钩，然后再输入相应的日期，即从报关货主那里拿到单证的日期。日期的输入格式为 2012-07-08
领单人员	输入从报关货主那里拿到单证的相关人员
退单日期	在"退单"前打钩，然后再输入相应的日期，即海关把出口核销单和报关单退下来的日期
邮寄日期	在"寄单"前打钩，然后再输入相应的日期，即把海关退下来的单证寄给报关货主的日期。对于付款买单的客户，由客户先行付款，再寄送单证
快件号	邮寄时快件号码。寄送单证的时候，快递单子都应有留存，以便日后查询以明确责任
问题单证	这项功能是为了避免输入报关单的输入人员和报关单的退单人员间传递信息有误而设置。打了钩，系统会自动产生控单人员和控单日期，任何人都不能再进行新增、修改、删除操作；只有控单人员才能把错单的钩去掉，解锁之后，报关单信息才允许改动
控单备注	输入需要说明控单的理由，做些必要的备注（手工输入）
费用信息	费用信息区便于财务人员能直观地看到货主的付款情况，以决定是否能退单；在费用管理界面能看到几笔费用，则在报关单界面就能看到几笔费用。即：费用查看权限通用，可以对费用做"只看应收的费用""只看 RMB 货主的费用"的过滤

3. 点击"修改"按钮，保存输入的信息。

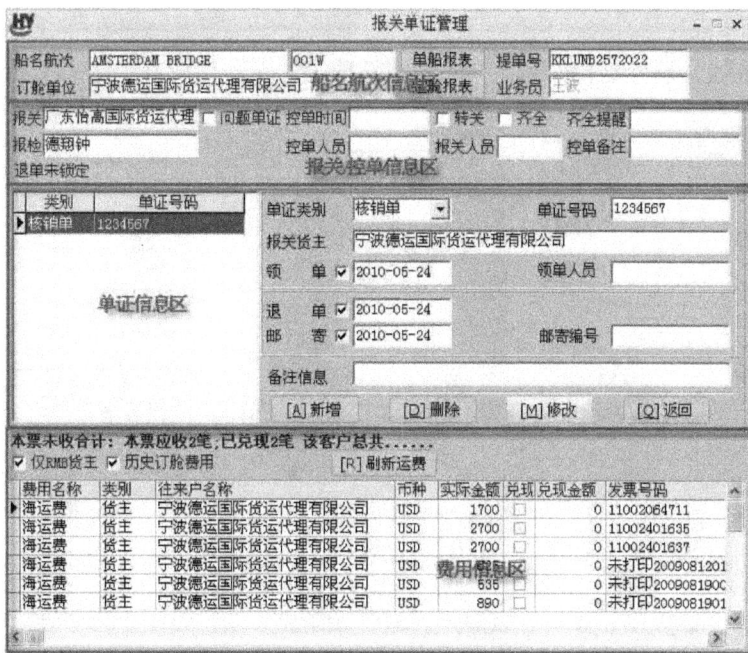

图 5-3-4

4. 关于报关、报检代码设置的补充说明：由于此项目的内容涉及报关行的信息和报检信息的录入，所以只有掌握如何对一个新的报关行进行代码设置，才能在报关单证管理界面中进行报关行的回车选取。所以下面我们来介绍报关行等往来户的代码设置。设置方法同样适用于车队、箱属公司等代码设置。

（1）点击左上角的大按钮，选择"系统维护"下的"代码设置"并点击，就回到了代码设置界面。界面如图 5-3-5 所示：

图 5-3-5

（2）下拉"基础代码"处的箭头，选择点击"客户代码"后，点击"往来户"就出现图 5-3-6 界面：

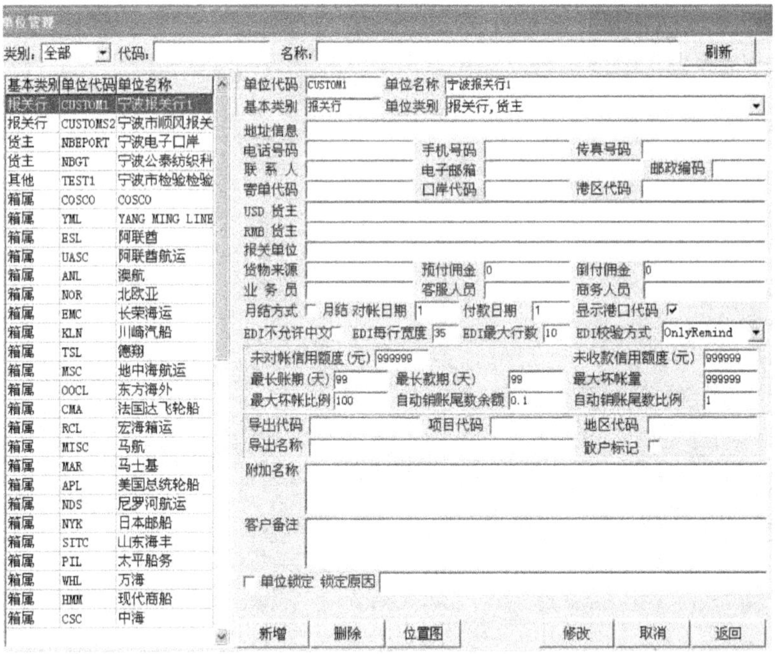

图 5-3-6

（3）在"单位管理"界面的最后一行点击"新增"，即可以设置新的往来户代码了。

（4）假如我们来设置一个新的报关行代码，把这个报关行命名为：宁波明州报关行，单位代码为 MZBG，"基本类别"就可以通过回车选取的方式进行确认，"单位类别"通过下拉箭头选择打钩确定。地址、电话、手机等信息都是选填项，可以根据实际情况来填写。

（5）点击"修改"。左边就出现了新设置的报关行了，如图 5-3-7 所示：

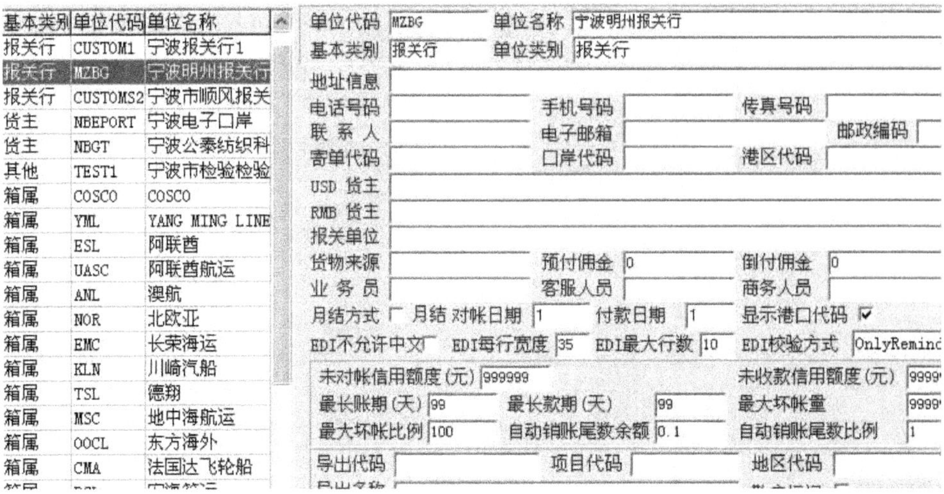

图 5-3-7

6.新增车队、报检、堆场、海外代理都可以在此界面通过以上方式进行新增。如果设置错误,需要删除的,可以在左边选中需要删除的单位,点击"删除",根据提示,选择确定。

【实训练习】

1.根据以下背景资料完成报关单信息的录入。

(1)宁波公泰纺织科技有限公司的一票货物被配在 WAN HAI 263/S155 的船下,提单号为COSU78656789,该票货物委托宁波天一报关行进行报关,此票货物需要向宁波市检验检疫局申请商检,取得通关单后方可出口。货代公司的小吴于 2015 年 10 月 6 日从货主处取回全套的报关单证,包括出口收汇核销单 BA018936,通关单号 G123567。宁波天一报关行的地址:宁波市江东区兴宁路 36 号,联系人:张先生,电话:18678905055。报关行将全套报关单据提交海关后,海关放行,于 17 日将核销单及报关单退回至货代公司,货主付清运费后,货代公司与 26 日将报关单及核销单寄回宁波公泰纺织科技有限公司。

(2)宁波超越纺织品进出口公司的一票货物被配在 MAERSK MERLION/203E 的船下,提单号为 MAEU03245008,该票货物委托宁波豪峰报关公司(地址:宁波市中山东路 867 号,联系人:王小姐,电话:87991573)进行报关,此票货物的贸易方式为来料加工,使用来料加工手册号为 C54637,货主自行将全套报关单据寄给货代公司小张,其中包括一张出口收汇核销单 Z355672。此票货物顺利通过海关放行,于 2012 年 10 月 12 日将报关单等单据退回,按照货代公司与货主之间的协议,单据于 10 月 13 日寄给货主。

2.学号相邻的两个同学根据以下表格分别就对方的完成情况做如下记录。录入内容栏填写正确的内容,完成情况:如果正确打钩,不正确或未完成打叉。

姓名		学号	
名称	录入内容		完成情况
船名航次			
提单号			
订舱单位			
托运编号			
报关			
报检			
齐全			
单证类别			
单证号码			
报关货主			
领单日期			
领单人员			
退单日期			

邮寄日期		
快件号		

3. 熟悉控单操作和删除报关信息的操作。

【知识链接】 设备交接单

1. 作用与功能。

设备交接单是集装箱(不管是吉柜还重柜)进出港区、场站时,用箱人、运箱人与管箱人之间交接集装箱及其他机械设备的凭证,并兼有管箱人发放集装箱凭证的功能。当集装箱或机械设备在集装箱码头堆场或货运站借出或回收时,由码头堆场或货运站制作设备交接单,经双方签字后,作为两者之间设备交接的凭证。

设备交接单主要作为拖车公司到堆场提取吉柜,重箱进码头时与堆场、码头检查口交接的凭证。若是作为到堆场提取空箱的凭证,则通常又叫"集装箱发放通知单(container release order)"或者"空箱提交单(epuipment despatch order)"或"放柜纸"或"提柜纸"。

当它作为管箱人发放集装箱的凭证时,根据装货方式的不同,通常由堆场或拖车公司派人到船代箱管科打印设备交接单。

(1)内装(场装):由堆场派人办理。

(2)外拖(拖装):由拖车公司派人办理。

(3)打印设备交接单前需要的单证:排载单第五联、提箱申请书、船东确认书。

通常,拖车行的司机根据设备交接单、提箱申请书及排载单的第六联附页提柜,若未提到柜应及时与船东联系,更改设备交接单上的提柜点。提到柜后把箱号/封签号报给货代。

集装箱设备交接单分进场和出场两种,交接手续均在码头堆场闸口办理。

出码头堆场时,码头堆场工作人员与用箱人、运箱人就设备交接单上的以下主要内容共同进行审核:用箱人名称和地址,出堆场时间与目的,集装箱箱号、规格、封志号以及是空箱还是重箱的确认,有关机械设备的情况正常还是异常等。

进码头堆场时,码头堆场的工作人员与用箱人、运箱人就设备交接单上的下列内容共同进行审核:集装箱、机械设备归还日期、具体时间及归还时的外表状况,集装箱、机械设备归还人的名称与地址,进堆场的目的,整箱货的交箱货主的名称和地址,拟装船的船次、航线、卸箱港等。

2. 集装箱发放和交接的依据。

集装箱的发放和交接,应依据《提货单》(进口时)、《订舱单》(出口时)、《场站收据》以及这些文件内列明的集装箱交付条款,实行《集装箱设备交接单》制度。从事集装箱业务的单位必须凭《集装箱设备交接单》办理集装箱的提箱(发箱)、交箱(还箱)、进场(港)、出场(港)等手续。

3. 交接责任的划分。

(1)船方与港方交接以船过为界。

(2)港方与货方(或其代理人)、内陆(公路)承运人交接以港方检查桥为界。

（3）堆场、中转站与货方（或其代理人）、内陆（公路）承运人交接以堆场、中转站道口为界。

（4）港方、堆场中转站与内陆（铁路、水路）承运人交接以车皮、船边为界。

4.进口重箱提箱出场的交接。

进口重箱提离港区、堆场、中转站时，货方（或其代理人）、内陆（驳船、公路、铁路）承运人应持海关放行的《进口提货单》到集装箱管理人指定的现场办理处办理集装箱发放手续。集装箱管理人依据《进口提货单》、集装箱交付条款和集装箱运输经营人有关集装箱及其设备使用和租用的规定，向货方（或其代理人）、内陆承运人签发《出场集装箱设备交接单》和《进场集装箱设备交接单》。货方、内陆承运人凭《出场集装箱设备交接单》到指定的地点提取重箱，并办理出场集装箱设备交接；凭《进场集装箱设备交接单》将拆空后的集装箱及时交到集装箱管理人指定的地点，并办理进场集装箱设备交接。

5.出口重箱交箱（收箱）、进场的交接。

出口重箱进入港区，货方、内陆承运人凭《集装箱出口装箱单》或《场站收据》《进场集装箱设备交接单》到指定的港区交付重箱，并办理进场集装箱设备交接。指定的港区依据《出口集装箱预配清单》《进场集装箱设备交接单》《场站收据》收取重箱，并办理进场集装箱设备交接。

6.空箱的发放和交接。

空箱提离港区、堆场、中转站时，提箱人（货方或其代理、内陆承运人）应向集装箱管理人提出书面申请。集装箱管理人依据《出口订舱单》《场站收据》或《出口集装箱预配清单》向提箱人签发《出场集装箱设备交接单》或《进场集装箱设备交接单》。提箱人凭《出场集装箱交接单》到指定地点提取空箱，办理出场集装箱设备交接，凭《进场集装箱设备交接单》到指定地点交付集装箱，并办理进场集装箱设备交接。

7.收、发箱地点应履行的手续。

按照指定的收、发箱地点，凭集装箱管理人签发的《集装箱设备交接单》受理集装箱的收、发手续；凭《出场集装箱设备交接单》发放集装箱，并办理出场集装箱设备交接手续；凭《进场集装箱设备交接单》收取集装箱，并办理设备交接。

8.出场集装箱设备交接的主要内容。

（1）提箱（用箱人和运箱人）。

（2）发往地点。

（3）用途（出口时提柜装货、修理、进口重箱提离码头等）。

（4）集装箱号、封号。

（5）集装箱尺寸、类型。

（6）集装箱所有人。

（7）提离日期。

（8）提箱运载工具牌号。

（9）集装箱出场检查记录（完好或损坏）。

9.进场集装箱设备交接单的主要内容。

（1）送箱人。

（2）送箱日期。

（3）集装箱号、封号。

（4）集装箱尺寸、类型。

（5）集装箱所有人。

（6）用途。①返还重箱；②出口集装箱，此时需登记该集装箱发往的时间、地点（航次、时间）。

（7）送箱运载工具牌号。

（8）集装箱进场检查记录。

集装箱交接地点应详细、认真进行检查和记录，并将进、出场集装箱的情况及时反馈给集装箱管理人，积极配合集装箱管理人的工作，使集装箱管理人难够及时、准确地掌握集装箱的利用情况，及时安排集装箱的调运、修理，追缴集装箱延期使用费，追缴集装箱的损坏、灭失费用等。

项目四　托单管理中的其他功能

【任务说明】

对托单管理项目下的其他功能进行操作，当一票货物需要改配到其他运输工具时，如何通过托单转船的方式来实现；一份新的托单如何自动生成订舱编号，如何修改工编等。

【实训目标】

1.掌握"订舱新增"的操作。

2.掌握如何实现"托单转船"。

3.学会对现有托单进行工编的修改。

4.学会对现有托单自动生成订舱编号。

【操作步骤】

1.选中一份托单，点击右键，点中"托单管理"，右边就会出现"新增托单""订舱新增""复制托单""修改托单""删除托单""代理提单""托单转船"等按钮。托单新增我们已经在项目二里详细讲解过。

2.点击"订舱新增"，就出现图 5-4-1 界面：

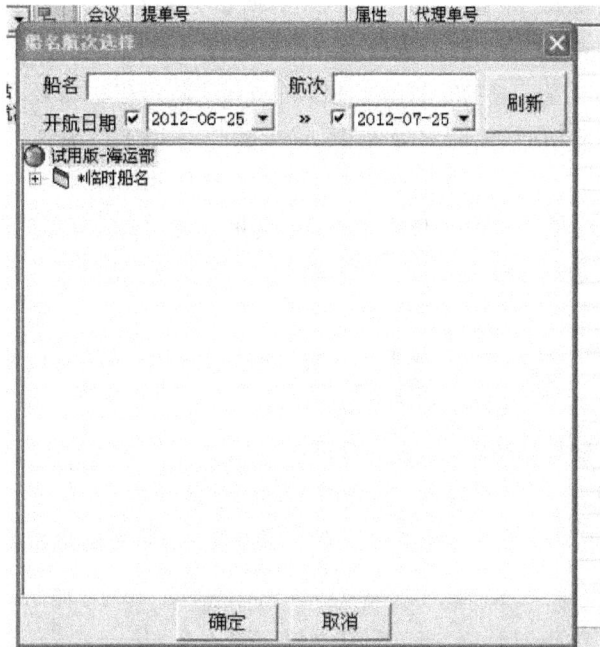

图 5-4-1

3.在船名空白框中通过回车下拉选取此票货物所配的船名,以同样的方式选择航次。这样就把该票货物配到了特定的船名航次下了,也就是指货物完成在特定时间开航的特定运输工具下。假设一票货物配载在 EASTERN EXPRESS/0123E 下,我们选择船名为 EASTERN EXPRESS,并通过下拉箭头选择合适的开航期限,选中相应的航次 0123E,点击"确定"。

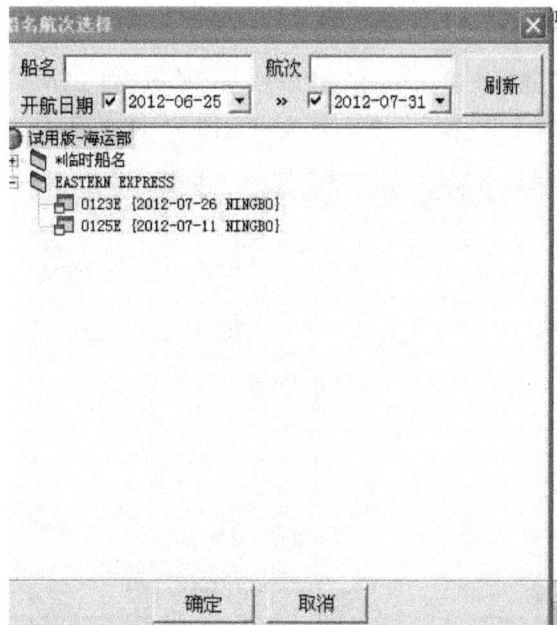

图 5-4-2

上图中选择开航日期,由于只出现一个船名,所以无需在船名后的空格处进行选择,在实际业务中会碰到很多个船名,可以通过上方的船名进行删选。

4.点击确定后就出现了与"新增托单"相同的界面,就可以进行托单的编辑了。这一情况跟托单的新增和编辑相同,不同之处在于,这个操作适用于已知该票货物的所配船只的情况。

5.在临时船名临时航次下的一份新的托单,也可以通过"托单转船"的功能来实现订舱新增相同的效果。先选中一份托单,点中"托单管理"下拉至"托单转船"并点击,会出现与上图相同的界面。

6.选中特定的船名航次,点击"确定",这样原来在临时船名临时航次下的那份托单就转到"EASTERN EXPRESS/0123E"下面了。

7.选择左边的开航日期期限,并点击刷新,出现了"EASTERN EXPRESS"的船名,点击改船名之前的"+",展开有2个航次。点击"0123E"航次,就会发现该航次下出现了原来在临时船名临时航次下的那份托单,提单号码发生了变化,在原来的提单号码前加了"♯"。如图5-4-3所示:

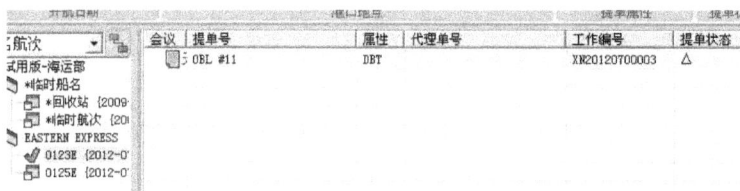

图 5-4-3

8.选中该票托单,可以通过点击该托单,或在"托单管理"下点击"修改托单"来修改该份托单的内容,如提单号码等。

9."修改工编"功能是对该票托单的工作编号进行修改,如工作编号发生改变,则通过此功能来实现。选中托单,点击"修改工编",就会出现图5-4-4界面:

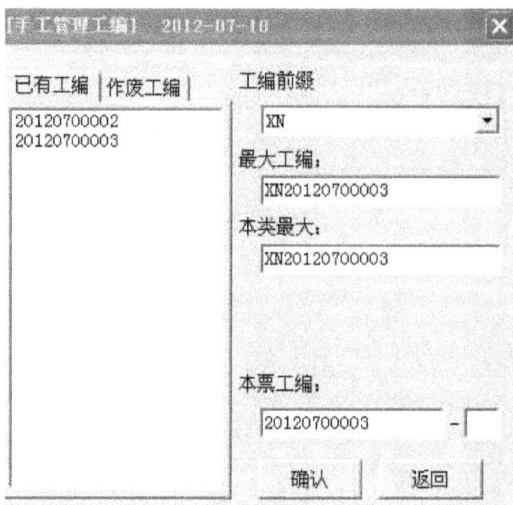

图 5-4-4

如在"本票工编"下修改号码为 20120700004，点击确认，那么这份托单的工作编号就改成了"XN20120700004"。

义	提单号	属性	代理单号	工作编号	提单状态
OBL #11		DBT	*#11	XN20120700004	△

图 5-4-5

10．"自动 BKNO"是指系统自动生成某份托单的订舱编号，即 BOOKING 号码。选中一份托单，如果该托单没有订舱编号，如图 5-4-6 所示：

口地点			提单属性	提单状态		提单操作		
作编号	提单状态	开航日期	船名航次		F.	托运编号	BOOKING	订舱单位
20120700004	△	2012-07-26	EASTERN EXPRESS V.012...		F			宁波公泰纺织科...

图 5-4-6

点右键下拉到"自动 BKNO"后点击，就会自动生成订舱编号。编号为 NBWEB1036。也可以点击进入托单编辑见面查看确认。

工作编号	提单状态	开航日期	船名航次	F.	托运编号	BOOKING	订舱单位
XN20120700004	△	2012-07-26	EASTERN EXPRESS V.012...	F		NBWEB1036	宁波公泰纺织科

图 5-4-7

11．"代理提单"功能。代理提单通常是指货代提单，称为 HOUSE B/L（简称 HBL），是相对于 MASTER B/L（简称 MBL）而言的。如果要求出具 HBL，也就是由货代公司出具提单给货主，而船公司出具海运提单给货代公司，一票货物两份提单。货代提单和海运提单关于货物的描述都是一致的，不同之处在于，两份提单的发货人、收货人不同。所以在操作"代理提单"时只需要变化收发货人信息就可以了。选中托单，点击右键，下拉"托单管理"的"代理提单"并点击，出现图 5-4-8 界面：

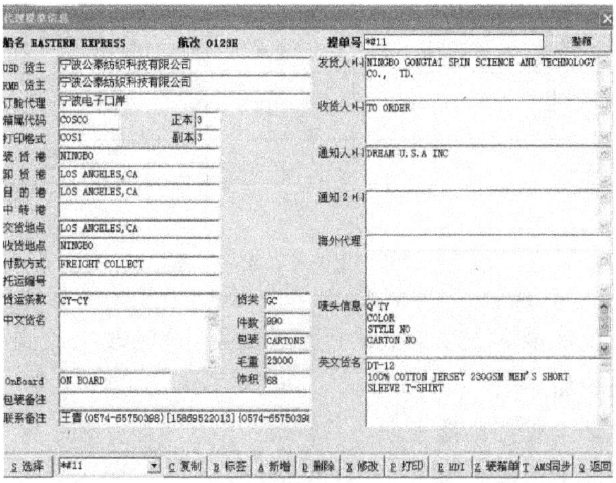

图 5-4-8

在上述的界面中进行代理提单信息编辑,编辑方法跟托单编辑相同,这里不做详细介绍。编辑后点击最下方的"修改",代理提单就生成了。

还有一种方法可以进行"代理提单"的信息编辑,就是在原来的托单编辑界面,点击"代理提单",会出现与上述相同的结果。

【实训练习】

1.通过"订舱新增"按钮来新增一份托单(明细如下表)。运输工具名称:GREENWICH/057W,预计离开宁波港起航的时间是 2014 年 12 月 16 日。

出口货物明细

公司编号	无		日期	DEC. 20, 2012	
(1)发货人		(4)信用证号码		2011LC116	
NINGBO CHEMICAL IMP. & EXP. CO. LTD. ROOM 306-309, ZHONGYIN MANSION, NINGBO CHINA		(5)开证银行	BANK OF CHINA, BARCELONA		
		(6)合同号码	02EC301302	(7)成交金额	USD18000.00
		(8)装运口岸	NINGBO	(9)目的港	BARCELONA
(2)收货人		(10)转船运输	YES	(11)分批装运	NO
TO ORDER		(12)信用证效期	SEP15, 2012	(13)装船期限	AUG. 31 2012
		(14)运费	USD2800	(15)成交条件	CIF
		(16)公司联系人	张先生	(17)电话/传真	87321320
(3)通知人		(18)公司开户行	中国银行	(19)银行账号	
HOP TONG HAI LTD. BLK 15, NORTH BRIDGE ROAD, ♯05-9370 BARCELONA, SPAIN, 10032		(20)特别要求 1.货已备妥,请速配,8 月 31 日之前开船到纽约 1 个 20 英尺普柜 2.自拉自报			

(21)标记唛码	(22)货号规格	(23)包装件数	(24)毛重	(25)净重	(26)数量	(27)单价
N/M	100% COTTON SHIRTS	720CTNS	10KGS/CTN	8KGS/CTN	7200PCS	USD25.00/PC
(28)总价	(29)总件数	(30)总毛重	(31)总净重	(32)总尺码	(33)总金额	
USD18000.00	720CTNS	7200KGS	5760KGS	25 CBM	USD 18000.00	
(34)备注：无						

公司名:宁波化工进出口公司   地址:宁波市中银大厦 306-309 室

2.此票货物由于没能准时交货,赶不上上述船期,只能改配载到下周开的 059W 航次上。完成上述托单的转船。

3.对该票托单自动生成订舱编号。

4.对该票托单修改工作编号为 XN20120700006。

5.对该票托单生成一份代理提单。发货人：NINGBO MINZHOU FORWARDING CO.，LTD。

收货人和通知人：HEADWIN FORWARDING CO.，LTD ．NEWROK BRANCH.，提单号码为：CMACGBBAC11208。

6.相邻学号的两位同学相互之间交叉检查完成。

7.思考：要完成上述操作步骤,你认为应该完成哪些模块的内容？并根据以下表格来考核你同桌的完成情况。

姓名		学号	
操作步骤	录入或操作内容		完成情况
船名航次新增			
订舱新增			
托单转船			
工作编号修改			
订舱编号			
代理提单			
代理提单的发收货人			

【知识链接】　装箱单

装箱单的英文名常见的有两个：Packing List(P/L)、Container Load Plan(CLP)。不常用的有 Packing Note、Specification List(这两个也翻译成"装箱单")。

而 Packing List 或 Packing Specification 除被称为装箱单外,还被称为包装单、码单、花色码单,是用以说明货物包装细节的清单。其作用主要是补充发票内容,详细记载包装方式、包装材料、包装件数、货物规格、数量、重量等内容,便于进口商或海关等有关部门对货物进行核准。

装箱单所列的各项数据和内容必须与提单等单据的相关内容一致,还要与货物实际情况相符。

1.Packing List 或 Packing Specification。

Packing List 或 Packing Specification 通常由 SHPR(发货人)制作,其主要用途是用于报关。一票货对应一套 P/L,若一票货要装几个柜,可只做一套 P/L。

有些书上称 Packing List 是商业发票(Commercial Invoice)的附属单据,它表明装箱货物的名称、规格、唛头、件数、重量、尺码、包装种类及花色搭配(assortment)等情况。作为发票的补充,以便在货物抵达目的港后,供海关验货和收货人核对货物。

对于不定量包装的商品须逐件列出每件(箱)包装的详细情况。Packing List 有时也与重量单以联合(合并)形式出具,此时单据名称为 Packing List and Weight Note。

有关 Packing List 的注意事项具体有以下几点：

(1)如果信用证规定要注明包装(inner packing),则必须在单据中充分表现出来。例如:"信用证规定,每件装一胶袋,每打一盒、每 20 打装一纸箱"则须注明"Packing each piece in a polybag,one dozen in a cardboard box and then 20 dozens in a carton"。

(2)Packing List 一般不显示货物的单、总价,因为进口商把货物转售给第三者时只交付 Packing List,一般不愿泄露其购买成本。

注意 P/L 与 PIL 的区别,PIL 指新加坡的太平船务公司(Pacific Int'l Lines)。

(3)若合同要求中性包装,此单的英文名称仍用 Packing List,但装箱单上不要出现出单人名称及其签章,即为中性包装单。

2.Container Load Plan。

CLP(Container Load Plan)是一种记载装箱货物具体货运资料、交付方式以及箱内积载(自内而外)的单证,所载各项必须与订舱单及场站收据保持一致,经装箱人签署方生效。每个载货的集装箱都要制作这样的单据,它是根据已装进集装箱内货物制作的。不论是由货人装箱、码头装箱,还是由 CFS 集装箱货运站负责装箱,集装箱装箱单是详细记载每个集装箱内所装货物情况的唯一单据。在以集装箱为交接单位进行运输时,这是一张很重要的单据。

集装箱装箱单的主要作用有以下几点:

(1)在装货地点作为向海关申报货物出口的代用单据。

(2)作为发货人、集装箱货运站与集装箱码头堆场之间货物的交接单。

(3)作为向承运人通知集装箱内所装货物的明细表。

(4)在进口国、途经国家,作为办理保税运输手续的单据之一。

(5)单据上所记载的货物与集装箱的总重量是计算船舶吃水差、稳性的基本数据。装箱单内容记载准确与否,对保证集装箱货物的安全运输有着密切的关系。

在南方有些公司称 Container Load Plan 为"装箱理货记录"。若内装(出口工厂把货送到码头仓库做柜),做柜完毕后由装箱单位制作"装箱理货记录",传真给出口厂;若是 LCL,则由负责装箱的拼箱公司制作 CLP。

关于 CLP 由谁制作的问题为:谁装箱,谁填写。另外,在施加封条的问题上,也是谁装箱谁加封。

项目五　拼箱操作

【任务说明】

1.完成若干票货物拼入一个箱子里面。

2.完成整箱并票操作。

3.完成拆票操作。

【实训目标】

1. 能根据出货货物的共性把若干票货物拼入一个箱子内，并通过软件系统完成操作。

2. 了解实现自由拼箱的条件。

3. 能解决整箱之间订舱票数、报关票数、出提单票数不一致的情况，并通过软件系统完成操作。

4. 能解决拼箱之间一票订舱、分票出提单，货代代理货，货主自拼货等情况。

【操作步骤】　拼箱操作——自由拼箱

操作实例要求：(1)三票托单的货物拼入一个箱子里面；(2)提单号分别为："APLU061477803""APLU061477805""APLU061477807"，箱号为："APLU9930487"；(3)拼箱用 L 表示，整箱用 F 表示。

1. 在装箱单列表的右键菜单"拼箱装箱单"中选中"新增拼箱装箱单"，如图 5-5-1 所示。

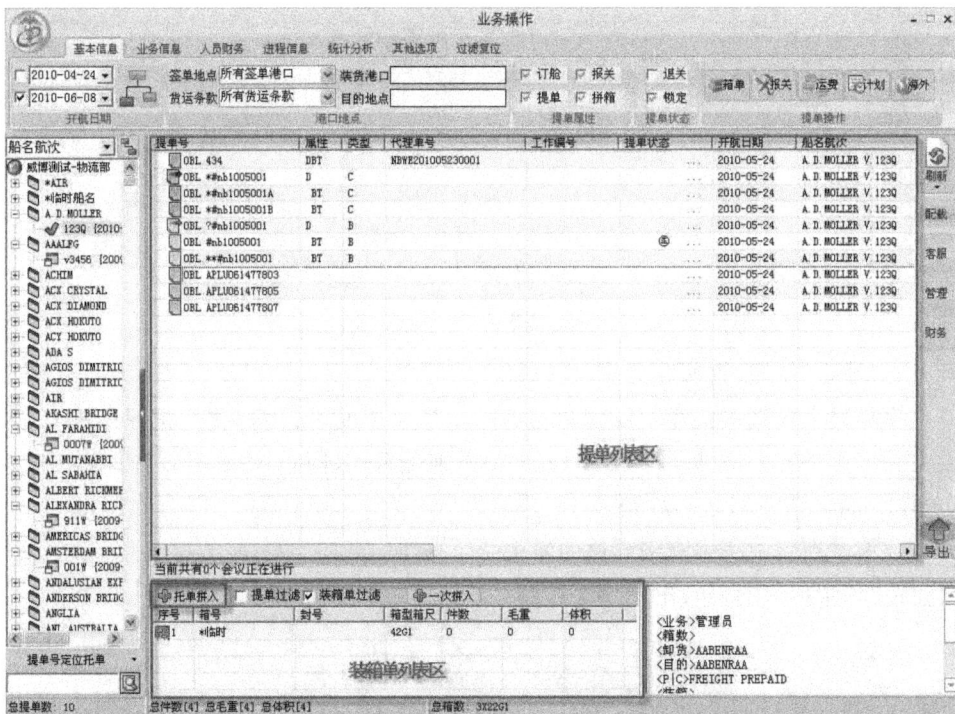

图 5-5-1

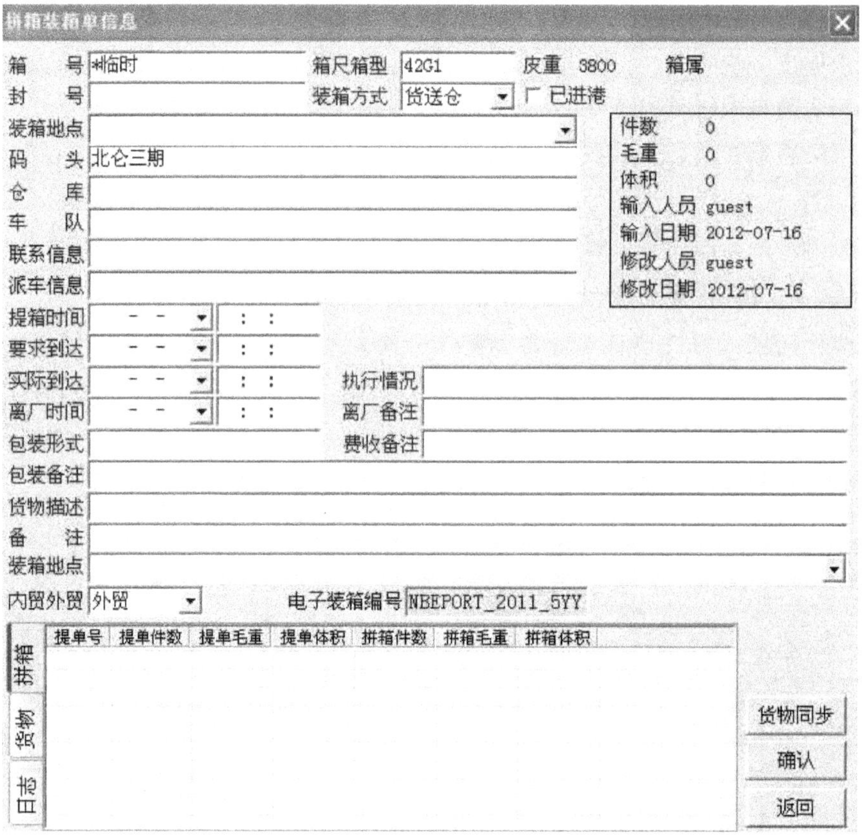

图 5-5-2

2. 点击"确定"按钮,返回业务操作界面。

3. 在提单列表区选中提单"APLU061477803"(为了便于讲解,我们把原来的一份托单再复制二份,现共有三份基本一致的托单,分别给予不同的提单号:APLU061477803、APLU061477805、APLU061477807)。

4. 在装箱单列表中选中刚刚新增的箱子。

5. 点击"托单拼入"按钮,出现拼入界面。

图 5-5-3

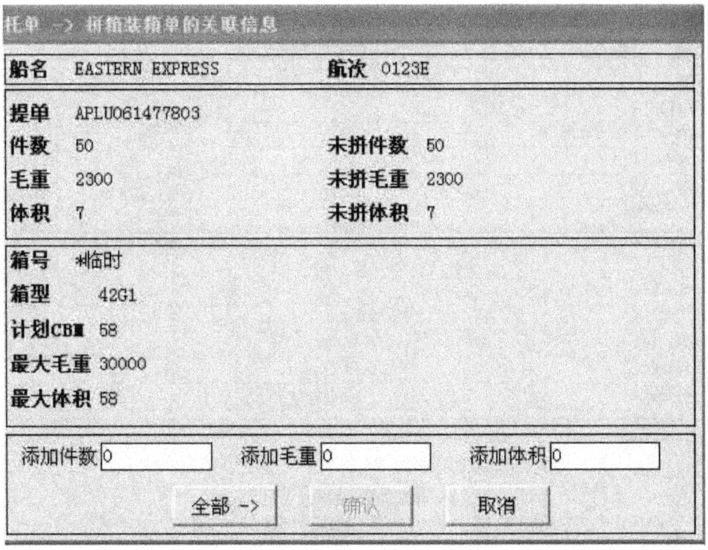

图 5-5-4

6. 该界面主要功能是确定该票提单的件毛体有多少拼入这个箱子里,确定两者的关联;提单信息包括提单的号码,件毛体以及未拼入的件毛体;箱子信息包括箱号(为临时)、箱型、箱子容量、最大的件毛体数据。

7. 点击"全部"按钮,则体积、毛重、件数输入框中会自动填入提单的未拼入件毛体,可手工调整。

图 5-5-5

8. 确认要拼入的件毛体之后,点击"确认"按钮,完成本次拼入。如果件毛体超过箱子的剩余容量,系统将拒绝拼入。

9. 在装箱单界面的拼入信息区,可看到刚才这票拼入的情况。

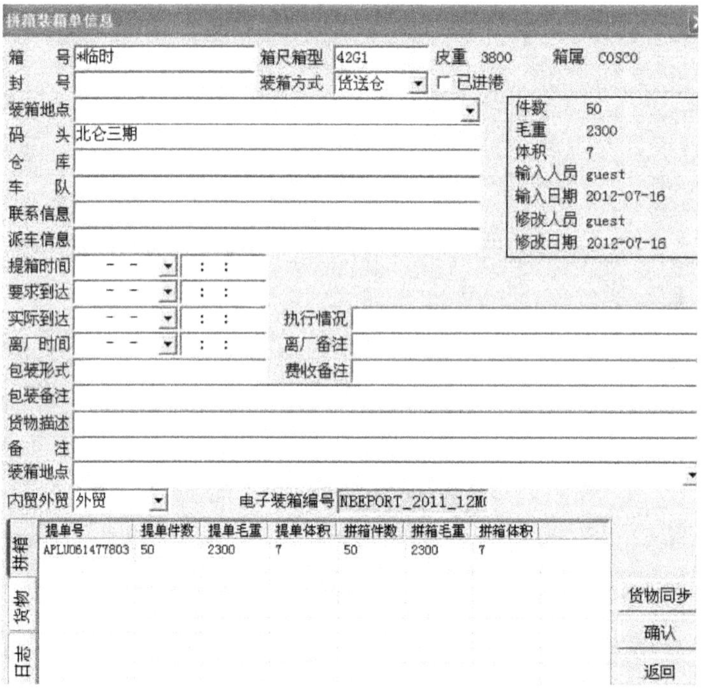

图 5-5-6

10.点击"返回"按钮,重复步骤 1—7,把其余两票提单也拼入。

在装箱单界面,双击装箱单,可直接打开拼箱装箱单界面,在拼入信息区显示的是三票提单的拼入情况。

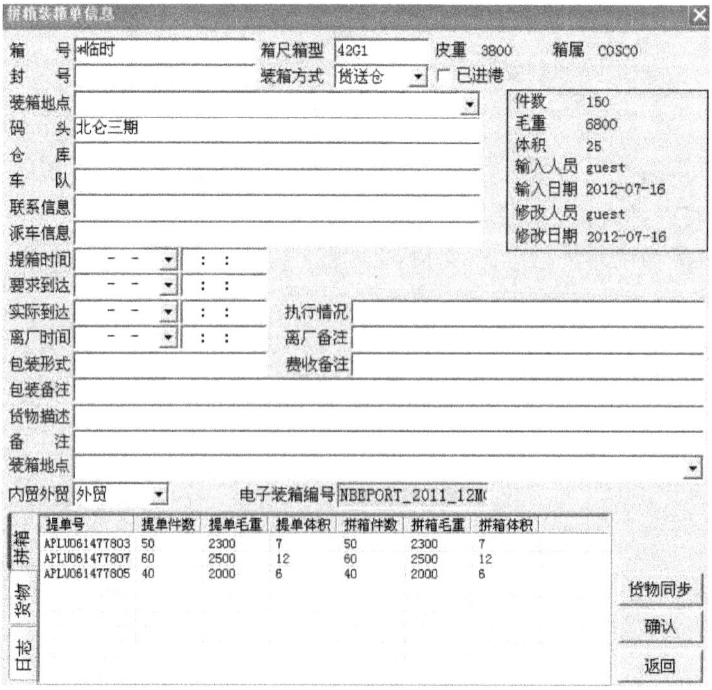

图 5-5-7

11.如果某票提单拼错了,可以在拼入信息区选中这票提单,双击打开拼入界面,进行调整。

12.如果要撤出某票提单的拼入,则选中这票提单,在右键菜单中点击"取消拼箱"即可。

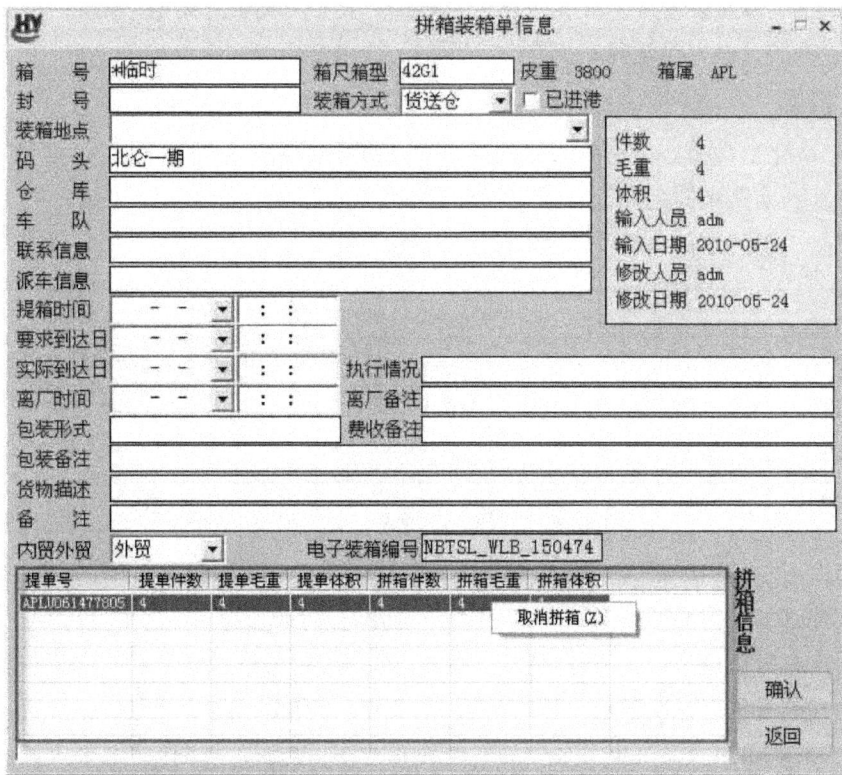

图 5-5-8

13.输入箱封号等箱子信息时,具体的输入方法可以参考项目二的内容。这里我们输入箱号 APLU9930487,封号 9930487,车队和仓库,提箱时间、包装形式等,并根据实际装箱情况更改集装箱箱型,然后点击"确认"。

14.拼完后,装箱单列表的件毛体和箱封号都已经更新,如图 5-5-9 所示。

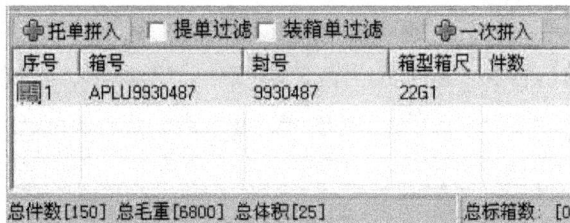

图 5-5-9

○操作备注:

(1)自由拼箱实现了托单、集装箱之间件毛体的灵活拼入,可以实现以下两种情况的操作要求:

①一个集装箱拼入多票托单的货物,就是操作实例中介绍的情况;

②一票托单拼到多个集装箱中,也即混拼。

(2)在操作自由拼箱作业时,要事先保证被拼箱的货物必须是拼箱,不能是整箱货,如果"F/L"类型是"F",要通过点击右键下拉"托单管理"至"修改整拼类型"修改为"L"后才可以进行如上所示的自由拼箱过程的操作。

【实训练习】

1.以宁波化工进出口公司的一份托单为本,进行以下操作:

(1)另复制两份相同的托单。

(2)更改三份托单的数据。

	托单一	托单二	托单三
提单号	SNL2KHCL200647	SNL2KHCL200645	SNL2KHCL200643
毛重	800KGS	1600KGS	2400KGS
件数	40CTNS	80CTNS	120CTNS
体积	4CBM	8CBM	12CBM

(3)把以上三份托单拼入一个集装箱内,箱号为:TCNU6203696,封号:6203696,船名航次为:EVERGREEN MELON/ 360E,预计开航时间为:2012 年 10 月 18 日。

(4)输入仓库信息为仓库 2 号,地址:宁波市北仑区新大路 890 号(如果系统里没有此仓库,请通过代码设置进行新增);提箱时间为 2012 年 10 月 15 日。

2.以宁波超越纺织品进出口公司的一份托单为本,进行以下操作:

(1)更改托单信息。

托单信息	更改内容
提单号	SNLKHCNL675890
毛重	3500KGS
件数	600CTNS
体积	61CBM

(2)将上述托单的货物拼入多个集装箱中,拼箱的情况如下(其他数据和信息自拟):

集装箱	毛重	件数	体积	箱号	封号
集装箱 1	1000KGS	180CTNS	20CBM	PCIU3772796	3772796
集装箱 2	1200KGS	200CTNS	25CBM	PCIU3772794	3772794
集装箱 3	1300KGS	220CTNS	26CBM	PCIU3772795	3772795

3.将上述新增的拼箱信息删除。

4.再做一次上述操作,相邻两学号之间相互交叉检查各自的完成情况。

【操作步骤】　拼箱操作——并票

本案例以两票托单 APLU061477801 和 APLU061477802,一票一个箱子, 一票两个箱子,并成一票定舱为例来进行并票的操作步骤。

前提:为了方便讲解,先在 EASTERN EXPRESS/0123E 下转船两份托单到 EASTERN EXPRESS/0125E 下,更改提单号分别为 APLU061477801 和 APLU061477802,提单号 APLU061477801 项下的货物为一个 40 英尺柜,提单号 APLU061477802 项下的货物为两个 20 英尺柜子。

1. 选中需要并在一起的子票托单,子票必须是普通整箱,可以使用 Ctrl 或 Shift 键多选。

2. 在右键菜单的"拼票并票"中选中"并票"。

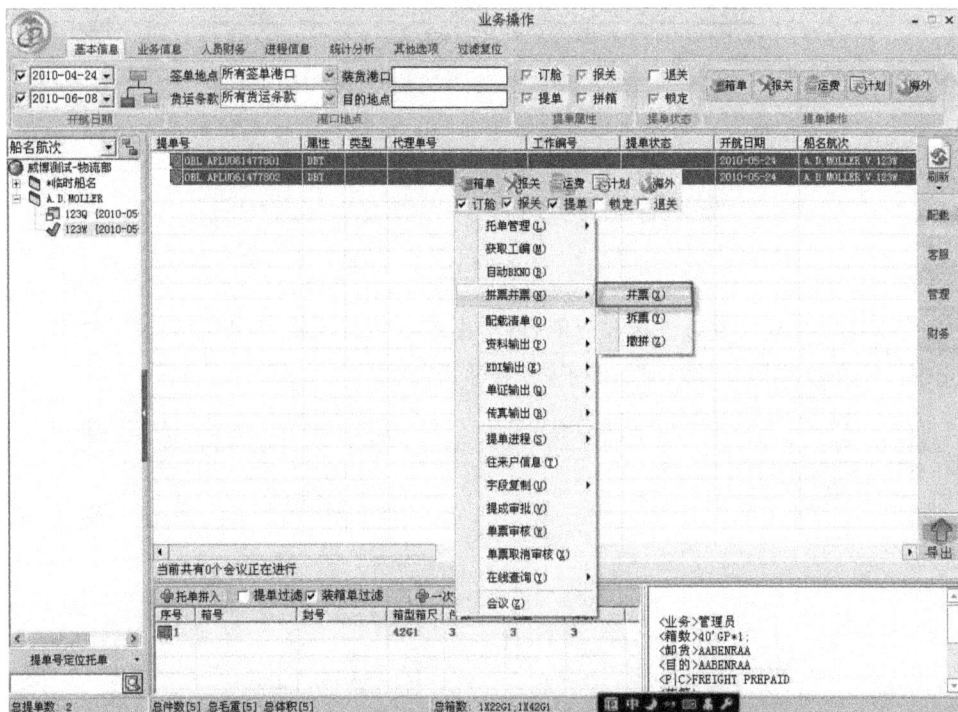

图 5-5-10

3. 出现提示框:"下列内容不一致,是否继续？卸货港、交货地点、"这时候就应该检查卸货港、交货地点等是否一致,一般情况下只有这些内容保持一致的情况下,才可以并票。

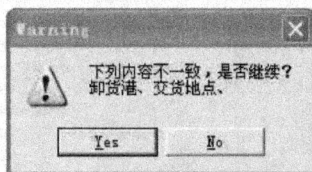

图 5-5-11

4. 点击"Yes"后会出现另一个提示框:"是否建立关键票？"如果选是,则会多出一票作为主票,见步骤5;如果选否,把其中的一票做为主票,见步骤6。主票图标上有个右箭头,用于区分主票和分票。

5.建立关键票:系统自动新增一票托单作为主票,主票件毛体取两个子票的和。

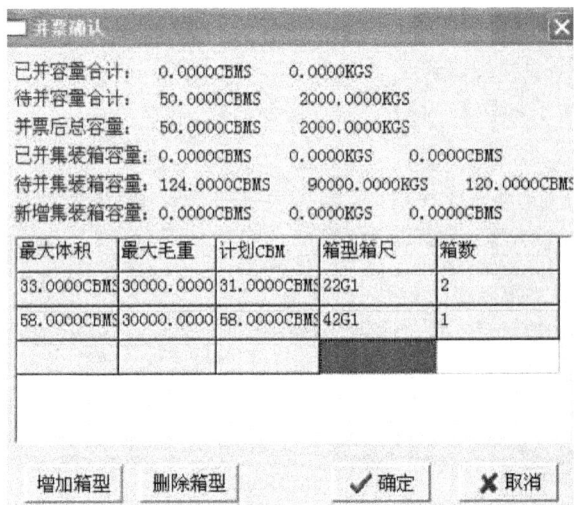

并票确认

已并容量合计:	0.0000CBMS	0.0000KGS	
待并容量合计:	50.0000CBMS	2000.0000KGS	
并票后总容量:	50.0000CBMS	2000.0000KGS	
已并集装箱容量:	0.0000CBMS	0.0000KGS	0.0000CBMS
待并集装箱容量:	124.0000CBMS	90000.0000KGS	120.0000CBMS
新增集装箱容量:	0.0000CBMS	0.0000KGS	0.0000CBMS

最大体积	最大毛重	计划CBM	箱型箱尺	箱数
33.0000CBMS	30000.0000	31.0000CBMS	22G1	2
58.0000CBMS	30000.0000	58.0000CBMS	42G1	1

增加箱型　　删除箱型　　✓ 确定　　✗ 取消

图 5-5-12

点击"确认"后,返回到业务操作界面,就会出现一票新的托单,新的托单即是主票,提单号为其中一份托单的提单号之前加上了"?",属性为"D"。

合议	提单号	属性	代理单号	工作编号	提单状态		开航日期
	OBL ?APLU061477801	D			△	...	2012-07-11
	OBL APLU061477801	BT		XN20120700004	△	...	2012-07-11
	OBL APLU061477802	BT		XN20120700005	△	...	2012-07-11

图 5-5-13

件数	毛重	尺码	订舱代理	箱属	运输条款	P/C	箱型箱尺
1200	5500	108	宁波电子口岸	COSCO	CY-CY	CC	22G1*2;42G1*1;
700	3500	56	宁波电子口岸	COSCO	CY-CY	CC	42G1*1;
500	2000	50	宁波电子口岸	COSCO	CY-CY	CC	22G1*2;

图 5-5-14

可见,自动新增的托单(主票)的毛件体是下面两份托单(子票)的毛件体之和。

6.不建立关键票:其中的一票做为主票,主票的件毛体取原来两票提单毛件体的和。

合议	提单号	属性	代理单号	工作编号	提单状态		开航日期	航
	OBL APLU061477801	D		XN20120700004	△	...	2012-07-11	E/
	OBL APLU061477802	BT		XN20120700005	△	...	2012-07-11	E/

图 5-5-15

第一份为主票,图标上有个箭头,属性为 D。

7.这样主票和分票就建立了关联关系,选中任何一票都会看到对应箱子的信息。

8.如果要撤销主票和分票之间的关联关系,则选中主票或分票,在右键菜单的"拼票并票"中选中"撤拼"即可。

【实训练习】

1.以宁波化工进出口公司的一份托单为本,完成以下操作:

(1)复制两份托单。

(2)更改三份托单的数据。

	托单一	托单二	托单三
提单号	SNL2KHCL200601	SNL2KHCL200602	SNL2KHCL200603
毛重	1800KGS	2600KGS	1000KGS
件数	400CTNS	580CTNS	225CTNS
体积	45CBM	53CBM	20CBM
原箱量	1 个 40 尺柜	1 个 40 尺柜	1 个 20 尺柜

(3)把三份托单进行并票,系统自动新增主票。

(4)把新增的主票删除(先撤拼,然后删除主票)。

(5)再将三份托单进行并票,以不建立关键票的方式进行并票。

(6)修改主票提单号为 SNL2KHCL200604,此票货物将于 2012 年 11 月 5 日装上 COSCO BRIGHT/306W 的船。

根据附件中的考核评价表进行自评。

2.以宁波超越纺织品进出口公司的一份托单为本,进行如下操作(相邻学号的两个同学相互交叉操作并检查):

(1)新增船名航次:FOREVER YOUNG/208H,开航时间:2012 年 11 月 18 日,停靠码头:北仑三期。

(2)把宁波超越纺织品进出口公司的托单转配到以上船只下。

(3)在该船名航次下复制两份托单。

(4)更改三份托单的数据。

	托单一	托单二	托单三
提单号	SNLKHCNL675801	SNLKHCNL675802	SNLKHCNL675803
毛重	1000KGS	1800KGS	1500KGS
件数	200CTNS	360CTNS	245CTNS
体积	15CBM	23CBM	18CBM
原箱量	1 个 20 尺柜	1 个 20 尺柜	1 个 20 尺柜

（5）把三份托单进行并票，不建立关键票。

（6）撤拼后修改数据（以上述表格所示）。

（7）再重新把三份托单进行并票，建立关键票，并把主票的提单号改为 SNLKHC-NL675808。

根据以下的考核评价表进行相互评价。

3.思考讨论：并票的优点在哪里？

附件：考核评价表

步骤	完成情况	错误之处	如何改正
1			
2			
3			
4			
5			
6			
7			

【操作步骤】 拼箱操作——拆票

本案例以一票托单（提单号 APLU061477803）用于订舱，要求分 2 票报关出具提单，货物拼入一个箱子。此类案例一般用于解决拼箱之间一票订舱，分票出提单，通常是货代代理货，货代根据 MASTER 单来分票出具提单，或者是多个货主自拼货，货代公司出具 HOUSE 单。

1.选中需要订舱票托单 APLU061477803，订舱票必须是普通整箱（F）。

2.在右键菜单的"拼票并票"中选中"拆票"。

图 5-5-16

3.出现提示框："输入提单票数"，输入要拆分的票数，记分票的数目，点"确定"。

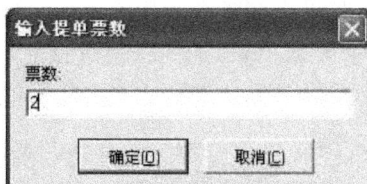

图 5-5-17

4.出现提示框："输入提单后缀规则"（如后缀为 A，则拆票后分票提单号为 APLU061477803A/ APLU061477803B 等），选好后缀后点"确定"。

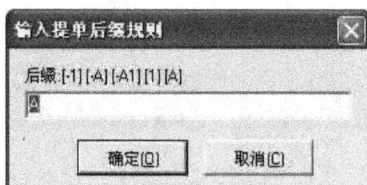

图 5-5-18

5.出现提示框："分票毛件体是否分拆？"。

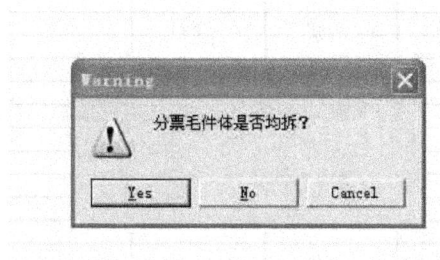

图 5-5-19

如果主票分拆成 2 票提单，均拆是指主票的毛件体平均分成 2 份，分票的毛件体是主票的一半。

如果选择"CANCEL"，就取消了拆票操作。

如果选择"NO"，就会出现提示框："分票毛件体是否设置 0？"。

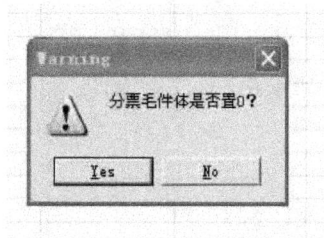

图 5-5-20

可以选择"Yes",那么分票的毛件体都为0,可以选择"NO",那么分票的毛件体自动为主票的毛件体。无论哪种选择,都可以通过修改托单来修改分票的毛件体数据。

6.这样主票和分票就建立了关联关系,选中任何一票都会看到对应箱子的信息。主票属性为"D",并且图标上有个右箭头。

会议	提单号	属性	代理单号	工作编号	提单状态	
	OBL APLU061477803	D		XN20120700008	△	…
	OBL APLU061477803A	BT			△	…
	OBL APLU061477803B	BT			△	…

图 5-5-21

分票的毛件体是主票的一半,毛件体均拆。

	提单状态				提单操作			
件数	毛重	尺码	订舱代理		箱属	运输条款	P/C	箱型箱尺
700	3500	56	宁波电子口岸		COSCO	CY-CY	CC	42G1*1;
350	1750	28	宁波电子口岸		COSCO	CY-CY	CC	
350	1750	28	宁波电子口岸		COSCO	CY-CY	CC	

图 5-5-22

7.如果要撤销主票和分票之间的关联关系,则选中主票或分票,在右键菜单的"拼票并票"中选中"撤拼"即可。撤拼后,属性就会发生变化。

会议	提单号	属性	代理单号	工作编号	提单状态	
	OBL APLU061477803	D		XN20120700008	△	…
	OBL APLU061477803B	BT			△	…
	OBL APLU061477803A				△	…

图 5-5-23

8.如果想把分票删除,可以点击右键,选中"托单管理"下拉至"删除托单",就可以根据提示框进行分票托单的删除操作。

【实训练习】

1.以宁波化工进出口公司的一份托单为本,完成以下操作:

(1)修改托单数据,毛件体为 1200CTNS/9000KGS/75CBM;提单号为 SNL2KHCL200610;订舱于 COSCO BRIGHT/308W 的船下(2012 年 12 月 18 日开航)。

(2)将这份托单进行拆票,拆成 3 票,毛件体均拆。

(3)撤销主票和分票的关系。

(4)删除分票。

根据并票操作的考核评分表来进行自评。

2.以宁波超越纺织品进出口公司的一份托单为本,进行如下操作(相邻学号的两个同学相互交叉操作并检查):

（1）修改托单数据，毛件体为 560CTNS/1100KGS/52CBM；提单号为 SNLKHC-NL675810；订舱于 FOREVER YOUNG/210H 的船下（2012 年 12 月 12 日开航）；

（2）将这份托单进行拆票，拆成 2 票，分票的毛件体分别为 300CTNS/600KGS/29CBM；260CTNS/500KGS/23CBM。

（3）撤销主票和分票的关系。

（4）删除分票。

根据并票操作的考核评分表进行相互评分。

3.思考讨论：在什么情况下需要使用拼箱操作中的拆票？

【知识链接】 集装箱拼箱业务

1.集装箱拼箱业务在操作时应该注意的问题。

随着国际贸易的迅速发展和运输服务的不断延伸，集装箱的拼箱运输被广泛地采用，但拼箱运输不同于整箱运输，它的运输要求有其特殊性和独立性。

（1）拼箱货一般不能指定某具体船公司，船公司只接受整箱货物的订舱，而不直接接受拼箱货的订舱，只有通过货运代理经拼箱货拼整后才能向船公司订舱，几乎所有的拼箱货都是通过货代公司"集中办托，集中分拨"来实现运输的。一般的货运代理由于货源的局限性，只能集中向几家船公司订舱，很少能满足指定船公司的需求。因此，在成交拼箱货时，尽量不要接受指定船公司，以免在办理托运时无法满足要求。

（2）在与客户洽谈成交时，应特别注意相关运输条款，以免对方的信用证开出后在办理托运时才发现无法满足运输条款。日常操作中我们时常遇到 L/C 规定拼箱货运输不接受货运代理的提单，因船公司不直接接受拼箱货的订舱，船公司的海运提单是出给货代的，而由货代再签发 HOUSE 单给发货人，如果信用证不接受货代提单，那么实际运输办理时就无选择空间。

（3）现在各地海关对敏感性和受商标产权保护的商品将重点查验。对于涉及知识产权的货物，应提前填妥知识产权申请表，无论有无品牌，无论是本公司或工厂注册的商标，还是客户定牌，都应事前准备妥相关的注册商标的资料或客户的授权书；对于货物品种繁多，一票托单中有多种不同类型的商品，制单时应详尽罗列各种货名及货号，不要笼统用一个大类商品编码代替，否则报关时会引起海关的疑问，从而在被查验时发现与实际货物不符，带来不予放行的麻烦。

2.集装箱拼箱业务出口流程。

（1）发货人自己负责将货物运至集装箱货运站；

（2）集装箱货运站负责备箱、配箱、装箱；

（3）集装箱货运站负责将装载的集装箱货物运至集装箱码头；

（4）根据堆场计划将集装箱暂存堆场，等待装船；

（5）根据装船计划，将集装箱货物装上船舶；

（6）通过海上运输，将集装箱货运到卸船港；

（7）根据卸船计划，从船上卸下集装箱货物；

(8)根据堆场计划在堆场内暂存集装箱货物,等待货运站前来提货;

(9)集装箱货运站掏箱交货;

(10)集装箱空箱回运。

3.集装箱拆箱交货业务。

集装箱拼箱货物运输在进出口业务中必然涉及拆箱交货业务,拆箱交货时,货物集散型的内陆港口站,在货运进口货运中的主要业务与要求一般为:

(1)做好交货准备工作。集装箱货运站在船舶抵港前,应从船公司或船代处获取有关单证,包括提单副本、货物舱单、装箱单、货物残损的报告和特殊货物表等。在船舶进港时间、卸船和堆场计划确定后,货运站应与码头堆场联系,确定提取拼箱集装箱的时间,并制订拆箱交货计划,做好拆箱交货的准备工作。

(2)发出交货通知。货运站应根据拆箱交货计划,及时向各收货人发出交货日期的通知。

(3)从堆场领取载货的集装箱。与码头堆场联系后,货运站即可从堆场领取载货集装箱,并办理设备交接单或内部交接手续。

(4)拆箱交货及还箱。从箱内取出货物,一般按装箱单记载顺序进行,取出的货物应按票堆存。拆箱后应将空箱尽快还给堆场,并办理设备交接单或内部交接手续。货运站代表承运人向收货人交付货物。收货人领货时,应出具船公司或其他运输经营人签发的、海关放行的提货单,货运站核对票、货无误后,即可交付货物。交货时,应与收货人在交货记录上签字,如有异常,应在交货记录上注明。

(5)收取有关费用。交付货物时,货运站应查核所交付的货物在站期间是否发生保管、再次搬运等费用,如发生,则应在收取费用后交付货物。

(6)制作交货报告与未交货报告。集装箱货运站在交货工作结束后,应根据货物交付情况制作交货报告和未交货报告,并寄送给船公司或其他运输经营人,作为他们处理损害赔偿、催提等的依据。

项目六　辅助功能

【任务说明】

1.根据要求进行智能筛选操作。

2.根据要求进行快速定位托单操作。

【实训目标】

1.熟悉业务操作界面中智能筛选功能的使用。

2.能够根据开航日期、港口地点来筛选托单或提单。

3.能够根据船名航次、订舱单位、箱属公司要求来筛选提单。

4.能根据提单号、工作编号、箱号等要求快速定位托单。

【操作步骤】 辅助功能——智能筛选

系统提供了筛选过滤托单信息的,几种过滤方式,主要有:

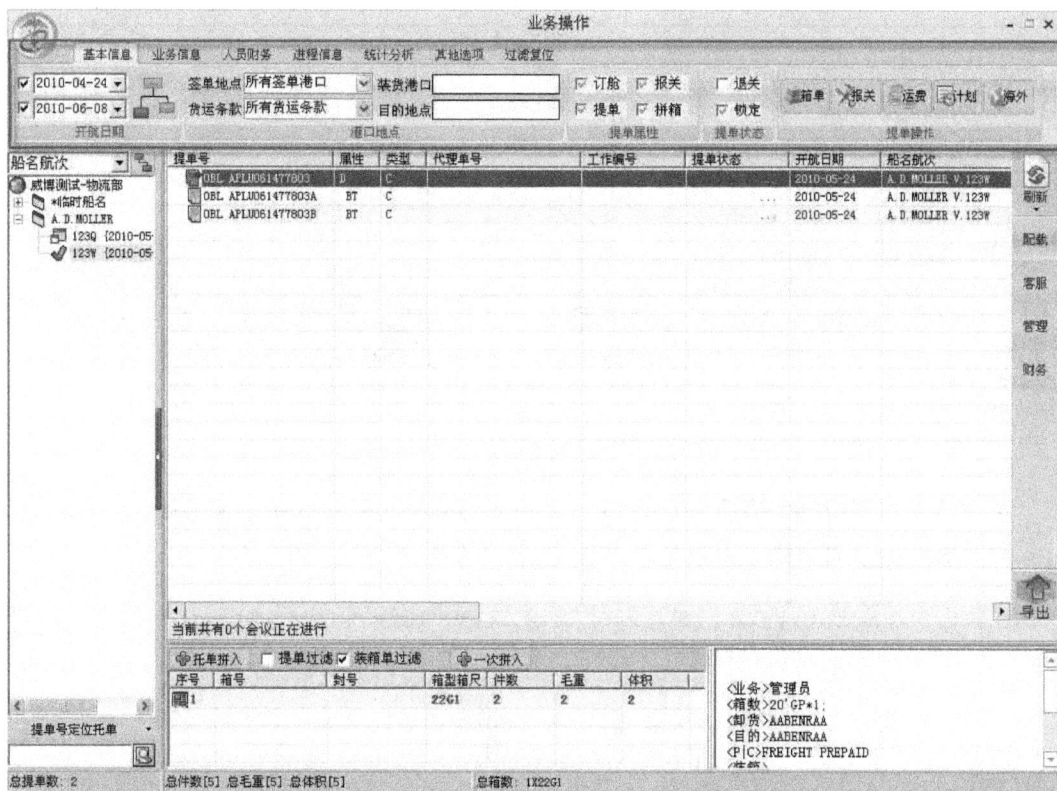

图 5-6-1

1."基本信息"页提供了托单基本信息的过滤。包括开航日期、港口地点、提单属性、提单状态过滤航次和托单。

(1)开航日期:可以通过下拉箭头进行选择期限,默认为30天,也可以通过删去日期左边的打钩来无限扩大期限,但是这种方式不可取,选择日期起讫后,进行刷新。

(2)港口地点:包括签单地点、货运条款、装运港口和目的地点,签单地点和货运条款通过下拉箭头选择;装货港口和目的地点可以手工输入或回车选择。

(3)提单属性:订舱、报关、提单和拼箱。每个属性前面都有框框,可以点击框框变化箭头的颜色来进行筛选;灰色箭头表示包含,黑色箭头表示显示,没有箭头表示不显示。如果不显示拼箱,拼箱之前就不要打钩。

(4)提单状态分为退关和锁定。如果要显示退关的提单,就在退关前框框里打上黑色勾。

2."业务信息"页提供了托单业务信息的过滤,包括业务过滤和单位过滤等。

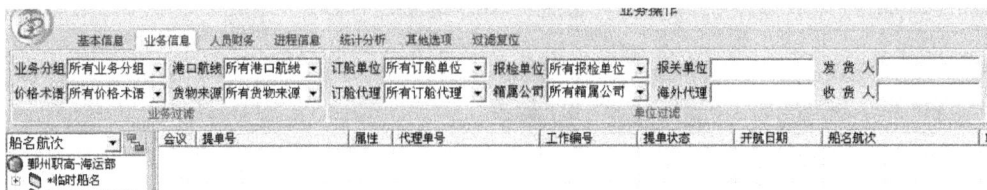

图 5-6-2

根据业务分组、价格术语、港口航线、货物来源等进行筛选,可以通过下拉箭头来选择需要筛选的条件。

3. "人员财务"页提供了付款方式、财务状态、人员过滤的过滤。

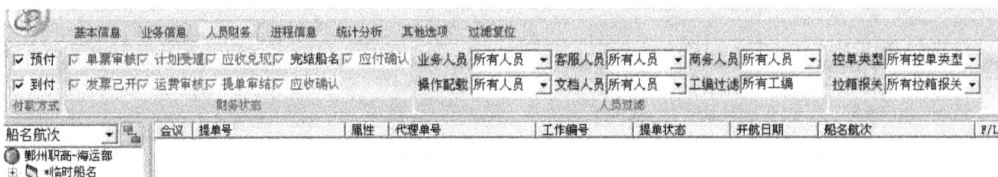

图 5-6-3

业务人员、操作配载、客服人员、商务人员等都可以通过下拉箭头来满足筛选条件。

4. "进程信息"页提供了单票提单、核销单进程的过滤。

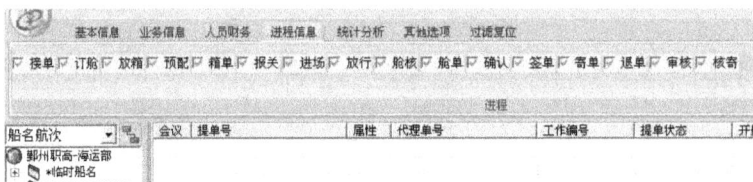

图 5-6-4

需要了解不同阶段的提单情况,可以通过此功能来完成。比如想了解进场的提单有哪些,只需要在"进场"前的框框里打上黑色的勾。

5. "统计分析"页提供了智能报表的统计。

图 5-6-5

统计报表有很多种类,费用类报表、利润类报表、箱货类报表,每类报表都可以通过下拉箭头来选择所需要的内容。

6."其他选项"页提供了系统的基本功能设置。

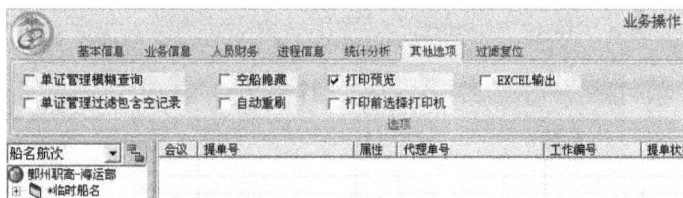

图 5-6-6

根据需要在相应的框框内打钩。

7."过滤复位"页提供了对筛选项的复位。即删除刚才所需要的筛选要求,使各项功能复位到最初的状态。

8.根据船名航次、订舱单位、箱属公司的要求来筛选提单。

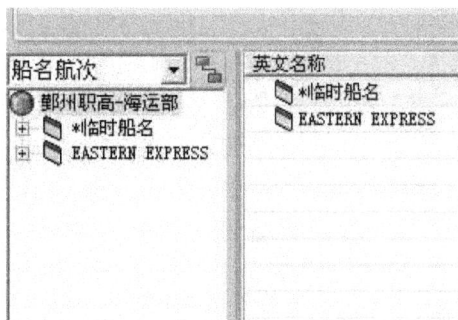

图 5-6-7

通过下拉箭头,选择船名航次、订舱单位、箱属公司、订舱代理、业务人员等条件,同时使用右边的"展开"按钮来展开一个船名下的若干航次等。

【操作步骤】　辅助功能——快速定位

1.点击业务操作界面左下角的"提单号定位托单"的下拉箭头。

图 5-6-8

2.出现多种定位选择的方式。

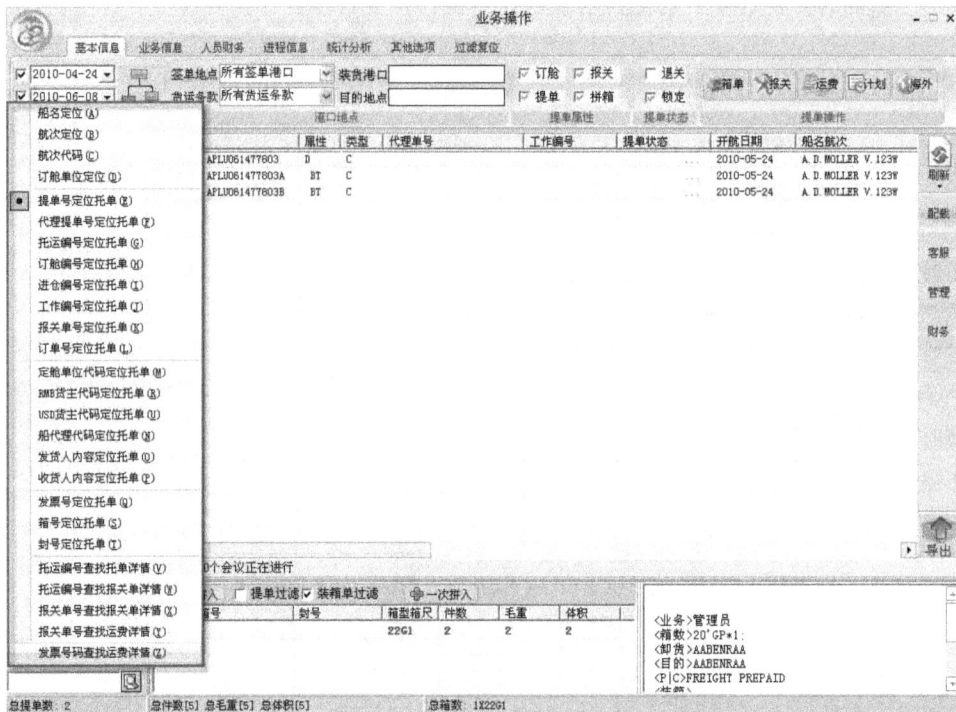

图 5-6-9

3.在弹出框中选择定位的方式,如通过航次定位托单、报关单号定位托单、发票定位托单等。

4.在输入框中填写需要定位的内容,如按照提单号定位输入提单号、按照报关单号定位则输入报关单号等,即输入提单号、报关单号、发票号等。

5.按"回车"键,或者点击放大镜按钮,系统自动定位到符合条件的第一条记录。

○操作备注:

(1)定位采用的是模糊查询的方式,所以只要输入检索信息中连续的一部分即可,查询内容的输入无需特别精确;

(2)系统采用了循环定位方式。默认定位到符合条件的第一条记录,敲回车键则定位到下一条符合条件的记录,如果已经到最后一条记录,则又回到第一条记录,如此不断反复循环。

【实训练习】

1.按照以下筛选条件进行筛选操作:

(1)想了解最近两个月来出货的提单;

(2)最近三个月来装货港在上海的提单;

(3)最近一个月来去美国洛杉矶的货物;

(4)最近四个月来拼箱货;

(5)最近一个月来退关的提单;

(6)以不同订舱单位来统计最近二个月来出货的情况；

(7)根据箱属公司来统计最近半年来走货的情况；

(8)删选复位；

(9)相邻两学号的同学参照以上的题目相互给对方出题，检查对方完成情况。

2.按照以下条件来快速定位托单：

(1)以报关单号来定位托单（报关单号为1238908）；

(2)以提单号为定位托单（提单号为APLU061477803）；

(3)以工作编号来定位托单（工作编号为XN20120700006）；

(4)以订舱编号来定位托单（订舱编号为NBWEB1035）；

(5)相邻两学号的同学参照以上的题目相互给对方出题，检查对方完成情况。

3.讨论思考：筛选功能和辅助功能在实践操作中有什么好处？

【知识链接】　提单遗失的处理

提单在寄送过程中丢失可能有数个原因：

(1)在出口商控制下丢失；

(2)出口商将单据送交开证行后，在开证行丢失；

(3)开证行把单据交由快递公司后丢失；

(4)快递公司送达议付行后丢失；

(5)议付行送交收货人后丢失。

在(1)和(5)两种情况下，应分别由出口商和进口商自负其责；在(2)和(4)两种情况下，则应由开证行或议付行负责；问题是丢失往往发生于第(3)种情况，依现行有效的邮政法规，邮政部门仅承担十分有限的责任。

在实务中，提单遗失，首先要登提单遗失及作废的公告，之后，可以通过协商，由收货人凭副本提单提货；或由承运人补签一套新的正本提单供货方提货及结汇使用；或由出口方授权承运人电话，产生的相关费用由相应的责任人承担。

由于提单遗失、被盗、灭失或因金融上原因未能得到提单，提货人如能证明它是提单受让人，且对正本提单去向做出满意解释，承运人有权将货物交给提货人，但是一般应经公示催告程序后凭担保提货。

在货代业务中，有时会出现这样的情况：客户要求货代帮他代寄正本提单，这时货代一定要十分谨慎，要再三确认清楚收件人的详细地址、联系方式，以确保提单能够平安顺利地寄到收货人的手上。万一提单不慎被寄丢失了，造成的后果是可想而知的。这时货运代理人应该马上与船公司联系，以正式的书面形式通知船公司，以免在此期间被人捡到提单造成不可挽回的局面。正式挂失以后，应当以书面形式马上在公开的媒体上（比如国家级的报刊）发表丢失声明，以告天下人，此提单已丢。当然登报挂失只是一种形式而已，在以书面形式通知船公司提单丢失以后，船公司一般情况下是不会轻易放货的，这样也起到了一种冻结货物的作用。一般情况下，船公司会要求登报挂失三个月后重新签发提单。但在这三个月里货物通常早已抵达目的港，而货物如果不被提走就会产生巨大的码头费用，所以通常船公司在真正的发货人登报挂失一两个星期之内就会宣布原来的提单作废,而重新签发新的提单。当然,这种情况下发货人免不了要向船公司交纳一定的费用。

项目七 打印设置

【任务说明】

1.根据实际需要进行单据打印格式的设置。

2.根据原有的单据格式进行单据打印格式的设置。

【实训目标】

1.熟悉打印设置的步骤。

2.能够根据单据的实际需要设置打印格式。

【操作步骤】

系统中的许多业务单证是固定格式、固定纸张、批量打印,如正本提单、发票等,实验室的货运 2008 软件系统提供了"打印设置"功能,用于调整单据上各项内容对应的位置。其中托单、三联单、装箱单、拼箱装箱单、发票、清单这几种输出格式只允许修改、不允许删除;而自定义的各种提单、装箱单(整箱、拼箱)的输出格式设置则允许增加、删除、修改。

基本操作步骤以新增提单格式为例:

1.点击主界面大按钮或"业务操作"界面大按钮"系统维护"节点中的"打印格式",出现图 5-7-2 界面:

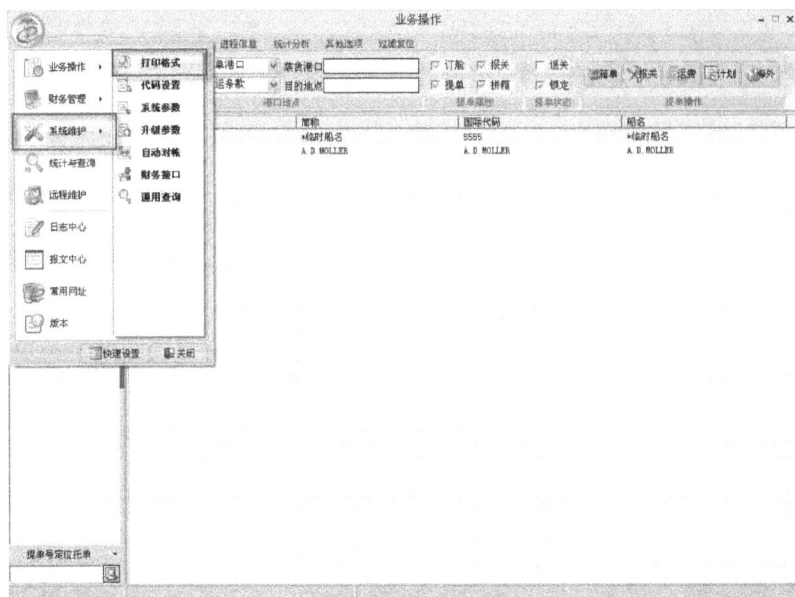

图 5-7-1

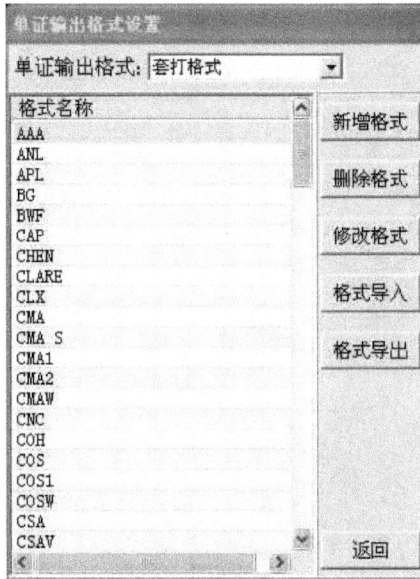

图 5-7-2

2.点击"新增格式"按钮,在报表新名称框中输入新格式的名称。

图 5-7-3

建议使用大写字母,名称尽量短而简洁,如 CMA、MSK、PIL 等;如果输入的名称已经存在就会出现提示框:"该输出格式已经设置完毕,不能再设置一个",因此输入的名称必须是不存在的,也就是未经设置的。

3.点击"确定"按钮,进入格式设置界面。

4.出现一个编辑的界面,界面的左边是需要新增的内容词条,可以点击拉到左边的空白处,具体进行每项内容的新增、删除、位置调整操作,见之后的操作备注。

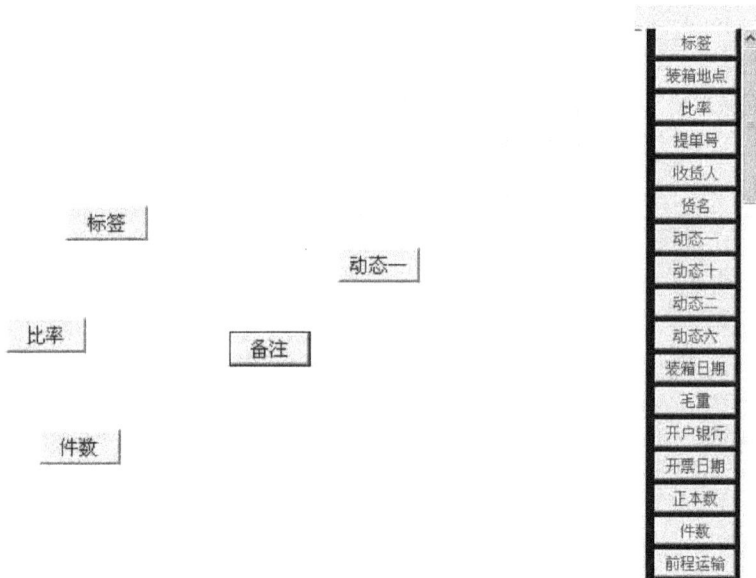

图 5-7-4

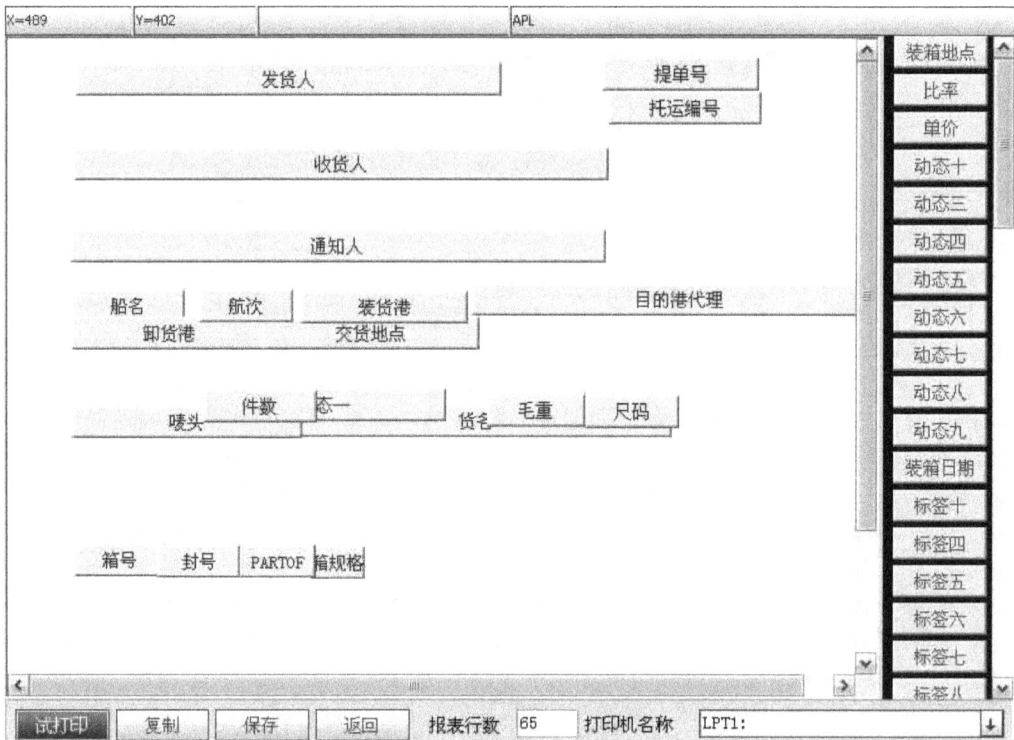

图 5-7-5

5.所需字条拉到左边设置框后,即新增完毕后,点击左下方分"保存"按钮,然后点击左下角的"试打印"来测试设置的格式是否符合单据的需要。

6.一份新的单证格式,手工调整逐项内容效率太低,可以选取与新单证格式最相近的单证格式进行复制,例如"CMA"格式,点击"复制"后,出现图 5-7-6 界面:

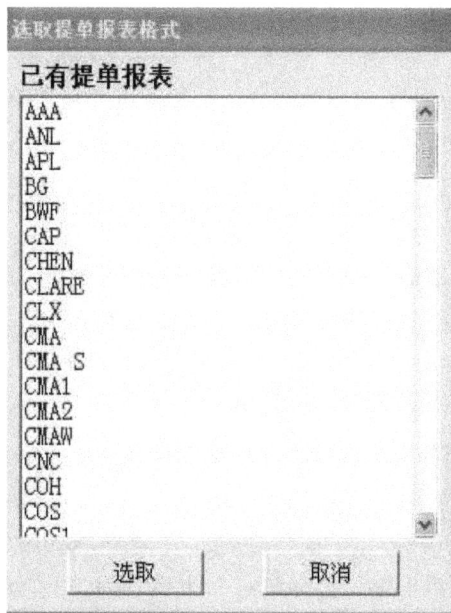

图 5-7-6

下拉滚动轴选择"CMA"后,点击"选取"。出现提示栏:"接下去的操作将会改变当前的报表排列,继续吗?"选择"Yes"。出现的格式就是 CMA 提单的格式,接下去只需要根据单据的实际情况稍做变动,试打印再调整即可。

7.点击"保存",新的提单格式就设置完成了。

8.如果需要把设置的格式删除,点击主界面大按钮或"业务操作"界面大按钮"系统维护"节点中的"打印格式",选中需要删除的格式名称,点击右边的"删除格式"。

○操作备注:

(1)我们对每一个打印控制块,有以下几种操作方式:

①选中控制块后鼠标上、下、左、右拖放移动,相对打印出来的提单内容也会有位置上、下、左、右的变动,此操作用于所有打印控制块。

②选中控制块后鼠标放在控制块的最右边,鼠标会变为双箭头形状,此时拖动鼠标,控制块的宽度会有相应的扩大和缩小,对应打印出来的提单内容也会有宽度上的变动,主要用于发货人、收货人、通知人、唛头等多行文本内容。

③左边打印区的控制块放回右边的蓝底字段盒,用于所有打印控制块;选中左边相应的打印控制块,鼠标右键单击出现提示后选"放回字段盒"。

④将右边蓝底字段盒中的打印控制块放到左边格式设置的打印区中,单击蓝底字段盒中的打印控制块,鼠标的箭头尾部出现三张纸相叠图标时移动鼠标在左边打印设置区,单击鼠标左键即可,可用于所有打印控制块。

⑤对于打印控制块中的"标签一"到"标签十"和"临时一"到"临时五"选中打印控制块,单击鼠标右键后再在其他位置左键单击,在提示"打印标签的内容"框中可输入信息,用于标签控制块(静态标签)的打印。

（2）在输出格式设置中有 2 类打印控制块：

①静态标签：共有十五个（名称为"标签一"到"标签十"和"临时一"到"临时五"），在格式设置中提供了静态标签的位置和内容的输入，所有用到此输出格式的提单中都会将静态标签内容打印出来。

②动态标签：共十个（名称为"动态一"到"动态十"），在格式设置中只有动态标签的位置；没有提供相应的内容，内容在用到此输出格式的托单中输入。

（3）打印格式设置窗口的最下边上图所示我们还会看到"报表行数""打印机名称"：

①"报表行数"是指报表（单证套打纸）的长度，一般可量一下单证套打纸的长度（如：A4纸长度＝29.7CM，在我们系统中设置为 68 或 69 行），再由某一已知单证套打纸长度与行数，根据比例就可知所设输出格式的报表行数。

②"打印机名称"对于 Windows 9x/me 的桌面操作系统一般用"LPT1："，但也可以更改为其他的 LPT 端口；如果操作系统是 Windows 2000/xp/2003 的电脑"打印机名称"中要选择系统里安装的实际的打印机名称。这样在网络环境下，就可以实现不同种单证指定到各自打印机上输出，如打印托单指定打到网络打印机 A，而打印装箱单指定打印到网络打印机 B，打印提单指定输出到网络打印机 C。在设置完打印格式之后，一定要按一下"保存"按钮才能把前面设置的输出格式存下来。但是请注意，必须在上滚动条、下滚动条归零位时，保存才会成功。

③"试打印"可以测试输出是否成功。

【实训练习】

1.根据鄞州职业高级中学的托运单来设置打印格式。

2.根据鄞州职高高级中学的装箱单来设置打印格式。

以上两种单据都可以采取复制现有单据的方式来完成。

【知识链接】 常见海运附加费

与海运有关的费用五花八门，除主运费 OCEAN FREIGHT（常简写为 O/F，指海运费）外，还有各种附加费。附加费的叫法、种类特别多，真可谓林林总总、五花八门。不同地区、不同季节、不同船东叫法各异。

1.去北美（美国、加拿大、墨西哥）的货，起运港的附加费主要有 OAD（也称为起运港的 local charges（当地费用）），它们是 ORC（THC）、AMS、DOC（合称 OAD）。

2.去中南美的货，起运港的附加费有 OD，即 ORC（THC）、DOC（合称 OD）。

3.去欧洲、地中海线的货，起运港的附加费（也是起运港的 local charges）有 OBCD（ORC、BAF、CAF、DOC）。

4.海运主要附加费适用的航线。

全球主要航线的主要海运附加费

附加费	中文全称	说　明
BAF	燃油附加费	大多数航线都有,但标准不一
SPS	上海港口附加费	船挂上港九区、十区
FAF	燃油价调整附加费	日本航线专用
YAS	日元升值附加费	日本航线专用
附加费	中文全称	说明
GRI	综合费率上涨附加费	一般是南美航线、美国航线使用
DDC	直航附加费	美加航线使用
IAC	直航附加费	美加航线使用
IFA	临时燃油附加费	某些航线临时使用
PTF	巴拿马运河附加费	美国航线、中南美航线使用
ORC	本地出口附加费	和 SPS 类似,一般在华南地区使用
EBS	部分航线燃油附加费的表示方式	一般是澳洲航线使用
EBA	部分航线燃油附加费的表示方式	一般是非洲航线、中南美航线使用
PCS	港口拥挤附加费	一般是以色列、印度某些港口及中南美航线使用
PSS	旺季附加费	大多数航线在运输旺季时临时使用

5.全球主要航线基本港及运价结构。

全球主要航线基本港及运价结构

航线	各航线基本港	各航线附加费结构
欧洲	Hamburg/Bremen/Rotterdam/Felixstow/Antwerp/Le harve	ORC+BAF+CAF+DOC
地中海	Naples/Genova/Barcelona/Valencia	ORC+BAF+CAF+DOC
美国东岸	Miami/ New York/ Norfolk/ Savannah/ Charlesto/ Boston	ORC+AMS+DOC+BUC +IFC+PNC+CAS+PSS
美国西岸	Los Angeles/Long Beach/Oakland/Seattle Tacoma	ORC+AMS+DOC+BUC +IFC+ACC+CAS+PSS
南非	Durban/Capetown	THC(ORC)+DOC
南美洲	Buenos Aires/Montevideo/Santos	THC(ORC)+DOC
澳洲	Sydney/Mebourne/Brisbane	THC+DOC
新西兰	Auckland/Lyttelton/Porchalmers/Wellington/Neson/Napier/Tauranga	THC+DOC

全球主要航线运价结构

欧地线	ORC＋BAF＋CAF＋DOC
北美线	ORC＋AMS＋DOC(＋DDC＋BAF)
中南美线	ORC(THC)＋DOC
东南亚线	THC＋DOC
印巴线	THC＋DOC
澳洲线	THC＋DOC
红海线	THC＋DOC
非洲线	THC＋DOC

需要说明的是,北美线的附加费名目更多,在这里不再一一阐述。

项目八 单证输出

【任务说明】

1.配载工作清单的输出。

2.箱号清单等工作清单的输出。

3.提单、托单、三联单、装箱单等单证的输出。

4.订舱单、提单、进仓单、车队通知单等单证的传真输出。

5.订舱资料的导出。

【实训目标】

1.熟悉各类单证输出操作步骤。

2.能够根据所需的单据或资料来完成相应的资料或单证的输出、打印。

【操作步骤】 单证输出——配载清单

配载清单主要包括对内配载清单、对外配载清单;整箱配载清单、拼箱配载清单以及针对客服、代理单的配载清单资料,一般用于内部工作人员掌握配载情况。

1.在托单列表中选中托单,可使用 Ctrl 或 Shift 键多选。

2.在鼠标右键的"配载清单"中,选中对应的清单,主要有单证员操作清单、配载对内清单、配载对外清单、代理配载对内清单、代理配载对外清单、箱号清单、提单利润分析、提单费用确认、单船报关票数等清单的输出。

3.选中的托单的配载资料信息显示在网页浏览器中,如图 5-8-1 到图 5-8-5 所示:

图 5-8-1

图 5-8-2

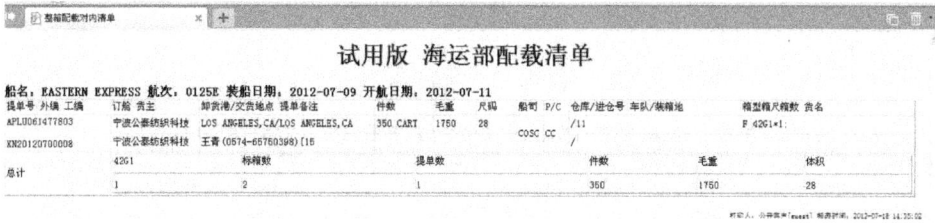

图 5-8-3

图 5-8-4

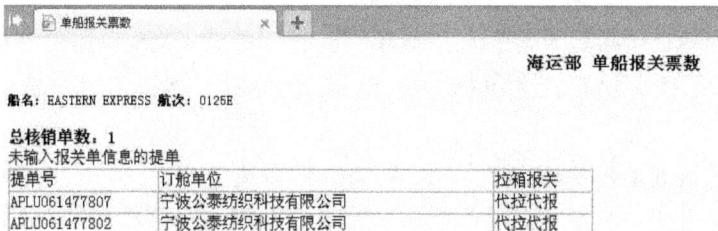

图 5-8-5

【操作步骤】 单证输出——资料输出

这里可以输出的资料有订舱报文、装箱报文、应付费用清单、提单运费计划、预配订舱单、预配舱单、箱号清单(包括报关、车队、舱单等)等,一般用于对外资料的输出。

1.在托单列表选中托单,可使用 Ctrl 或 Shift 键多选。

2.在鼠标右键的"资料输出"中,选中对应的清单。

3.选中的托单的配载资料信息显示在网页浏览器中,如图 5-8-6 所示:

预 配 舱 单

船名:EASTERN EXPRESS 航次:0125E 装船日期:2012-07-09 开航日期:2012-07-11

提单号	中转港(卸货港)	目的港(交货地点)	箱号 封号	箱型 F/L	品名	件数	毛重	尺码
APLU061477803	LOS ANGELES,CA	LOS ANGELES,CA		42G1 F	DT-12 100% COTTON JERSEY 230GSM MEN'S SHORT SLEEVE T-SHIRT	0 CARTONS	0	0

总计	42G1:1	标箱数:2

图 5-8-6

箱 号 清 单

船名:APL NINGBO 航次:4456 装船日期:2007-01-17 开航日期:2007-01-17

提单号	卸货港	件数	毛重	体积	箱号	封号	箱型
							22G1
APLU061477801	AARHUS	25 BOXS	300	15			42G1
					PCIU4481007	770477	22G1
*临时P		75	90	45			
APLU061477803		25 BOXS	30	15			
APLU061477805		25 BOXS	30	15			
APLU061477807		25 BOXS	30	15			

总计	22G1:2	42G1:1	标箱数:4

打印人:a[a] 报表时间:2007-01-23 下午 04:49:30

图 5-8-7

【操作步骤】 单证输出——单证输出

这里输出的单证包括提单、托单、三联单、装箱单、邮政 EMS 和快件寄单等,主要是有固定格式的套打类单据的输出。单据的打印格式必须事先设置好。

1.在托单列表选中托单,可使用 Ctrl 或 Shift 键多选。

图 5-8-8

2. 在鼠标右键的"单证输出"中,选中对应的单据,以"三联单"为例,跳出打印格式选择框。

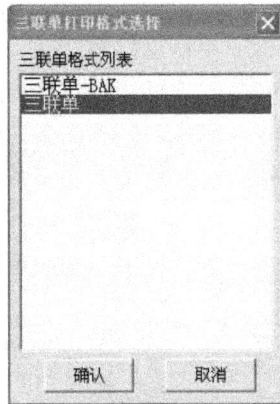

图 5-8-9

3. 选择所需的打印格式后点击"确认",跳出打印预览界面。

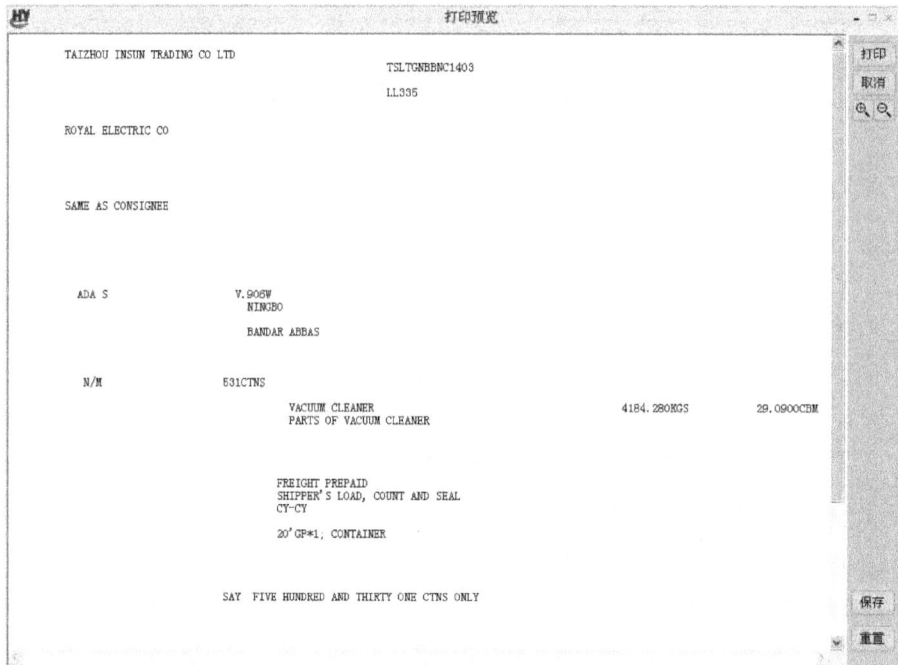

TAIZHOU INSUN TRADING CO LTD

TSLTGNBBNC1403

LL335

ROYAL ELECTRIC CO

SAME AS CONSIGNEE

ADA S V.906W

NINGBO

BANDAR ABBAS

N/M 531CTNS

VACUUM CLEANER 4184.280KGS 29.0900CBM

PARTS OF VACUUM CLEANER

FREIGHT PREPAID

SHIPPER'S LOAD, COUNT AND SEAL

CY-CY

20'GP*1, CONTAINER

SAY FIVE HUNDRED AND THIRTY ONE CTNS ONLY

图 5-8-10

4. 打印前可修改。在预览框中直接可以修改各项内容,修改后点击"保存"按钮;也可以点击"重置"按钮,恢复修改前的状态。然后点击"打印"按钮,把修改后的内容打印出来,但修改后的内容不会影响系统中托单的原始信息。

5. 如果要输出快件面单,则选择"邮政 EMS"或"快件寄单",可以直接修改面单内容。

图 5-8-11

○操作备注：

(1)可以使用常用格式打印的快捷键：托单：CTRL＋P；提单：CTRL＋S；三联单：CTRL＋T。

(2)装箱单和托单支持多种打印格式。如果有多个打印格式，则会跳出打印格式的选择框；如果需要支持多种格式，打印格式名中必须包含"装箱单"或"托单"字样，如：中海装箱单。

(3)打印前是否预览，默认是否预览在参数中可以设置；也可以在单证关联界面的"完整"模式下，通过"打印预览"勾选框自定义是否需要预览。

(4)打印前是否允许修改，在参数中可以设置。

【操作步骤】 单证输出——传真输出

传真输出主要有"订舱单传真""单证传真""代理单证传真""进仓单""车队通知单"的输出。

1.在托单列表选中托单，可使用 Ctrl 或 Shift 键多选。

2.在鼠标右键的"传真输出"中，选中"单证传真"，或者按快捷键：Ctrl＋F，弹出对话框。

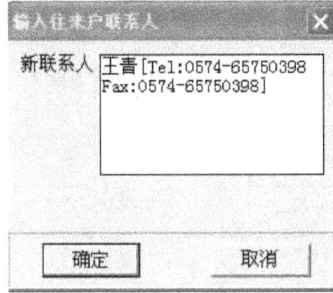

图 5-8-12

3.弹出框中默认是该定舱单位的联系信息,可修改,确认无误之后点击"确定"按钮。

4.选中托单的托单信息显示在网页浏览器中。

图 5-8-13

5.单证传真一般用于提单确认件的传真输出。如果该票货物需要进仓,可以点击"进仓单";如果要通知车队装箱时间和地点等装箱信息,可以点击"车队通知单",在弹出框中输入装箱地址及联系人、箱单地址及联系人等内容,车队通知单信息就显示在网页浏览器中。

图 5-8-14

○操作备注:

单证传真支持多票托单同时打印,每票托单一张 A4 纸大小;如果第二页的位置和第一页位置有偏差,一般是由于 IE 浏览器的设置不同引起的,只要在网页浏览器的"文件"－"页面设置"中,检查页眉页脚是否去掉,调整页边距的上、下部分即可。

【操作步骤】　单证输出——资料导出

这里介绍所需提单的资料信息的导出操作,即业务清单的导出。

1.在托单列表选中托单,可使用 Ctrl 或 Shift 键多选。

2.点击业务操作界面右下方的"导出"按钮,则把选中的托单的信息显示在网页浏览器上。

3.在"其他选项",把"Excel 导出"的勾打上,然后点击"导出"按钮,则把选中的托单的信息显示在 Excel 中,可以在 Excel 进行数据的统计、分析、做报表、做清单等二次加工。

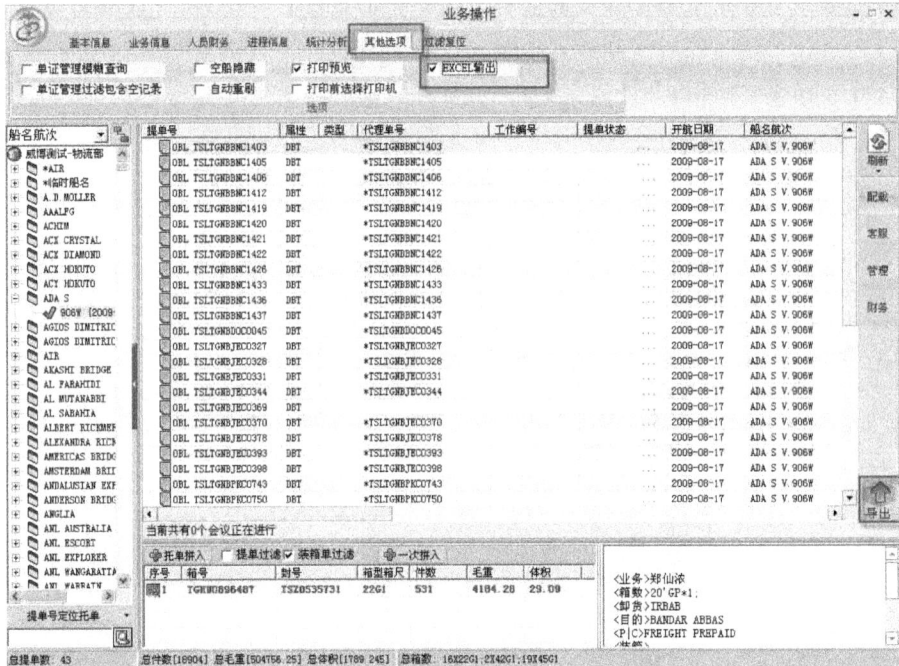

图 5-8-15

4. Excel 中行的内容就是系统中选中的托单,Excel 中列的显示顺序就是系统中列的排列顺序。

图 5-8-16

5. 系统中列的排列顺序可以前后调整,在提单提示栏的任何位置,点击鼠标右键,选中右键菜单的"前后调整",出现"单证列表调整"界面。

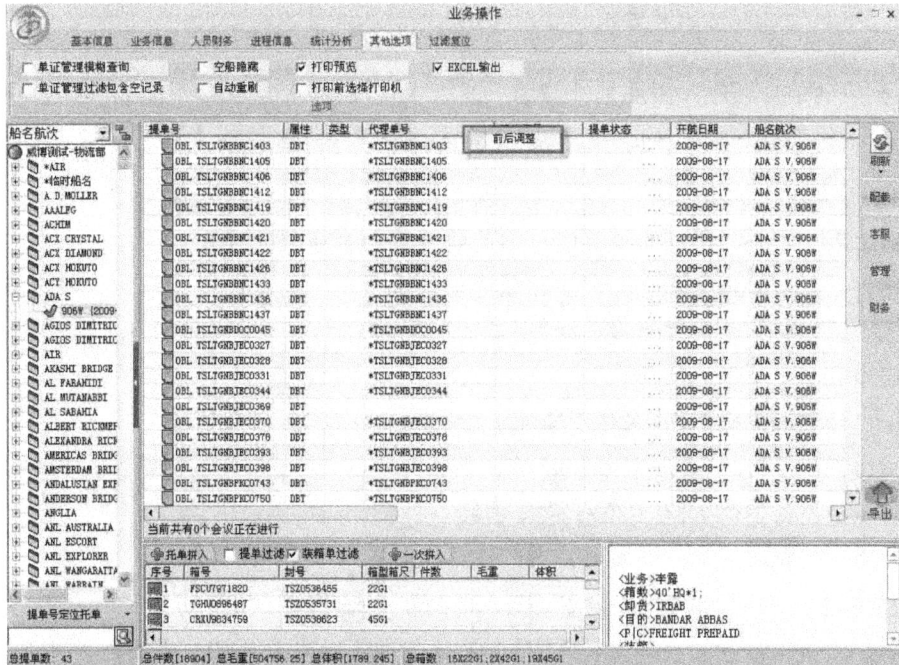

图 5-8-17

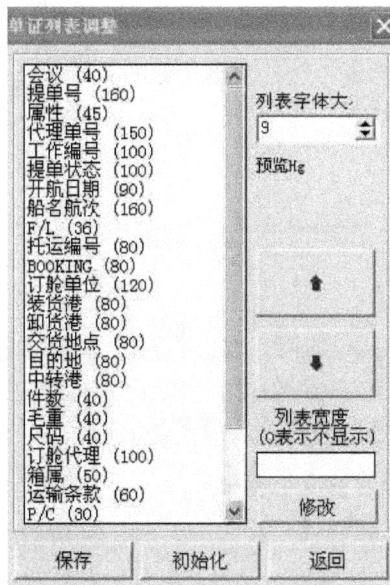

图 5-8-18

6.在"单证列表调整"界面,用上箭头、下箭头设置字段的前后位置。选中某个字段,可以设置显示宽度。在"列表宽度"中填入宽度值,点击"修改"按钮。

7.前后顺序和字段宽度设置完之后,点击"保存"按钮,完成设置。

○操作备注：

（1）列表的宽度不仅仅可在"单证列表调整"框中指定，也可以在托单列表中直接拖动鼠标快速调整宽度。

（2）列表的前后顺序和宽度是针对用户的个性化设置，不会影响到他人。并且自带记忆功能，下次登录仍然有效。导出到 Excel 的列表顺序和系统中的列表顺序保持一致。

【实训练习】

1.输出近一个月来所有的提单的对内配载清单和对外配载清单。

2.输出近三个月来所有拼箱货的配载清单。

3.输出近二个月来货物的箱货清单（车队）。

4.输出近一个月来的预备舱单。

5.输出任意三份提单，并保存于桌面上。

6.输出提单号为 APLU061477801-APLU061477803 的三联单，并保存桌面上。

7.打印输出提单确认件（任意二票提单）。

8.导出宁波超越纺织品进出口公司的提单资料。

【知识链接】 电放提单的含义、运行程序及特点

1.电放提单的含义。

电放是由托运人向船公司发出委托申请并提交保函后，由船公司以电报（传）或电子邮件或传真等电信方式通知目的港代理，该票货物收货人无须凭正本提单提货。收货人可凭盖收货人公章的电放提单或电放信或电放号提货。所谓电放提单，是指实际承运人（比如船公司）或契约承运人（比如货代）签发的注有 Surrendered 或 Telex Release 的提单副本、复印件或传真件。

2.电放的方式。

（1）电放提单

（2）电放信。

（3）电放号。

（4）承运人发 E-mail 通知其目的港代理电放。

（5）电放信配合副本提单使用，或者电放信配合提单的传真件（或复印件）使用。

（6）承运人以长途电话形式通知其目的港代理电放。

3.电放的作用。电放提单或电放信或电放号的基本作用如下：

（1）承运人收到其照管的货物收据。

（2）运输合同的证明。

（3）收货人用来换取 D/O 提单以清关提货的依据。

4.电放常见的操作运行程序。下面以对 H-B/L 进行电放（双电放）作为例子说明电放的操作运行程序。

（1）由 Shipper（托运人）向 Forwarder（货运代理）提交一份电放保函，表明电放操作产生的一切责任及后果由 Shipper 承担。

（2）Forwarder 向 Carrier（船公司）提出电放申请并提交作用相同的电放保函一份。

（3）Carrier 接受申请及保函后给目的港 Carrier's agent 发一份电放通知，允许该票货物用收货人盖章后的电放提单换提货单。

（4）装船后，Carrier 向 Forwarder 签发 Surrendered M-B/L（船东电放提单或电放船东提单，是指在 Master B/L＝M B/L 的正本复印件或副本上注有 Surrendered 或 Telex Release 字样的单据。所谓 Master B/L，是指由 carrier 作为实际承运人的船公司签发的提单，全拼为 Master Bill of Lading）。

（5）Forwarder 向 Shipper 签发 House 电放提单（House 电放提单是指在 House 单的正本复印件或副本上注有 Surrendered 或 Telex Release 字样的单据。所谓 House 单，是指由 Forwarder 签发的提单，亦称 House Bill of Lading）。

（6）装运港 Forwarder 向目的港的 Forwarder's Agent 传真 Master 电放提单。

（7）Shipper 向 Consignee（收货人）传真 House 电放提单。

（8）目的港 Carrier's agent 凭此 Master 电放提单签发 D/O。

（9）Consignee 将盖有其公司章的 House 电放提单交给目的港 Forwarder's agent 处。

（10）目的港 Forwarder's Agent 把 D/O 交给收货人。

（11）收货人办理完货物的清关手续后，凭此提货单（D/O）即可提货。

此种形式是电放操作中最常用的。

然而，在实际操作中，由于电放行为本身具有一定风险性，倘若贸易合同中的买方利用其中的某个环节图谋诈货，则容易以"合法"的手段达到其非法的目的。当然，此中必然有一个角色或是共谋或是被利用而替买方最终完成诈货任务。对此，一方面承运人仍然以谨慎的心态对待电放，往往能够免除责任；而另一方面，即贸易合同中的卖方在不知情的情况下发现货款未收到而货却被放掉，那么，卖方将成为真正的唯一的受害者，这就是电放的弊端，有时为诈货提供了可能。

由于电放后发货人将不再掌握货权，因此办理电放前一定要确认发货人能够安全收款，否则极易造成钱货两空的局面。

5.电放的特点。由电放提单的运行程序可见，电放有以下特点：

（1）迅捷。电放可通过传真、电传、电报、电邮等通信方式（也称通讯方式）在几秒钟内完成单据传递。收货人凭电放提单或电放信或电放号换取提货单并及时提货，从根本上解决了货等单的问题。

（2）对收货人安全。电放提单不是物权凭证，不可转让，对收货人风险小。

（3）简便。采用电放提单，托运人一般用传真等电信方式（也称电讯方式）将电放提单或电放信或电放号传给收货人，这些电信方式不同于以往的邮递方式，减少了许多中间环节，也减少了中间环节所带来的不必要的风险和失误，传递既简便又安全，也减少了收货人的风险。

（4）承运人对错交货物不承担责任。电放操作中由于有电放保函，承运人可将错交货物的责任推给托运人而自己不承担责任，他只要做到小心谨慎即可。

（5）电放提单对银行债权无保障。电放提单是提单的副本或复印件，不可流通转让，不可作为信用证支付下的议付单据，因为它不是物权证明，对银行债权没有保障，它的使用于海运单一样，也是有条件的。

模块六　综合操作及角色扮演

在学习了以上五个模块以后,就需要进行从建立新客户到客户询价后订舱,然后由货代公司办理出口运输等整个出口货运过程。完成一批货物的出运需要各个部门的参与,包括货主、货代公司、船公司、商检局、报关行、海关等。在角色扮演法的实施过程中,主要是要求学生完成货代公司内部各工作岗位的工作任务,此外也要参与船公司、海关等角色的扮演,使得整个出运过程得以完成。

我们选用货运代理实训室进行角色扮演的方式来进行综合操作,货代实训室有先进的办公室硬件设备和货运操作软件系统。根据实践要求,我们把实训室划分成若干个区域,有货主、货代公司、车队、船公司、船代、海关、报关行等,同时为了突出货代公司工作的主导性,还把货代公司分成若干个部分,如业务部、操作一部、操作二部、单证部、财务部等,每个部门完成特定的工作任务。进行仿真的角色扮演,就需要我们提供给学生货代企业在使用的真实货运资料(如订舱委托书),让学生轮换充当不同的角色来进行整个出口货运的操作。

在做好资料的准备工作后,首先就是角色的分配。根据工作任务的实际需要,由1人担任货主(即出口商),5人担任货运代理公司的职员,分别担任业务员、操作、跑单等角色,1人担任船代岗位,其他3人分别担任车队、海关、报关行。按照这种人数的分配比例,每次的流程操作过程只需约10个同学,根据班级的人数,就可以把整个班级分成4—5组,一组在角色扮演的时候,其他各组站在适当的位置进行观看,等整个流程结束后,由未参加扮演的同学提出操作中的不足,或对不明白的流程提出疑问等,然后各组轮换进行表演。此外,组内各成员之间也要进行角色的轮换,目的在于熟悉货运流程中相关的每个操作环节。由于第一次的角色扮演具有示范效果,因此第一次进行角色扮演时,应让那些知识掌握较好,对软件操作较熟悉的同学来扮演角色。虽然学生已经进行了前面几个模块的操作,但是每个模块都是相对独立进行实训的,同学们很有可能不能做到较好的贯通。因此,为了提高综合实训效果,教师就要对每个角色的工作内容和任务要求做引导和提示。

首先每个学生应熟悉出口货运的整个流程,从订舱到装箱,再到报关、装船,最后签发提单。为了使同学们对整个流程有更直观的认识,教师可以通过流程图(如图6-1-1)的形式来进行展示和讲解,并把它投放出来,以便在操作过程中进行参考和对照。

其次,教师应让学生一一明确每个角色的工作内容,如货代公司的业务员的工作任务是从货主处揽货并把订舱委托书交于操作员,要求其完成订舱等。每个环节应出具哪种单据,单据如何周转等也是各个角色必须熟记在心的。每个角色以及小组成员应在教师的提示下,讨论并记忆自己的工作任务。

再次,教师要强调各个操作环节之间的连贯性,各项工作在衔接过程中要有正常的语言交流。

为了便于同学们模拟操作,本模块后面附有多张原始托单,请同学们根据出口流程及托单要求完成出运操作,并能熟练掌握。

出口流程示意总图

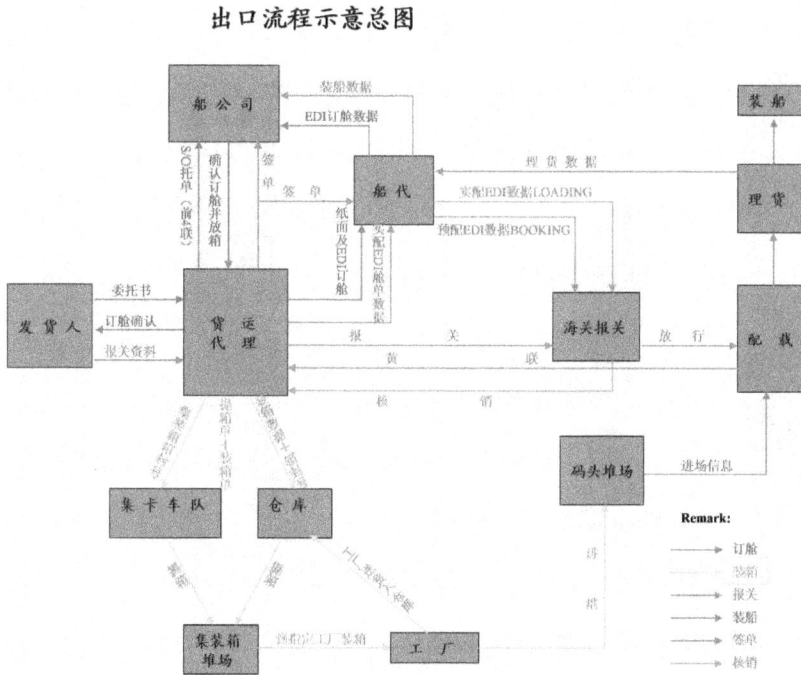

图 6-1-1 出口流程示意图

➢订舱

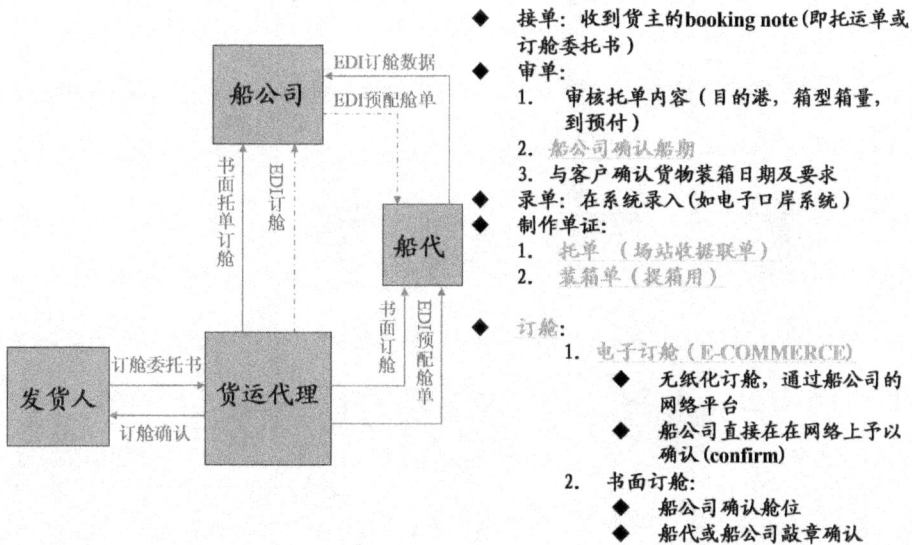

◆ 接单:收到货主的booking note(即托运单或订舱委托书)
◆ 审单:
1. 审核托单内容(目的港,箱型箱量,到预付)
2. 船公司确认船期
3. 与客户确认货物装箱日期及要求
◆ 录单:在系统录入(如电子口岸系统)
◆ 制作单证:
1. 托单(场站收据联单)
2. 装箱单(提箱用)

◆ 订舱:
1. 电子订舱(E-COMMERCE)
   ◆ 无纸化订舱,通过船公司的网络平台
   ◆ 船公司直接在网络上予以确认(confirm)
2. 书面订舱:
   ◆ 船公司确认舱位
   ◆ 船代或船公司敲章确认

图 6-1-2

➤放箱

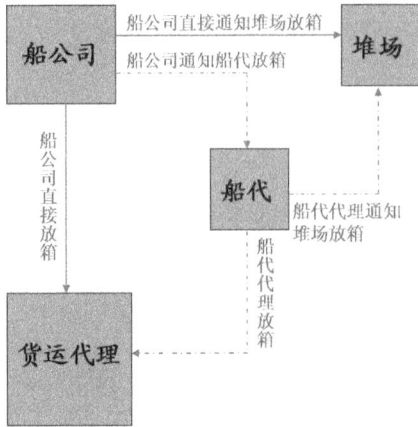

- ◆ 放箱给货代的形式:
  1. 船东直接放箱
     ① 直接打印EIR
     ② 托单放箱
     ③ 固定书面放箱格式放箱
  2. 通过船代放箱
     ① 直接打印EIR
- ◆ 通知堆场放箱的形式:
  1. EIR
  2. 书面格式
  3. EDI通知
- ◆ 铅封发放形式:
  1. 船东发放
  2. 堆场领用
  3. 船代代发

图 6-1-3

➤装箱

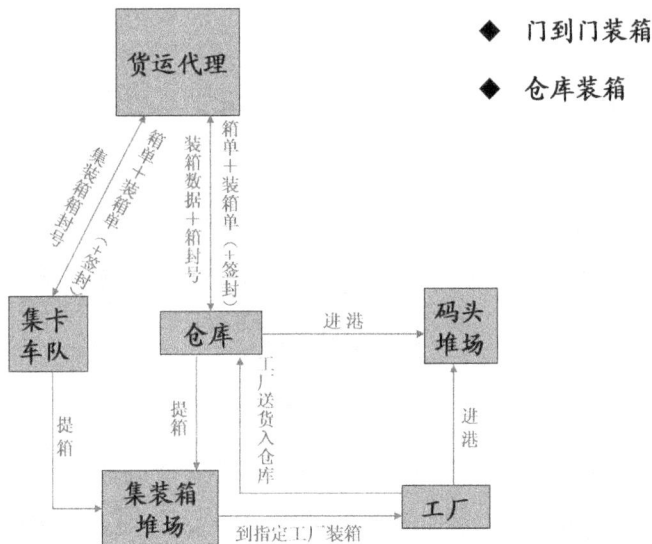

- ◆ 门到门装箱
- ◆ 仓库装箱

图 6-1-4

➢门到门装箱

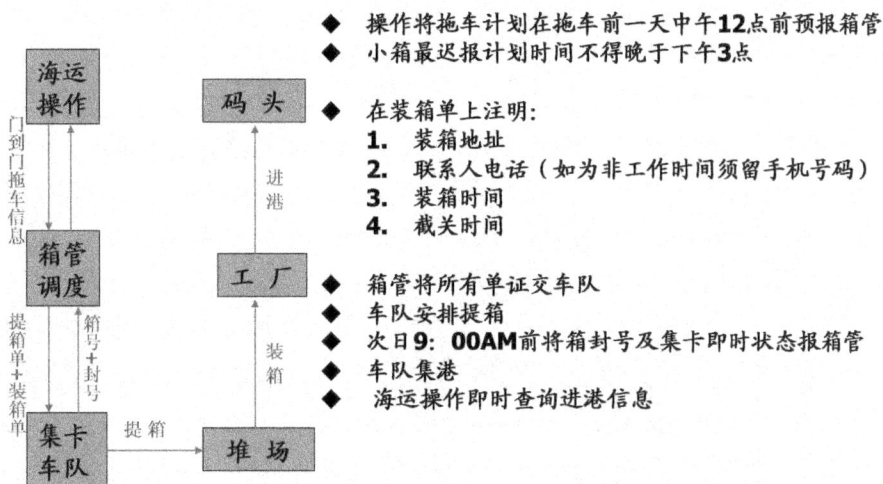

◆ 操作将拖车计划在拖车前一天中午**12**点前预报箱管
◆ 小箱最迟报计划时间不得晚于下午**3**点

◆ 在装箱单上注明:
1. 装箱地址
2. 联系人电话（如为非工作时间须留手机号码）
3. 装箱时间
4. 截关时间

◆ 箱管将所有单证交车队
◆ 车队安排提箱
◆ 次日**9: 00AM**前将箱封号及集卡即时状态报箱管
◆ 车队集港
◆ 海运操作即时查询进港信息

图 6-1-5

仓库装箱

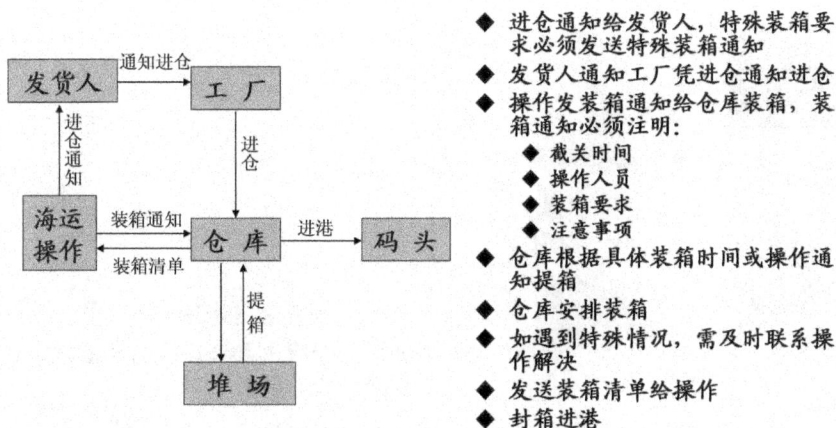

◆ 进仓通知给发货人，特殊装箱要求必须发送特殊装箱通知
◆ 发货人通知工厂凭进仓通知进仓
◆ 操作发装箱通知给仓库装箱，装箱通知必须注明:
　◆ 截关时间
　◆ 操作人员
　◆ 装箱要求
　◆ 注意事项
◆ 仓库根据具体装箱时间或操作通知提箱
◆ 仓库安排装箱
◆ 如遇到特殊情况，需及时联系操作解决
◆ 发送装箱清单给操作
◆ 封箱进港

图 6-1-6

➢报关

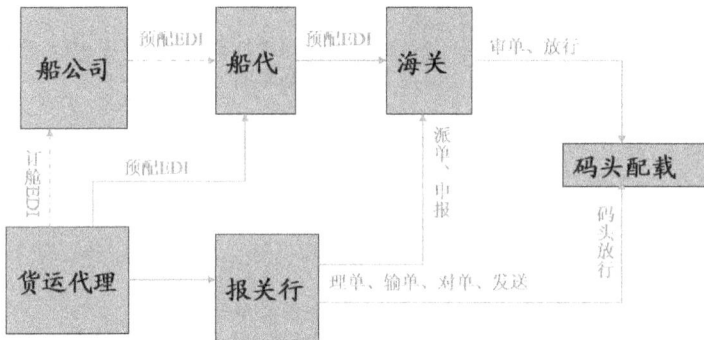

◆ 备齐全套报关单证在截关日前交报关公司
◆ 报关公司理单、输单、对单并将报关信息预发海关
◆ 报关前，报关公司安排派单并根据海关要求申报
◆ 海关审单后放行
◆ 报关行持放行单至码头放行

图 6-1-7

➢清洁舱单

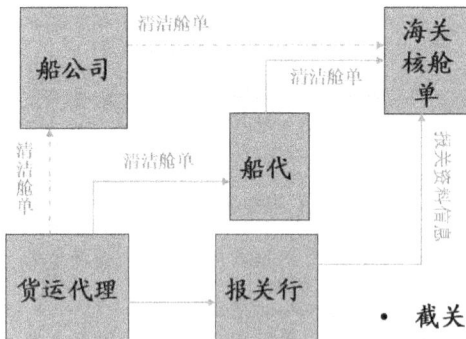

• 截关当天必须发送清洁舱单
• 船开前，船代或船公司会将清洁舱单资料挂出来核对
• 船开后海关核舱单，数据不符即无法上船，被舱单布控

图 6-1-8

➤报关单证的流转及退单

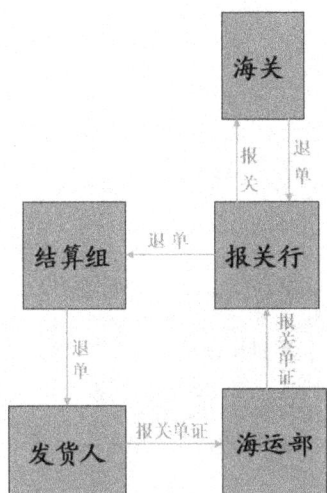

◆ 发货人将整套报关单证交海运部
1. 报关单
2. 核销单
3. 报关委托书
4. 装箱单
5. 发票
6. 商检通关单或换证凭条
7. 手册
◆ 海运部审单后交报关公司并录入系统
◆ 报关公司报关
◆ 海关通常在船开后15个工作日退单
◆ 报关行将退单交接给财务或操作
◆ 财务或操作在系统中录入
1. 结算审核客户付款情况后安排退单

图 6-1-9

➤装船

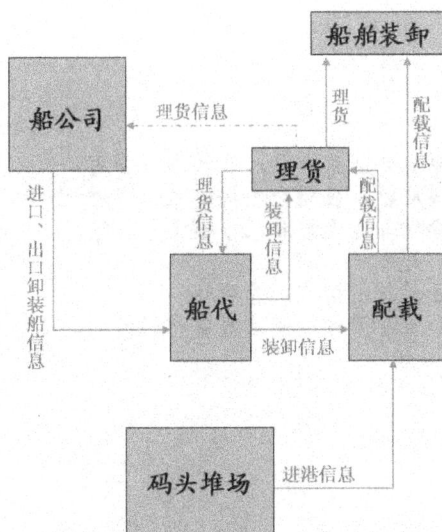

◆船东将进出口装卸清单发送船代
◆船代根据船东及船舶信息安排挂靠事宜
◆港务局局调安排靠泊计划
◆船代装卸装船信息发送码头配载及理货
◆配载根据进港信息出预配图
◆船舶靠港
◆船东将预配图交大副确认
◆理货在船靠现场监督装、卸
◆船舶离港
◆理货将卸、装船信息发送船代
◆船代将整套装船信息发送船东

图 6-1-10

➤签单

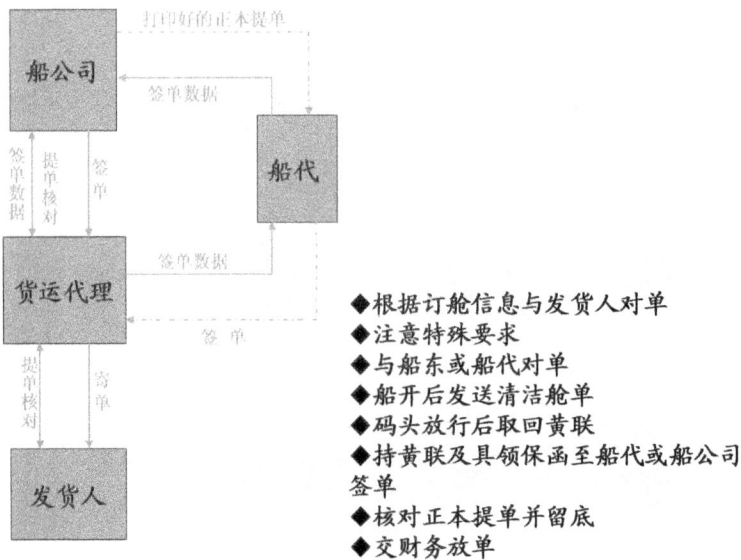

◆根据订舱信息与发货人对单
◆注意特殊要求
◆与船东或船代对单
◆船开后发送清洁舱单
◆码头放行后取回黄联
◆持黄联及具领保函至船代或船公司签单
◆核对正本提单并留底
◆交财务放单

图 6-1-11

➤费用确认及结算

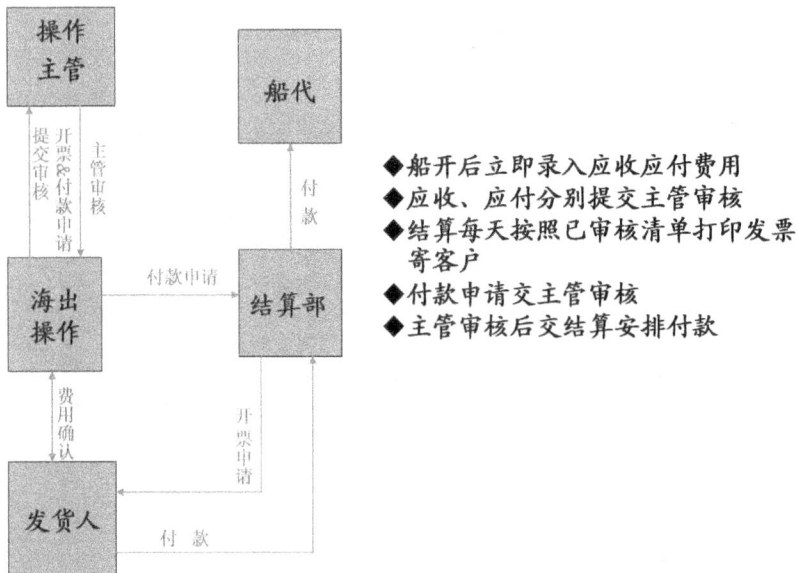

◆船开后立即录入应收应付费用
◆应收、应付分别提交主管审核
◆结算每天按照已审核清单打印发票寄客户
◆付款申请交主管审核
◆主管审核后交结算安排付款

图 6-1-12

附：订舱资料

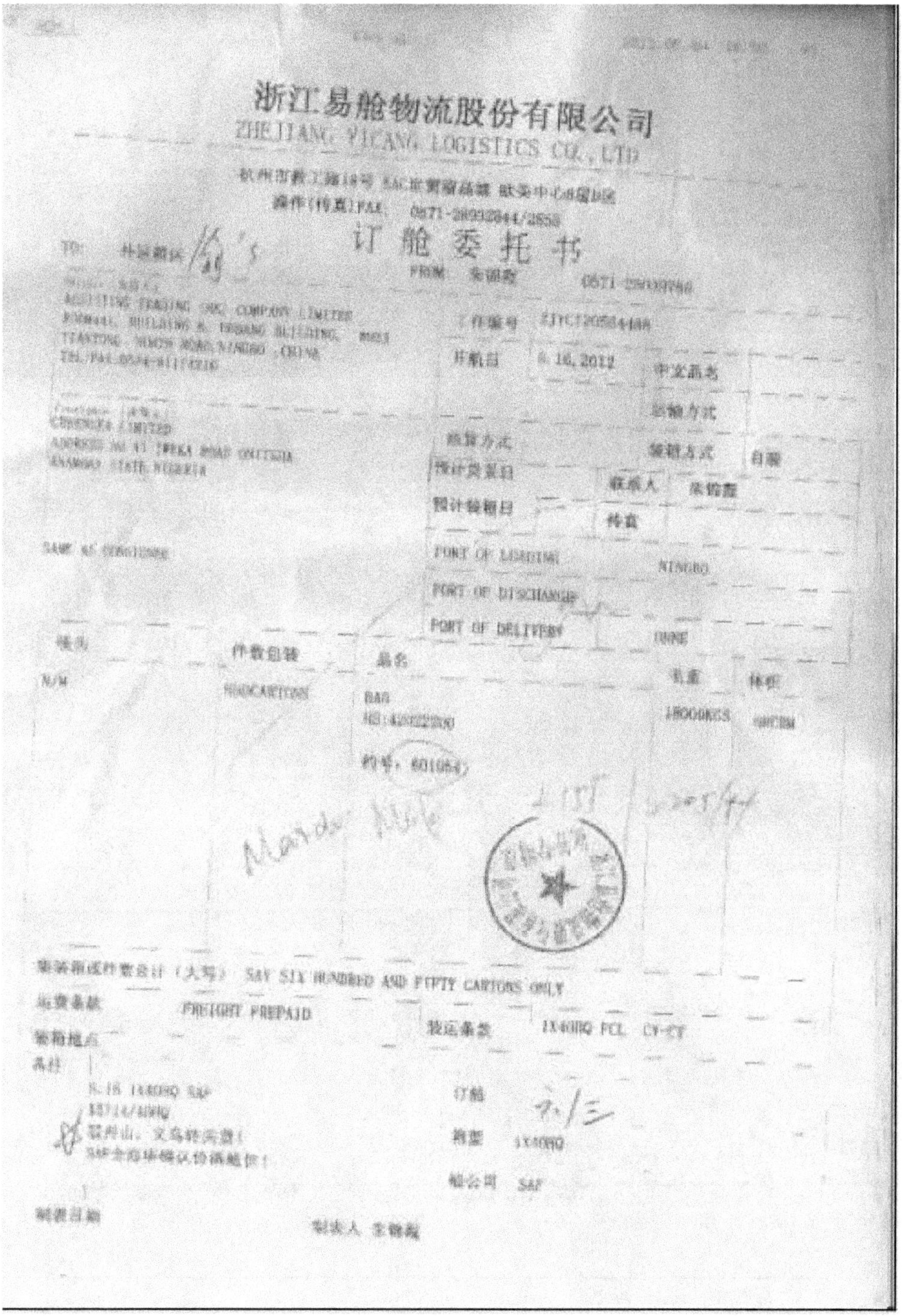

浙江易舱物流股份有限公司

ZHEJIANG YICANG LOGISTICS CO., LTD

订舱委托书

PORT OF LOADING　NINGBO

PORT OF DISCHARGE

PORT OF DELIVERY

件数包装

品名

N/M

BAG

毛重

体积

SAY SIX HUNDRED AND FIFTY CARTONS ONLY

运费条款　FREIGHT PREPAID

装运条款　1X40HQ FCL　CY-CY

备注

订舱

箱型　1X40HQ

船公司　SAF

图 6-1-13

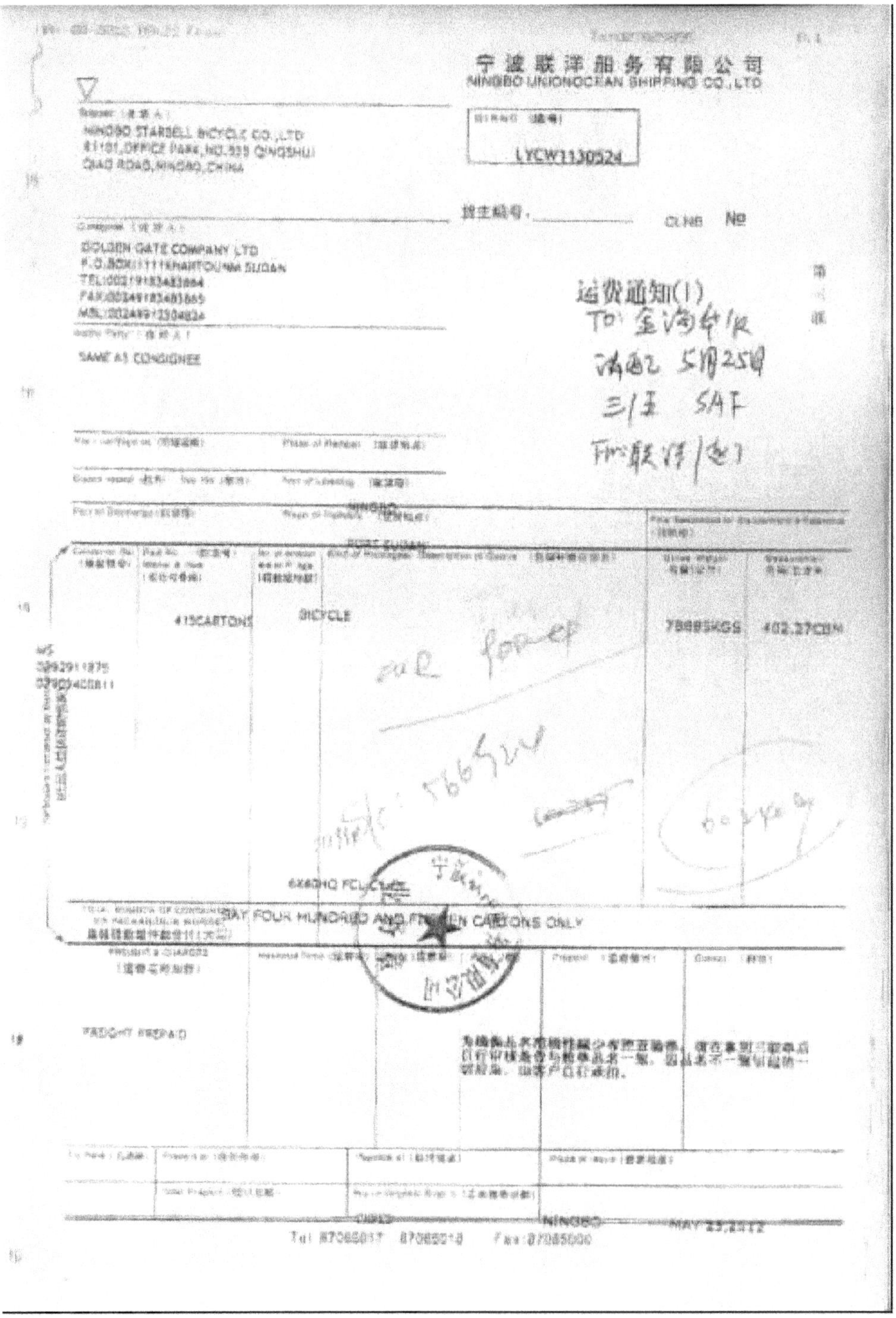
宁波联洋船务有限公司
NINGBO UNIONOCEAN SHIPPING CO.,LTD

Shipper（发货人）
NINGBO STARBELL BICYCLE CO.,LTD
81101,OFFICE PARK,NO.555 QINGSHUI
QIAO ROAD,NINGBO,CHINA

LYCW1130524

货主编号

Consignee（收货人）
GOLDEN GATE COMPANY LTD

Notify Party（通知人）
SAME AS CONSIGNEE

运货通知(1)

NINGBO

PORT SUDAN

415CARTONS

BICYCLE

78885KGS

402.37CBM

6X40HQ FCL/CY-CY

SAY FOUR HUNDRED AND FIFTEEN CARTONS ONLY

FREIGHT PREPAID

NINGBO

MAY 25,2012

Tel 87065017 87065018 Fax:87065000

图 6-1-14

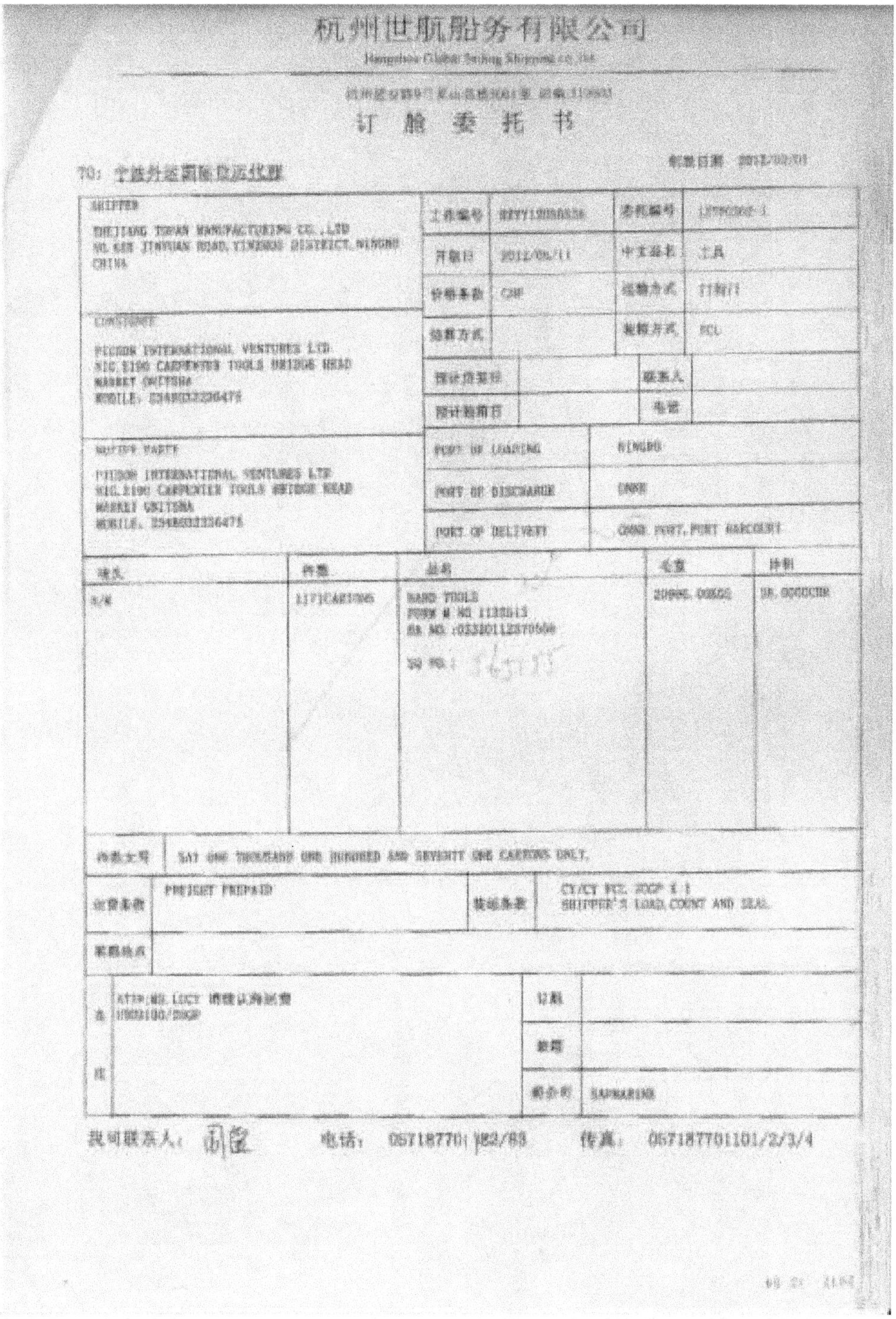

图 6-1-15

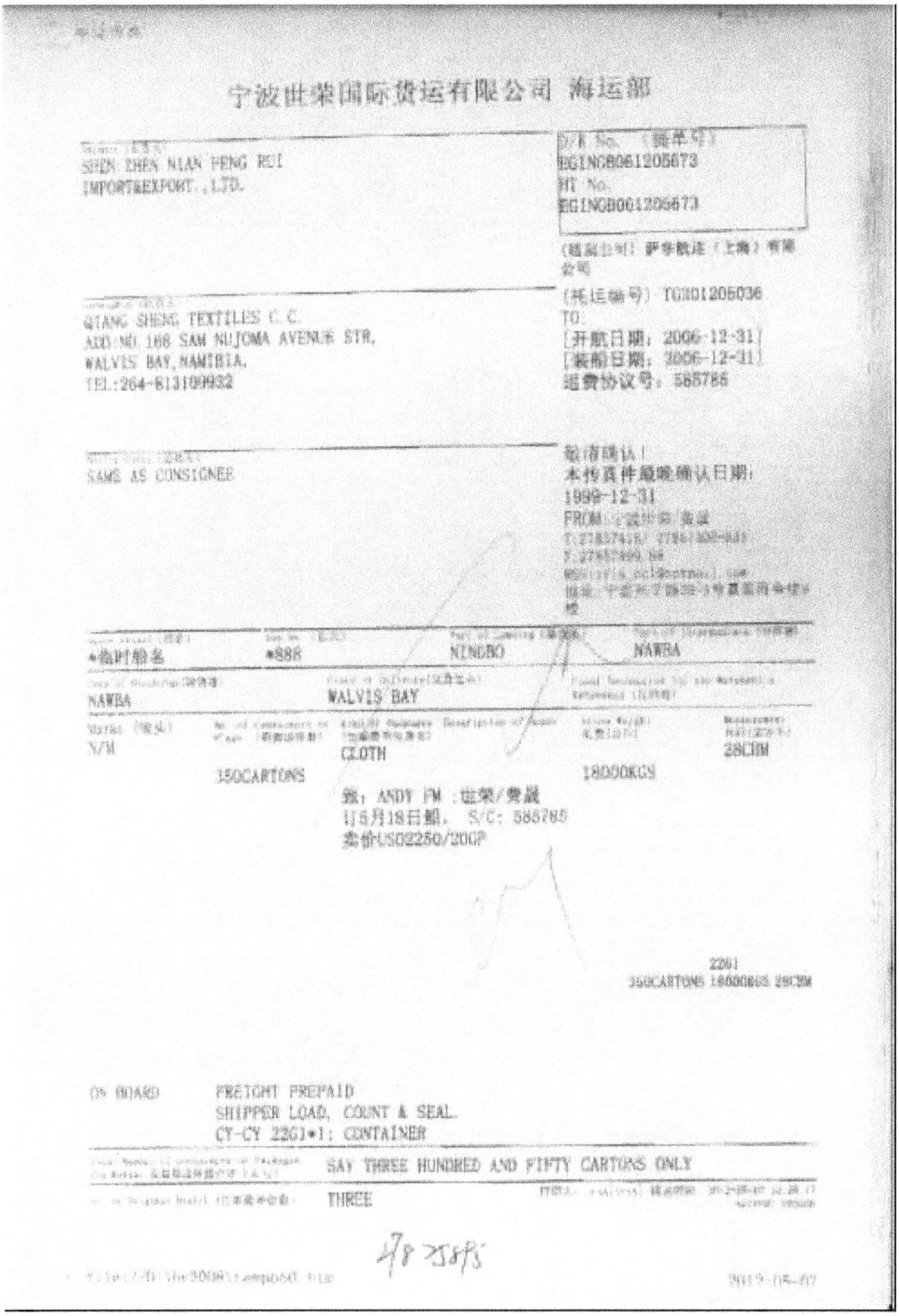

宁波世荣国际货运有限公司 海运部

Shipper（发货人）
SHEN ZHEN NIAN FENG RUI
IMPORT&EXPORT.,LTD.

S/R No.（提单号）
EGINGB061205673
HT No.
EGINGB061205673

（船舶公司）萨弗航运（上海）有限公司

Consignee（收货人）
QIANG SHENG TEXTILES C.C.
ADD:NO.168 SAM NUJOMA AVENUE STR.
WALVIS BAY,NAMIBIA.
TEL:264-813109932

（托运编号）TG301205036
TO:
[开航日期：2006-12-31]
[装船日期：2006-12-31]
运费协议号：585786

Notify Party（通知人）
SAME AS CONSIGNEE

敬请确认！
本传真件最晚确认日期：
1999-12-31
FROM：宁波世荣 秀晨

Ocean Vessel（船名）	Voy.No.（航次）	Port of Loading（装货港）	Port of Transhipment（中转港）
*临时船名	*888	NINGBO	NAMBA

Port of Discharge（卸货港）	Place of Delivery（交货地点）
NAMBA	WALVIS BAY

Marks（唛头）	No. of Containers or P'kgs（箱数或件数）	Kind of Packages; Description of Goods（包装种类与货名）	Gross Weight（毛重）	Measurement（尺码）
N/M	350CARTONS	CLOTH	18000KGS	28CBM

致：ANDY FM：世荣/秀晨
订6月18日船，S/C：585785
卖价USD2250/20GP

22G1
350CARTONS 18000KGS 28CBM

ON BOARD　FREIGHT PREPAID
SHIPPER LOAD, COUNT & SEAL.
CY-CY 22G1*1; CONTAINER

SAY THREE HUNDRED AND FIFTY CARTONS ONLY

THREE

478 25895

图 6-1-16

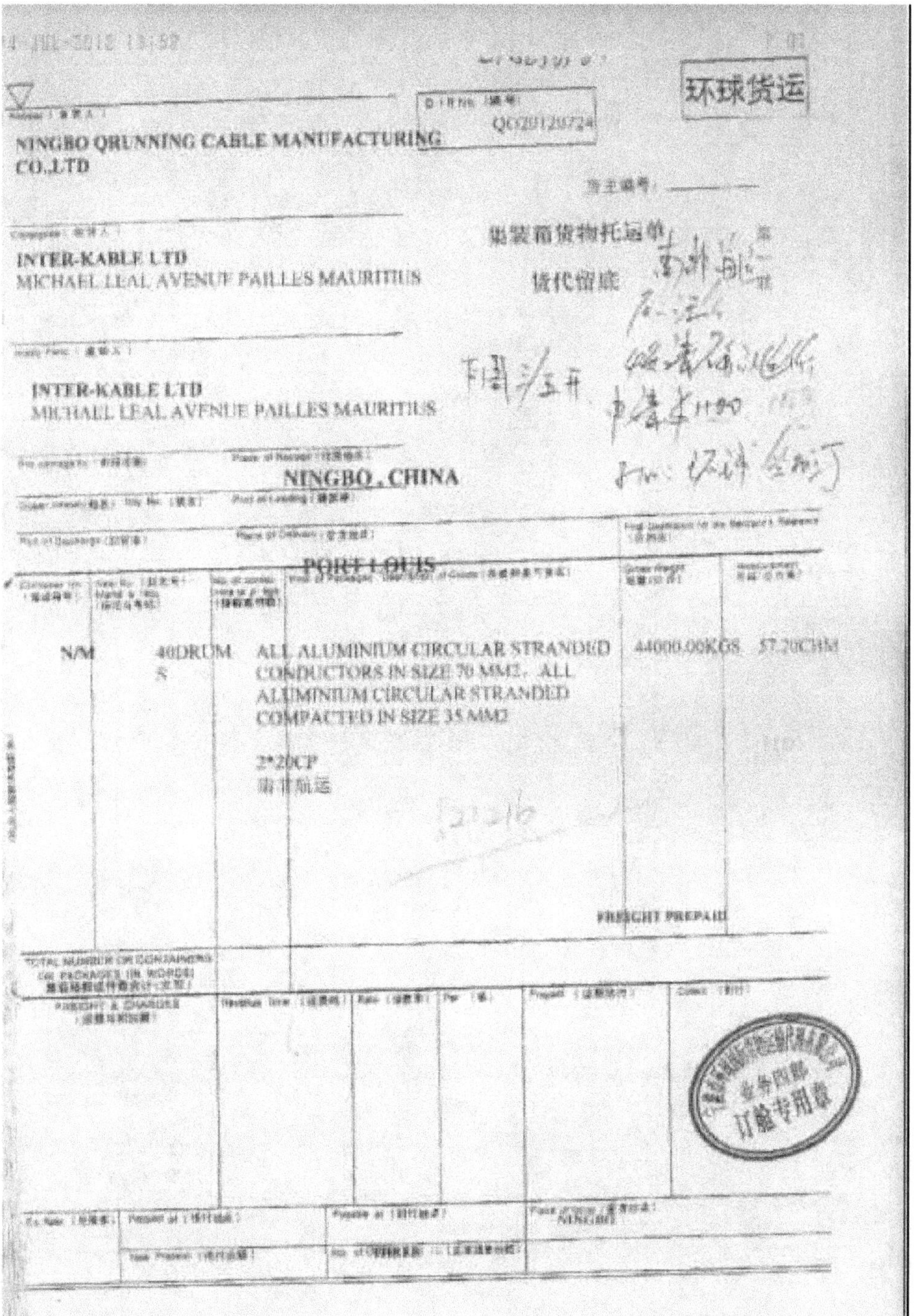

环球货运

D/R No.（编号） QO20120724

Shipper（发货人）

NINGBO QRUNNING CABLE MANUFACTURING CO.,LTD

Consignee（收货人）

INTER-KABLE LTD
MICHAEL LEAL AVENUE PAILLES MAURITIUS

集装箱货物托运单

货代留底

Notify Party（通知人）

INTER-KABLE LTD
MICHAEL LEAL AVENUE PAILLES MAURITIUS

Place of Receipt（收货地点）

NINGBO , CHINA

Port of Discharge（卸货港）

PORT LOUIS

Container No.（集装箱号）	Seal No.（封志号） Marks & Nos.（标记与号码）	No. of containers or p'kgs（箱数或件数）	Kind of Packages; Description of Goods（包装种类与货名）	Gross Weight 毛重（公斤）	Measurement 尺码（立方米）
	N/M	40DRUMS	ALL ALUMINIUM CIRCULAR STRANDED CONDUCTORS IN SIZE 70 MM2，ALL ALUMINIUM CIRCULAR STRANDED COMPACTED IN SIZE 35 MM2 2*20CP 南青航运	44000.00KGS	57.20CBM

FREIGHT PREPAID

TOTAL NUMBER OF CONTAINERS OR PACKAGES (IN WORDS) 集装箱数或件数合计（大写）

FREIGHT & CHARGES（运费与附加费） | Revenue Tons（运费吨） | Rate（运费率） | Per（每） | Prepaid（运费预付） | Collect（到付）

业务四部 订舱专用章

Ex. Rate（兑换率） | Prepaid at（预付地点） | Payable at（到付地点） | Place of Issue（签发地点） NINGBO

Total Prepaid（预付总额） | No. of Original B(s)/L（正本提单份数）

图 6-1-17

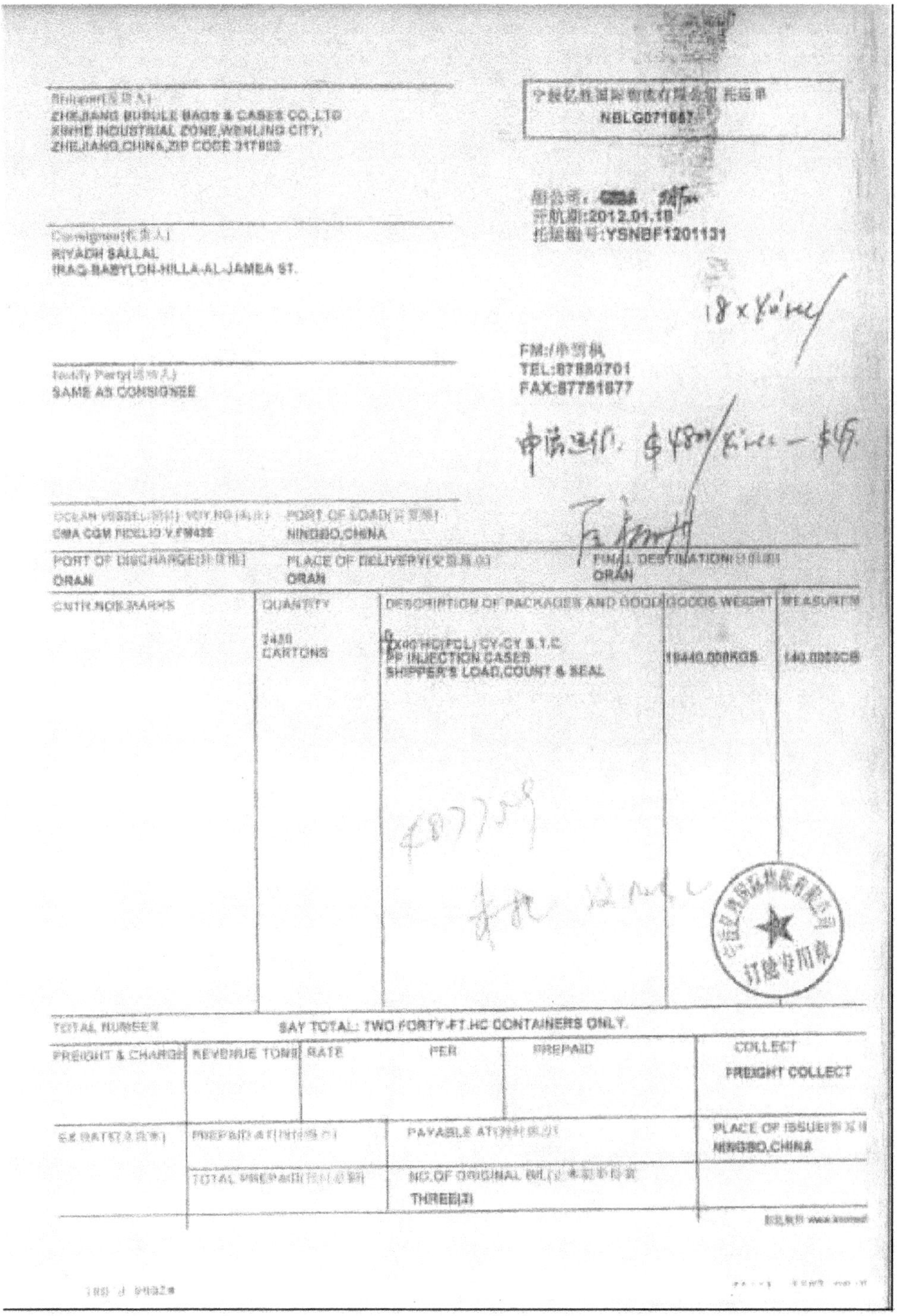

Shipper(发货人)
ZHEJIANG BUBULE BAGS & CASES CO.,LTD
XINHE INDUSTRIAL ZONE,WENLING CITY,
ZHEJIANG,CHINA,ZIP CODE 317502

宁波亿胜国际物流有限公司 托运单
NBLG071087

船公司：CSBA
开航期:2012.01.18
托运编号:YSNBF1201131

Consignee(收货人)
RIYADH SALLAL
IRAQ-BABYLON-HILLA-AL-JAMEA ST.

FM:/申贺枫
TEL:87880701
FAX:87781877

Notify Party(通知人)
SAME AS CONSIGNEE

OCEAN VESSEL(船名) VOY.NO(航次)	PORT OF LOAD(装货港)	
CMA CGM FIDELIO V.FW435	NINGBO,CHINA	
PORT OF DISCHARGE(卸货港)	PLACE OF DELIVERY(交货地点)	FINAL DESTINATION(目的地)
ORAN	ORAN	ORAN

CNTR.NOS.MARKS	QUANTITY	DESCRIPTION OF PACKAGES AND GOODS	GOODS WEIGHT	MEASUREMENT
	2450 CARTONS	2X40'HC(FCL) CY-CY S.T.C. PP INJECTION CASES SHIPPER'S LOAD,COUNT & SEAL	19440.000KGS	140.0000CBM

TOTAL NUMBER: SAY TOTAL: TWO FORTY-FT.HC CONTAINERS ONLY.

FREIGHT & CHARGES	REVENUE TONS	RATE	PER	PREPAID	COLLECT
					FREIGHT COLLECT

EX.RATE(兑换率)	PREPAID AT(预付地点)	PAYABLE AT(到付地点)	PLACE OF ISSUE(签发地点)
			NINGBO,CHINA
	TOTAL PREPAID(预付总额)	NO.OF ORIGINAL B(S)/L(正本提单份数)	
		THREE(3)	

订舱专用章

图 6-1-18

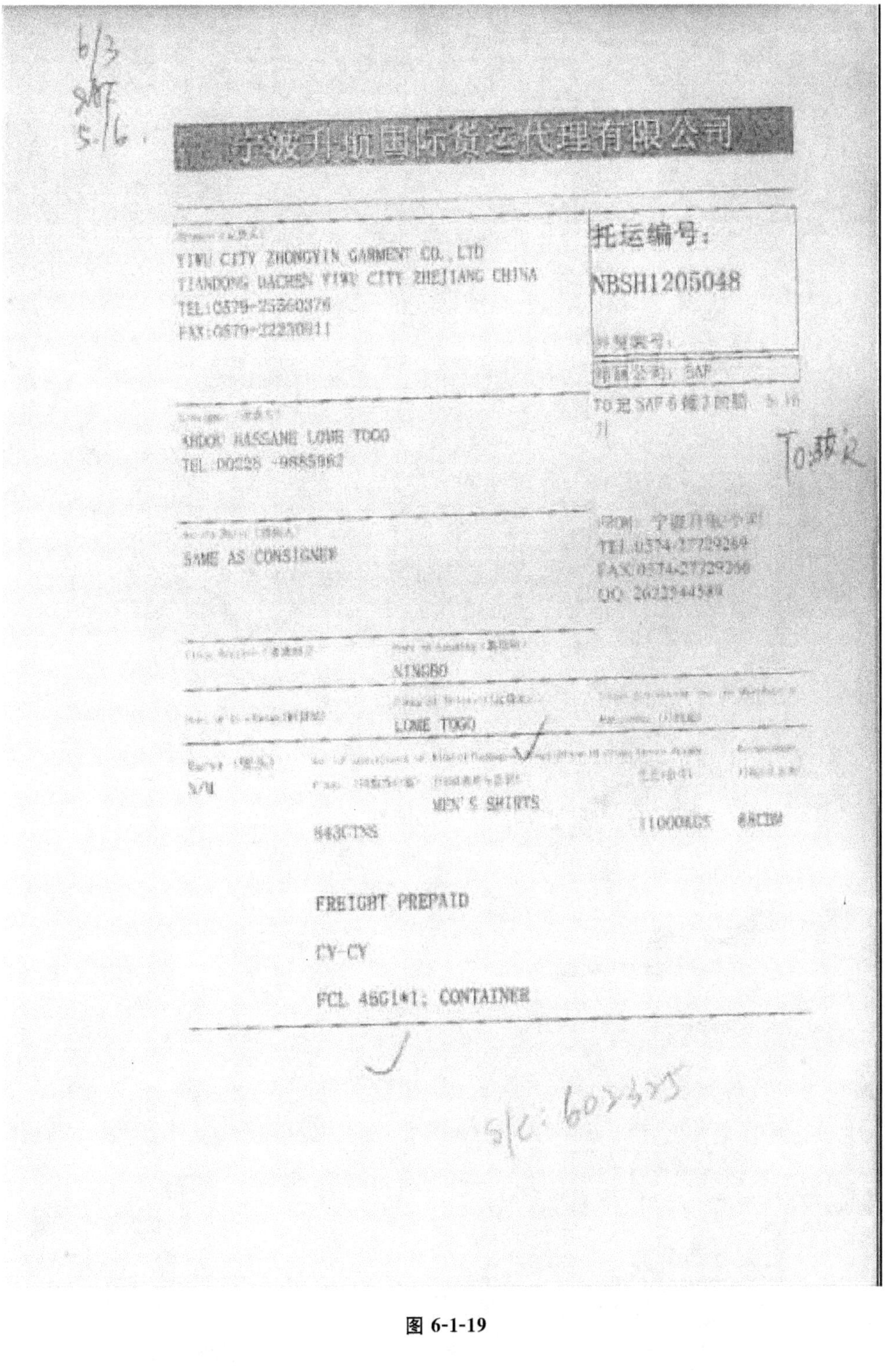
宁波升帆国际货运代理有限公司

YIWU CITY ZHONGYIN GARMENT CO., LTD
TIANDONG DACHEN YIWU CITY ZHEJIANG CHINA
TEL:0579-25560376
FAX:0579-22230911

托运编号：
NBSH1205048

船公司：SAF

TO 无 SAF 6 楼 3 的期

ABDOU HASSANE LOME TOGO
TEL:00228 -9885982

FROM：宁波升帆
TEL:0574-27729289
FAX:0574-27729390
QQ:2632244599

SAME AS CONSIGNEE

NINGBO

LOME TOGO

N/M

MEN'S SHIRTS

843CTNS

11000KGS　88CBM

FREIGHT PREPAID

CY-CY

FCL 45G1*1; CONTAINER

图 6-1-19

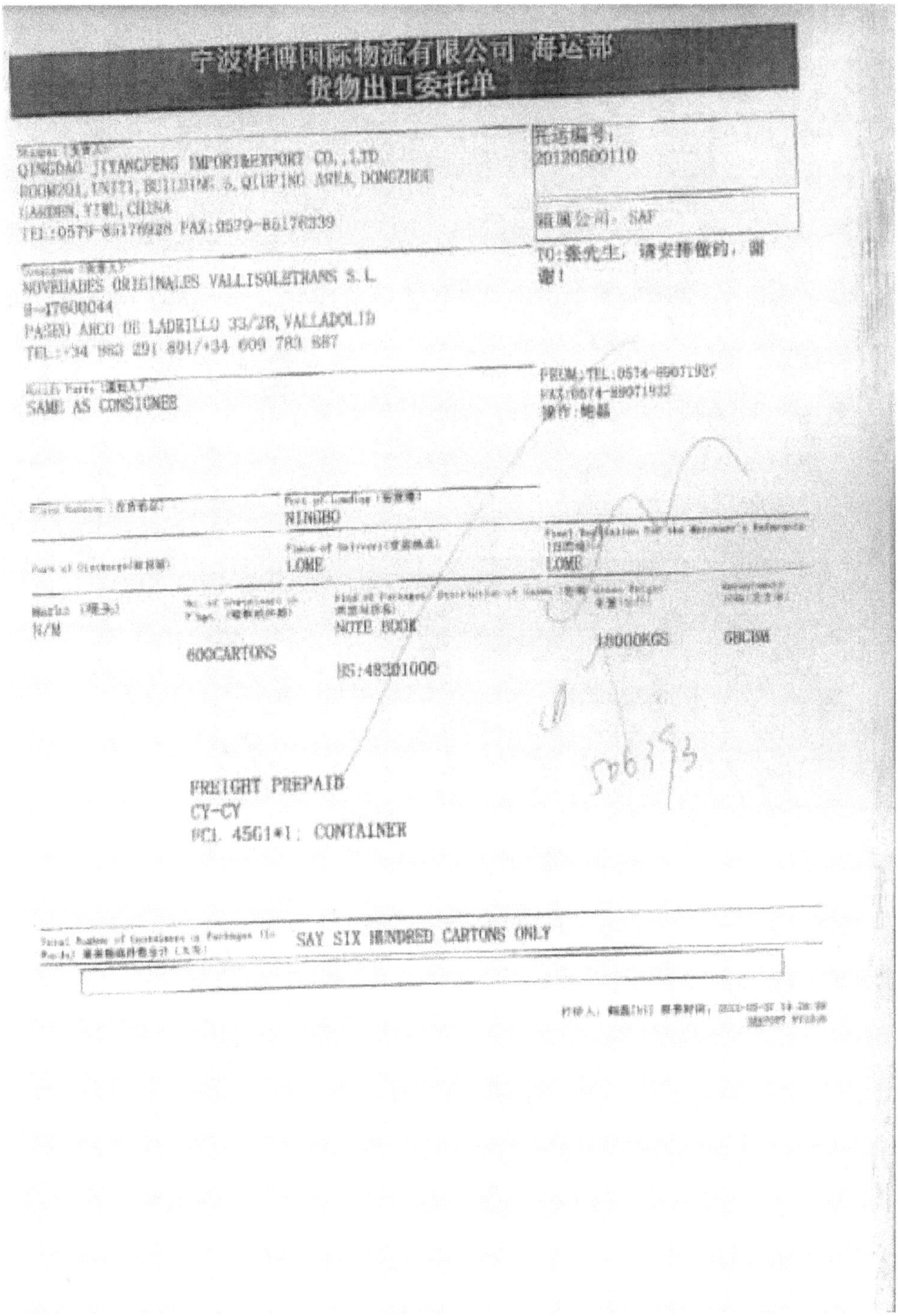

宁波华博国际物流有限公司 海运部
货物出口委托单

Shipper（发货人）
QINGDAO JIYANGPENG IMPORT&EXPORT CO.,LTD
ROOM201,UNIT1,BUILDING 5,QIUPING AREA,DONGZHOU
GARDEN,YIWU,CHINA
TEL:0579-85178928 FAX:0579-85178339

托运编号：
20120500110

所属公司：SAF

Consignee（收货人）
NOVEDADES ORIGINALES VALLISOLETANAS S.L.
B-47600044
PASEO ARCO DE LADRILLO 33/2B,VALLADOLID
TEL:+34 983 291 801/+34 609 783 887

TO:蔡先生，请安排做的，谢谢！

Notify Party（通知人）
SAME AS CONSIGNEE

FROM:TEL:0574-89071927
FAX:0574-89071932
操作：鲍磊

Port of Loading（装货港）
NINGBO

Place of Delivery（交货地点）
LOME

Final Destination for the Merchant's Reference（目的地）
LOME

Marks（唛头）	No. of Containers or P'kgs.（箱数或件数）	Kind of Packages; Description of Goods（包装种类与货名）	Gross Weight 毛重（公斤）	Measurement 尺码（立方米）
N/M	600CARTONS	NOTE BOOK HS:48201000	18000KGS	68CBM

FREIGHT PREPAID
CY-CY
PCL 45G1*1 CONTAINER

Total Number of Containers or Packages (In Words) 集装箱数或件数合计（大写）　SAY SIX HUNDRED CARTONS ONLY

图 6-1-20

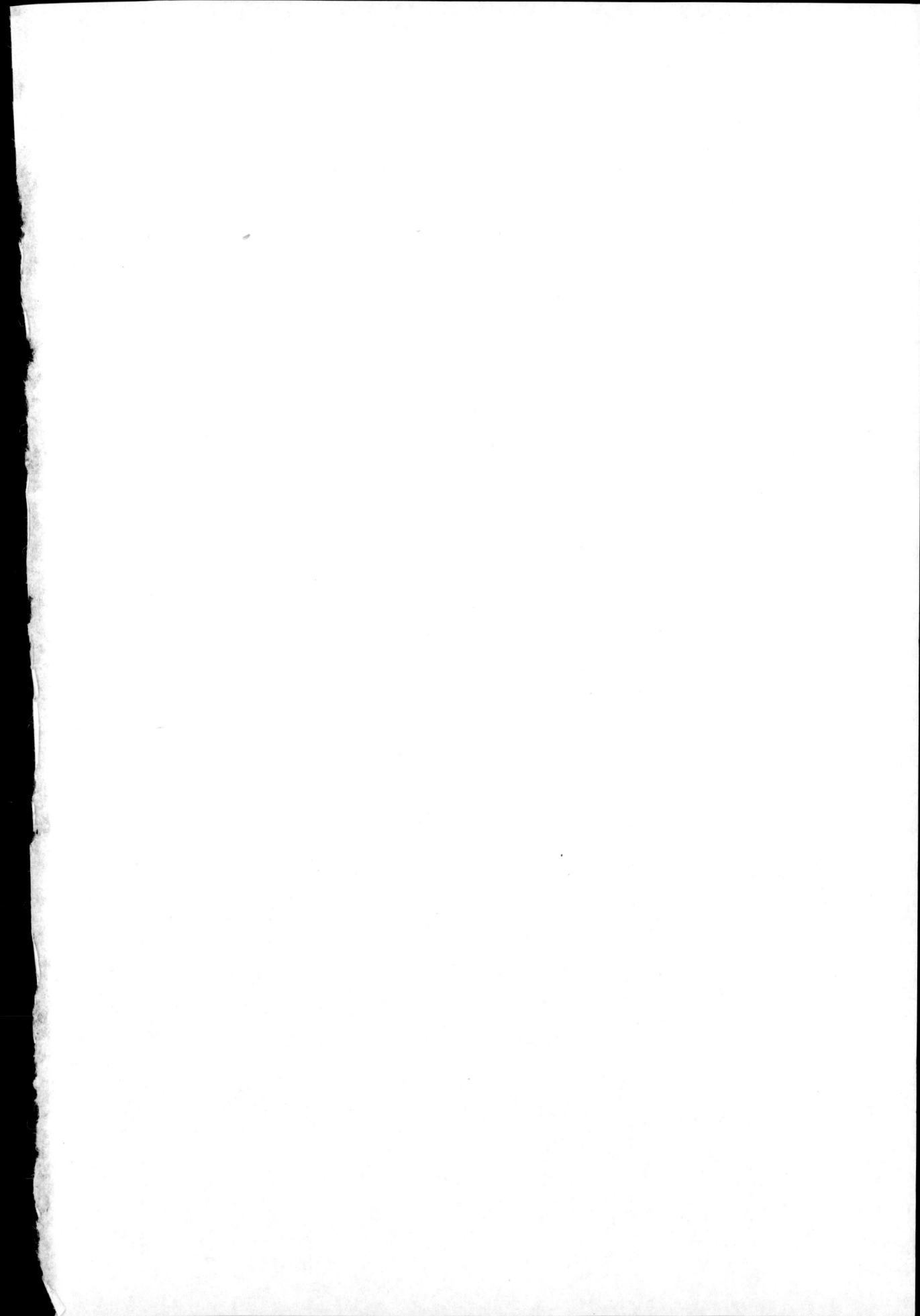